Red Fortress
The Secret Heart of Russia's History

上

赤い城塞の歴史

クレムリン

Catherine Merridale
キャサリン・メリデール
松島芳彦◆訳

白水社

1.シモン・ウシャコフ
(1626-1686)、
「モスクワ大公国の樹」(1668年)

2.クレムリンの
ウスペンスキー大聖堂

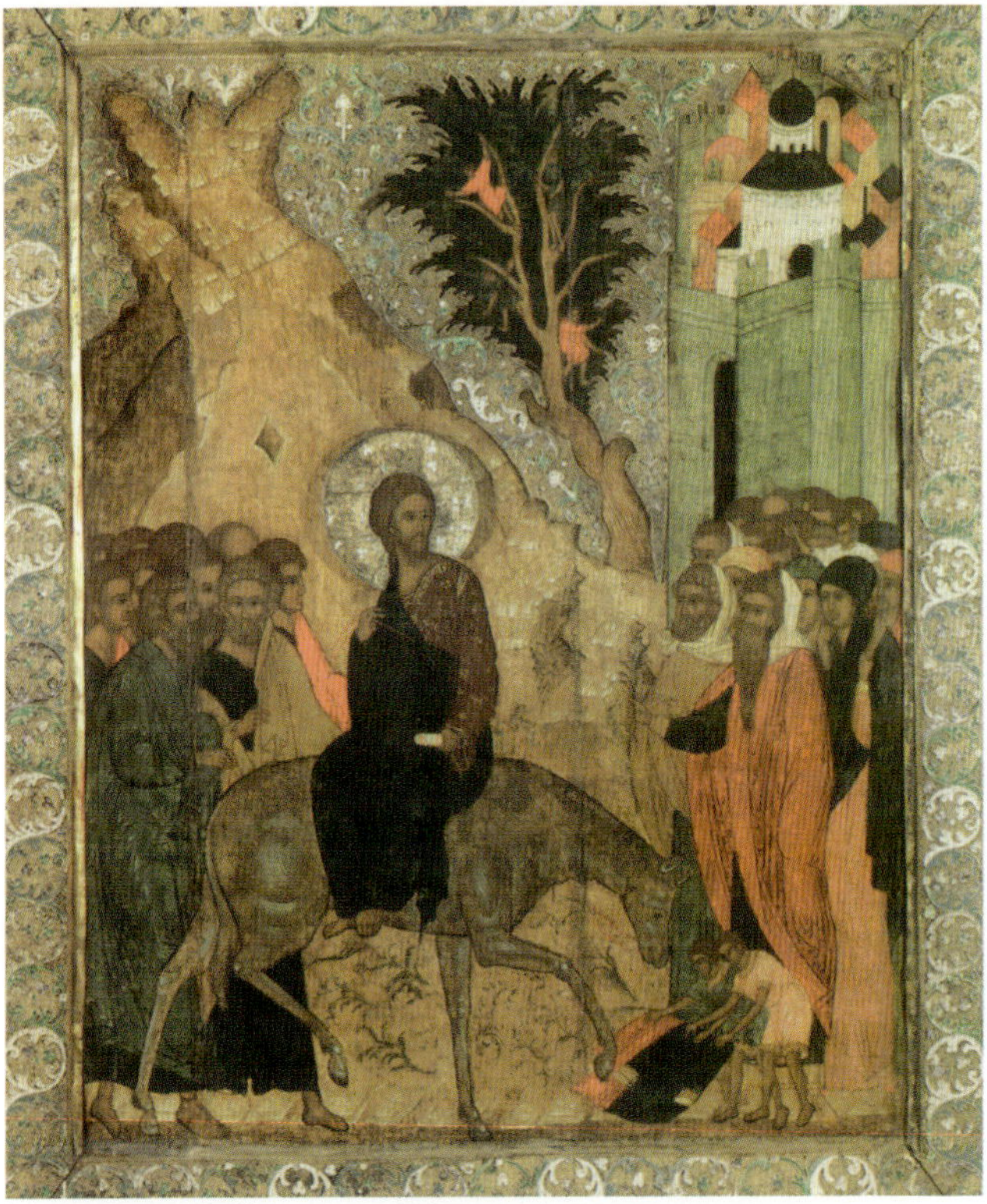

3.16世紀モスクワ派「エルサレム入城(聖枝祭)」

4.「祝福を受ける神の軍団」(16世紀中葉)

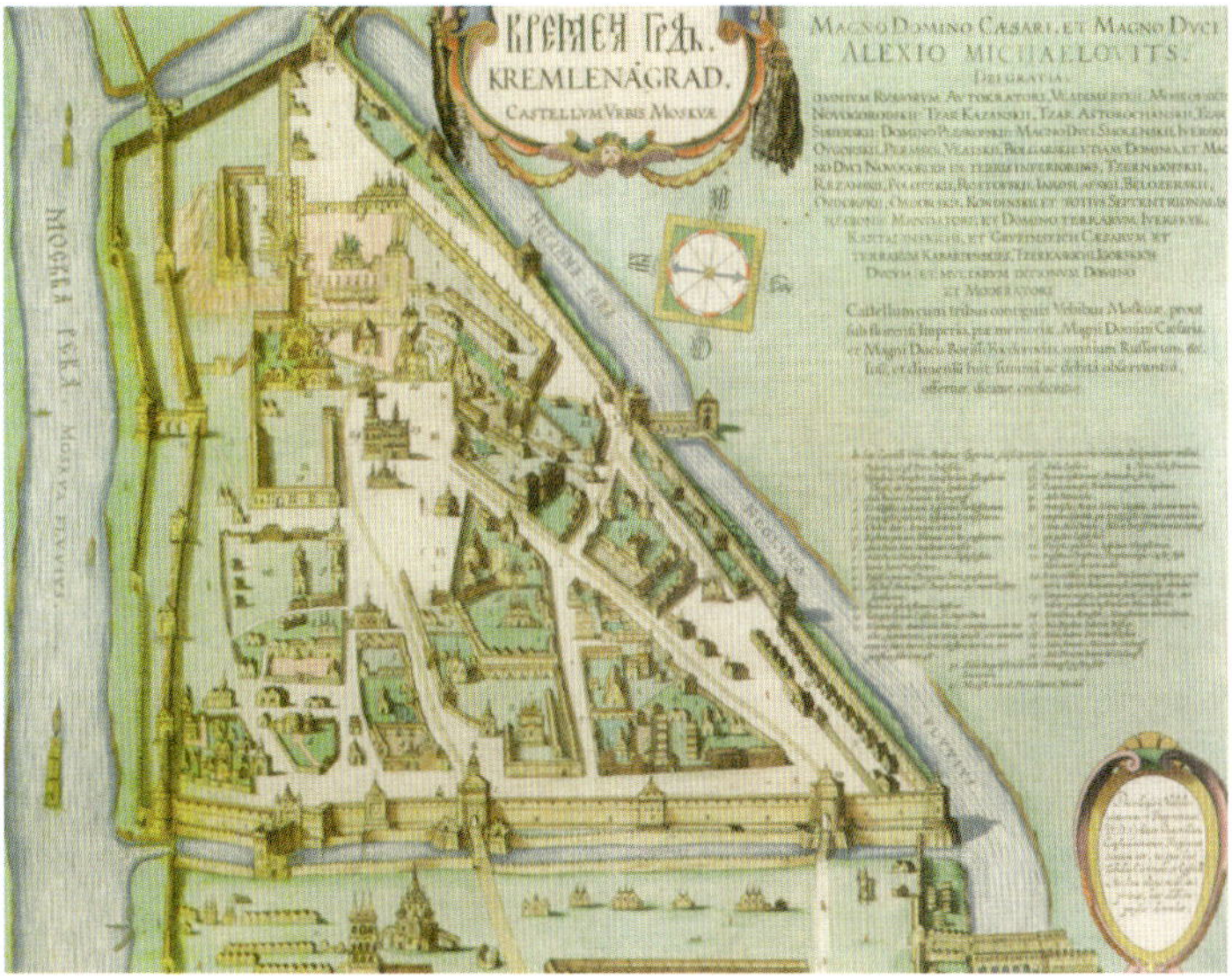

5.ヨアン・ブラウ「クレムレナグラード」(1662年)

6.大イワンの鐘楼

7.グラノヴィータヤ宮殿における
ミハイル・フョードロヴィチ・ロマノフのツァーリ戴冠式祝宴（1613年7月）

8.「クレムリンの前の聖枝祭行列」
ドイツ外交官アダム・オレアウリスのスケッチに基づく（1671年）

9.ピーター・ピカール(1638-1737)と門下
「モスクワのパノラマ、1707年」(部分)

10.バジェーノフが試作した大クレムリン宮殿の最終模型、
モスクワ川に面する正面の中央部分(1772-73年)

11.バジェーノフによる最初の大クレムリン宮殿模型、正面中央の内側(1769-73年)

12.ヨアン・クリスチャン・オルデンドルプ「1812年9月のモスクワ大火」

13. フョードル・ヤコヴレヴィチ・アレクセーエフ「モスクワ・クレムリンの聖堂広場」(19世紀初頭)

14.
ジャンバッティースタ・アルナウト「クレムリンとスパスカヤ塔」

15.「総主教館の眺め」、F・G・ソンツェフ（1801-92年）、F・ドレアーノによる多色石版画

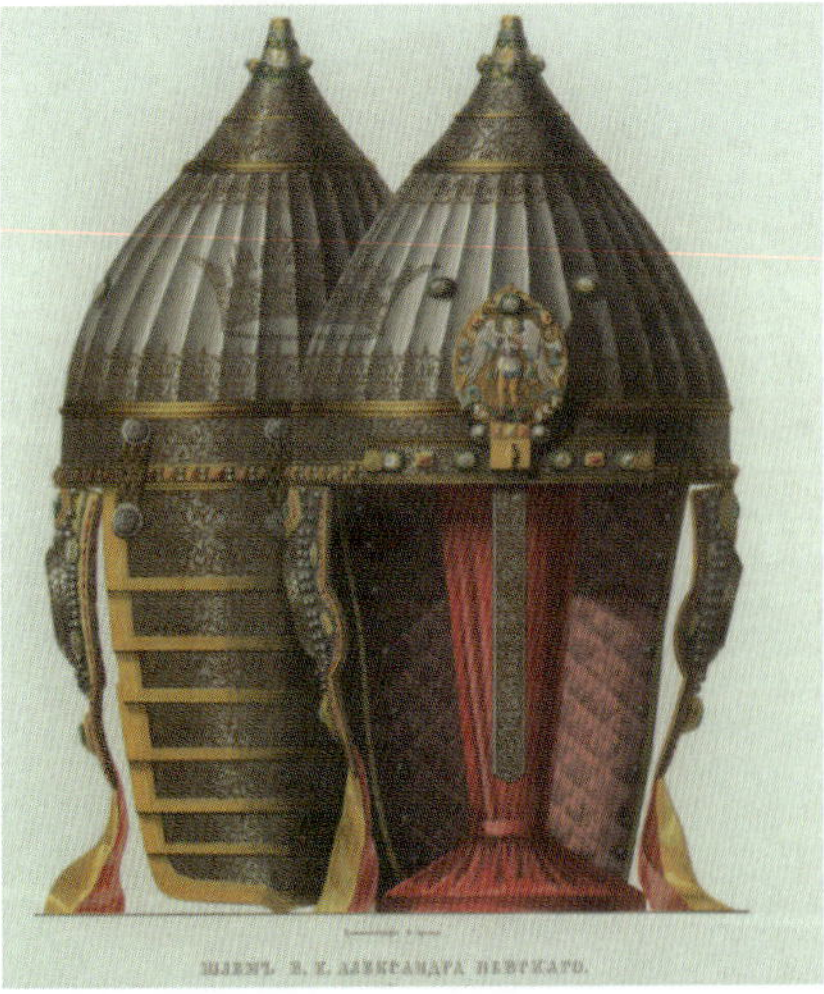

16.
「アレクサンドル・ネフスキー公の兜」、
F・G・ソンツェフ（1801-92年）、
F・ドレアーノによる多色石版画

クレムリン——赤い城塞の歴史◆上

Red Fortress:The Secret Heart of Russia's History by Catherine Merridale

Japanese translation rights arranged with
Catherine Merridale Ltd. c/o Rogers, Coleridge and White Ltd., London
through Tuttle-Mori Agency, Inc., Tokyo

カバー図版:Hulton Fine Art Collection/Getty Images

フランクへ

クレムリン──赤い城塞の歴史◆上

目次

クレムリン——赤い城塞の歴史◆下

目次

凡例

一、本書は、Catherine Merridale, *Red Fortress: The Secret Heart of Russia's History*, Allen Lane, 2013の翻訳である。

二、引用文内の原著者による補足は［　］内に入れた。

三、「出典」は本文の該当箇所に(1)(2)と番号を振り、各巻末にまとめた。

四、翻訳者による訳注は〔　〕内に記した。

五、「参考文献」、「訳者あとがき」は下巻末に入れた。

六、「人名索引」と「事項索引」は下巻末に上下巻まとめて入れた。

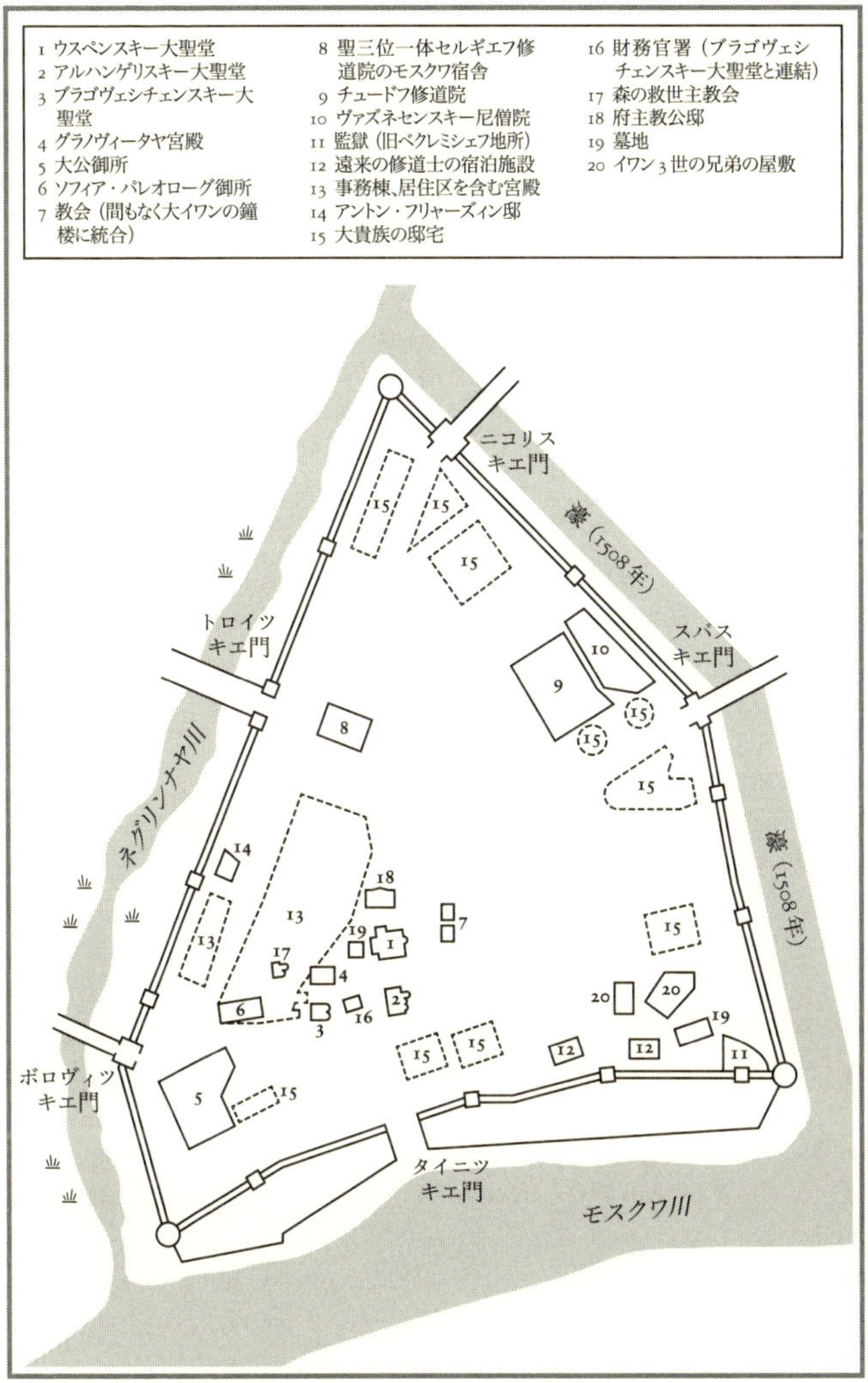

1. ワシーリー3世（在位1505–33年）時代のクレムリン

N
ペチョラ川
ヴィチェグダ・ペルミ
オビ川
北ドヴィナ川
ヴィチェグダ川
ウスチュク
ヴォトカ
シベリア・ハーン国
ガリチ
コストロマー
カルナ川
ヴォルガ川
ニージニーノヴゴロド
カザン・ハーン国
オカ川
ヴォルガ川
ノガイ・オルダー国
ドン川
新サライ
アストラハン・ハーン国
カスピ海
0
300マイル
0
500キロメートル

2.イワン雷帝時代のモスクワと周辺地域(1550年)

はじめに

クレムリンは世界で最も有名な建物の一つである。国家を視覚的に象徴するものがあるとすれば、ロシアの場合は、赤の広場から眺めるクレムリンを置いてほかには考えられない。モスクワを訪れる誰もがクレムリンを見たがる。だが実際に見て必ずしも同じ印象を抱くわけではない。ドイツの哲学者ヴァルター・ベンヤミンは「正しい答えを得る唯一の方法は、事前に視点を定めることである」と述べている。「ロシアでは、自分が見たいと願うものしか見えない」というのだ。一九二七年のモスクワ旅行で、彼の望みは心ゆくまでかなえられた。(1) その一〇〇年前に、フランス人のキュスティーヌ侯爵は辛辣な言葉を残している。彼の目に映ったクレムリンは「独裁者の巣窟」「悪魔のモニュメント」「この世の終わりに裁かれるべき者たちの棲み家」だった。「ある種の巨獣の骨」のようでもあった。「我々はクレムリンを見て思い知った。現実に残骸を見るまでは、実存したことさえ信じ難い世界の歴史を(2)」。

クレムリンには確かに人を引き込む魔力がある。マーク・フランクランドという新聞特派員がかつて、モスクワについて「望むと望まざるとにかかわらず、中心部に吸い寄せる力が、これほど強い都市は世界にも例がない(3)」と述べている。英国政府の通訳は筆者に「この建物に入って、出てくる時は目をつぶされた人々がいたことを忘れないで下さい」と語った。[4] だがクレムリンの魔力に魅せられたのは、外国人よりむしろロシア人だった。クレムリンは国家の象徴だった。[5] 城壁はモンゴル軍の襲来にも耐えられなかったし、後にはポーランド軍にもフランス軍にも屈した。しかしロシアが滅びなかったように、城塞も残った。一九四一年、ナチス・ドイツの猛攻に耐えて息を吹き返した赤軍の兵士たちを、スターリンが再び死地へと送り出したのも、クレムリンと接する赤の広場だった。多くのロシア人が知る史実である。四年と経たないうちに、戦争に勝利した将兵が初夏の雨に濡れそぼって行進したのも同じ場所だった。その時にも塔と城壁は、かつての姿を保っていた。閲兵司令官のジューコフ元帥は、気性の荒いサラブレッドを馬上で持て余していた。兵士たちはレーニン廟の階段の横で光沢を放つ石板に、ナチスの連隊旗を次々に積み上げた。ロシア第二の都市サンクトペテルブルクでは、数々の見事な建造物が人々を魅了する。だがモスクワでは、ロシアの嘆きの壁として、クレムリンがそびえ立っている。

クレムリンは民衆のためにできた建造物ではない。堅く焼き上げた特別な煉瓦を組み、戦いのために造った赤い城塞である。優雅な姿は城塞には見えないほどだが、守りは極めて固い。階段や回廊が密集し、城塞というより一つの街のようでもある。地上二〇メートルの高みがいくつもある。四つの主要な門はロシア産オークの古木を使い、鍛冶職人たちが丹誠を込めた頑丈な鉄の錠前で閉ざされていた。それがデジタル式の装置で管理されるようになって久しい。現代においてもクレムリンは、「司令官」と呼ばれる人物が管理する複合的な軍事施設である。地下を迷路のようなトンネルが走り、司令部は核攻撃にも耐えられるように設計されている。大統領が執務する北東の区域は、一般の立ち入りが禁じられている。共産党政治局がこの国を支配した時代からの伝統で、毎週木曜日には全域が閉鎖される。社会に少しでも不穏な気配があると、クレムリンは昔と同様に今も、たちまち扉を閉ざす。威圧感を漂わせながら、卓越した美しさも兼ね備えている。数々の尖塔と教会の建物がシルエットを連ね、あまたの宝石箱が広場を縁取っているようだ。華麗な光景である。どこに立っても視線は白い石材から、炎のように色鮮やかな瓦や、金箔の丸屋根へと導かれる。上空にはカラスが乱舞している。三本の線が交わる正教会の十字架がまばゆく輝く。最も高い塔は数キロ先からも見える。白と黄金の色彩をまとってモスクワを睥睨している。城塞は高貴だ。そして死の気配を漂わせ、神秘に包まれている。伝説に満ちたロシア国家の化身である。

そこには止まった時間の魔力がある。隅々にまで歴史が息づいている。ウスペンスキー大聖堂は最も古く、一番名高い建物である。イワン雷帝を始め、歴代皇帝の戴冠式の舞台となった。その向かいにあるアルハンゲリスキー大聖堂に入れば、腰の高さまである棺が所狭しと並んでいる。一四世紀から一七世紀にいたる歴代モスクワ公の亡骸が納められている。帝政末期に愛国心にかられた廷臣たちが、四六基の石棺をすべて同じ青銅で覆った。列を成す棺の群は暗い光を宿し、皇統の一貫性と不可侵性を誇示している。サンクトペテルブルクへの遷都によって、クレムリンに新たな棺が加わることはなくなった。だが戴冠式だけは、一八九六年までクレムリンで執り行われ、そのたびに祝宴が催された。聖堂広場の西の一角に威容を誇るグラノヴィータヤ宮殿は一五世紀の建造である。めくるめく宝石と黄金に囲まれて宮廷晩餐会が催された。背後にそびえる大クレムリン宮殿は一九世紀にできた。武装した警備員の前を通り過ぎて中に入ると、曲がりくねった階段がある。獅子の石像がそれを見下ろしている。階段の先には王宮の主要な間がいくつもあり、細心の注意を注いで守り抜いてきた教会もある。エルサレム、ローマ、イスタンブールと並び、クレムリンには歴史が降り積もっている。石材の一つ一つに固有の過去があり、人を虜にする。

クレムリンは計略の所産である。その威容は偶然に備わったものではない。黄金の波のように連なる数々の屋根も、有り余るほどの王宮の間も、古来の城壁も、すべて何らかの意図を具現している。ロシア特有の文明を祝福するために、これらの形象を描いた者がいた。皇帝の権威に歴史的な根拠があることを誇示するために、王宮の建設を計画した者もいた。イコン（聖像画）に施した豊かな黄金は、永遠を象徴する一方で世俗の富を庶民に見せつけていた。教会も見慣れた尖塔も、切り妻造りの建物の群も、ロシアではクレムリンが単なる支配者の住居ではない由縁を物語っている。クレムリンは時の為政者の意思を表現する舞台である。そこでは支配者の言葉が聞こえる。舞台装置は権力者の好みで選ばれている。近代的なモスクワの心臓部にはそぐわない。しかし、まさに調和を拒むことによって、神秘的な磁力を久しく放ってきた。

筆者は三〇年前、一目でクレムリンの虜になってしまった。時を経てますます奥の深さに魅せられるようになった。二〇〇七年のことだ。再選を果たしたヴラジーミル・プーチン大統領に、四年間の任期の終わりが近づいていた。ロシアのメディアの話題は、彼の去就に集中し始めた。狡猾な国家主義者である支持者たちは憲法を無視して、プーチンがそのまま大統領の座にとどまるべきだと主張した。過去の教訓に学べ、ロシアにはロシアの流儀があるというのが、彼らの理屈だった。国民が最も困窮するのは、国家中枢の権力が衰弱した時だというのだ。ロシアは特異な国家で、強力な中央集権の下でしか繁栄を享受できない、と彼らは論じた。歴史教科書の執筆者も追従した。ピョートル大帝、スターリン、一徹なアレクサンドル三世、そしてプーチンをみれば、なぜロシアが今も強力な統治者を必要としているかが分かるという意見が幅をきかせた。独裁権力に懐疑的な人々でさえ、ほかに確かな道があるかと問われると、答えに窮するのだった。弱い権力者の直近の実例としてロシア人の誰もが思い出すのは、一九九〇年代のボリス・エリツィンだった。エリツィンの時代に国家は辱めを受け、国民は悲惨な状況に絶望を深めた。国家統制主義者の主張は広く浸透した。テレビ「ロシア」は二〇〇八年に、ロシア史における偉大な人物は誰かという聞き取り調査をした。頑迷な反動主義者であるニコライ一世が、やすやすと一位となり、スターリンが僅差で二位に続いた[6]。

西側のロシア・ウォッチャーは、この国はそもそも圧政の国であるのだと嘆息したかもしれない。しかし驚きはしなかっただろう。何世紀も前から、外国人が指摘してきたことだ。イエズス会の宣教師は一五八〇年代に「すべてを決められるのは大公ただ一人である」と書き残した。彼は「大公に寄せる尊崇の念は理屈では理解できない」とも述べている[7]。英国ではエリザベス一世、ジェームズ一世の治世に重なる時代だった[8]。当時モスクワに滞在した英国人たちも、宣教師と同じ趣旨の記述を残している。三〇〇年の歳月を経て、一九一七年の革命で権力を握ったボリシェヴィキの政権が、独裁体制へと変容した時も、識者はロシア特有の現象として説明しようとした[9]。ゴルバチョフのペレストロイカが行き詰まり動揺した際も、そのような説が唱えられた。ある政治学者は「自由がありすぎると、多くのロシア人は落ち着かなくなる」と述べた[10]。だから歴史を通じて体制の激変が絶えないのだという偏見が西側にはある。しかし、ロシアは特別な運命を背負った国であるという考え方が今も消えないのは、それが誰よりもロシアの為政者にとって都合がいいからだ。この問題について近年の研究書は「国家主義者がロシアの歴史を読み解くと、罪が実は罪ではなかった、矛盾も矛盾ではなかったと解釈される」と、あっさり結論づけている[11]。現在の政権が「過去の伝統と不可分の存在としてふるまうために、歴史は格好の道具である」と論ずる識者もいる。国家は「国民の社会的生活と個人的生活が極まるところにあり、ある意味では国家が個人の在り方を正当化する[12]」と言うのだ。

クレムリンはこのような様々な問題に思いをめぐらすには最適の場所だ。神話が生まれ、国家としてのロシアが力と正統性を誇示してきた舞台である。城塞には城塞特有の容貌がある。筆者が過去への旅に出たのは、現在を知るためだったが、気がつくと歴史のとらわれ人となっていた。見せかけと作り話は、しばしば真実を凌駕する。だがその現象自体が、また真実でもあるのだ。本書を書きながら、筆者は支配者が語る物語をそのまま信じていいのか考え込んでしまった。戴冠式のしきたりが、どのような考え方に裏打ちされているのか勉強しなければならなかった。正教会の複雑な教理も理解する必要があった。時計の仕掛け、大砲の鋳造、古いしっくいの復元技術についても文献を調べた。クレムリンにとらわれていては、クレムリンは分からない。ロシアの軍隊が、アジアの草原から生まれ、どのように発展したのか追跡した。多くの職人や技術者が欧州からモスクワに来た。いかめしく不気味で多くの因習に縛られつつ、宮廷のために働いた。彼らの旅路をたどる必要もあった。クレムリンは幾度も破壊され、そのたびに再建された。技術者たちがどのような使命感を抱いて仕事に取り組んだのか知ろうと努めた。クレムリンはフランスの歴史家ピエール・ノラの言葉を借りれば、まさしく「記憶の場」である。同時に動乱と変革の場でもある。過去の幻影が実は現実にほかならない数々の物語の舞台である。

過去から連綿と続く伝統の延長線の上に現在があるという考え方には、相当に古く深い根がある。その事に気づくのに時間はかからなかった。聞き慣れた物語が、どのように生まれたのかも知った。修道士や廷臣、ソヴィエト体制のプロパガンダ担当者は、ロシアで権力に仕える者は、歴史書をすべて書き換える権利があると信じ込んでいた。プーチンお気に入りの教科書執筆者も例外ではない。歴史上の人物の権威を使って、都合の良い歴史観をつくり上げるのが、彼らの常套手段である。ロシアは決して安定した国ではなかった。めまぐるしく支配者が交代した。権力の中枢は、頻繁に危機にさらされてきた。大公も皇帝も、共産党書記長も選挙の洗礼を受けない大統領も、権力の正統性という点で決して盤石ではなかった。混乱を避け内戦の芽をつむために、臣下や側近は人々が多かれ少なかれ信じるような一連の神話を創造して、主人の権威を高めた。神話のよりどころは時には宗教であり、人民の意思であったが、歴史を絡める手法は共通している。イワン雷帝の側近は熱心に史実を書き換えた。帝位を神格化し、見事な皇統もでっちあげた。一七世紀にはロマノフ朝の初期の皇帝たちも、臣下がつくった神話を使って権威を身にまとった。ボリシェヴィキは近代的な理屈を並べる一方で、死せる英雄の殿堂を祝福するように求めた。ボリシェヴィキもクレムリンの象徴性を存分に活用した。危機が危機を招き、人々は混乱の渦中にあった。郷愁の念をかきたててくれる人物が必要だった。おとぎ話の類いで権威を高めた多少あやしげな支配者でも、時には進んで受け入れた。暮らしは辛かった。未来はおぼつかなかった。農民でさえ、過ぎ去った時代に心の安らぎを追い求めた。ジェームズ・ビリントンは半世紀前に「モスクワ大公国では、正しさの最たる根拠は、知見ではなく過去の記憶である」と見抜いた。そして「争いが起きれば、知りうる限り最古の権威に由来する〝揺るぎない正義と確かな記憶〟が一番ものを言った」と述べている。(13)

だが周知のように記憶は不変ではない。クレムリンには過去が刻み込まれている。クレムリンは聖地であり、一連の建築物は聖体礼儀や戴冠式、皇帝の葬儀を執り行う場として、モスクワで最も神聖な空間だった。これらの儀式はもともと、神の永遠性を体現する営みだった。いにしえの聖人の時代においてさえ、儀式のあり方は変わり続けた。時代の推移に伴い、唱える言葉の意味やしきたりも大きく変容した。建築物もまた元の姿をとどめたわけではない。建物を信用して歴史を語ると、ひどい目に遭う危険がある。塗装を改めた壁もあれば、破壊と再建を経た宮殿もある。現状から過去の姿は想像もできない。歴史を振り返れば、似たような指導者が繰り返し登場している。イコンを抱いた聖職者や黄金のローブをまとった廷臣の列が、支配者に従う光景も同じだった。しかし時代背景が異なれば、全く新しい思想が生まれたようにも見えたし（最適な表現ではないが）まやかしの歴史も記憶に定着した。建物が眼前に紛れもなく存在していると、たった一つの歴史が宿っているように思ってしまう。だがそれが錯覚なのだ。ボリシェヴィキは一九二九年、クレムリンの古い修道院を破壊した。モスクワ市民でさえ、クレムリンのどこに修道院があったか覚えていない事実を筆者は知った。当時の写真を見せても、首をひねるばかりだった。

本書は何世紀にも及ぶクレムリンの歴史を扱っているが、クレムリンの現在にも深くかかわっている。筆者は本書の準備を初めてすぐに、ロシアでは権力中枢のエリートが及ぼす影響力がいかに強いかを思い知った。クレムリンの歴史資料室は市内の大学に比べ、みすぼらしいし設備も貧弱である。だが自然環境はすばらしい。ボロヴィツカヤ塔の入り口で、すり切れた厚紙の通行証を、銃を持った係官に見せるだけで、朝早くから並んだ観光客を尻目にクレムリンに入れた。筆者は休日を除き、オックスフォード大学やケンブリッジ大学の研究者に認められた特権を享受した。そこに行けば、市中のスモッグや交通渋滞から逃れられた。観光客がまだ姿を見せない時間帯は、心地よい静寂が城壁の内側を支配していた。ディーゼルと煙草の悪臭が充満する市街地とは異なり、心地よい香りをそよ風が運んでくるのだった。筆者が通った資料館は大イワンの鐘楼に連なる建物の階上にあった。職員が狭い空間で肩と肩を寄せ合っていた。それでも人ごみとは、はるかに隔絶された場所だった。

会員制と言えば言えるのだが、普通の資料館とは趣が異なる。クレムリンは訪問者の意図を映し出すかのように、変幻自在に姿を変える。いくら頻繁に訪れても、扉は容易に開かない。本書を書くために筆者は、クレムリンの塔の中にある閲覧室だけに閉じこもっていたわけではない。ルネサンス風の要塞を設計した建築家たちの故郷であるイタリアを訪れ、米国や英国の公文書館にも通った。文献で分からない問題は、専門家に教えを受けた。まずはクレムリンを仕事の舞台とした政治家や外交官に会った。ストックホルムの北では幻想的な夜のひとときを過ごした。驚いたことに、スウェーデンの駐ロシア大使経験者六人が筆者のために集まってくれた。その一人は「スウェーデンでは一人前の男なら誰でも、このようにして祖国のために尽くすものなのです」と語った。クレムリンに詳しい建築家や修復の専門家にも話を聴いた。美術史家からはイコンやフレスコ画の見方を教わった。筆者の知識が乏しい時代については、専門家の意見を仰いだ。彼らは筆者が知らなかった情報源を教えてくれた。このようにして数年が経った。クレムリンに群がるカラスを殺すために飼育している鷹を見せられて、感嘆したこともある。

一つの物語を聴くたびに、次の話が知りたくなった。だが物語はそれ自体が入り口にすぎない。筆者は研究者として、事象の背後に垣間見える真実に迫ろうとした。それが何より難しいことは分かっている。だが考古学者は遺跡や出土品の背後に、往事の文明について相当の情報を読み取る。いかに謎に満ちた文明であれ、この手法は有効である。クレムリンは紛れもなく宝の山だった。筆者には屋根裏部屋でさえ、がらくた置き場ではなかった。クレムリンには専門家の調査を受け入れ、管理する部署がある。その長である女性は好意で、多忙な時間を割いて案内をしてくれた。現存する数多くの聖堂を全部見せましょう、と彼女は言った。

筆者は約束の日が来ると、朝早くから出かけて行った。ひと気のない城塞が好きだった。古い石灰岩の上にかげろう秋の淡い陽光に見とれていた。彼女の仕事部屋は、ブラゴヴェシチェンスキー聖堂に連なる一画にあった。彼女は筆者とおしゃべりを交わしながら、箱の中から必要な鍵を選び出した。机の上に並んだ鍵を見て驚愕した。隕石を彫琢してつくり、龍が守ってきた鍵だと言われれば、そのまま信じてしまったかもしれない。長くて重厚なものもあれば、複雑な形もあり、どれも豊かな装飾があった。片手では持てないような代物だった。全部を手に取ってみる時間はなかった。彼女は戸棚をかき回して、ペンチを取り出した。秘密の部屋の収納物を守る固い封印は、素手でははずれないのだと分かった。

磨き上げた大理石の階段を上り詰めたところに、最初の封印があった。光沢のある寄せ木細工を海のように床に敷き詰めた広間の向こうに、金箔で覆われた見事な出来映えの両開きの扉があった。扉を鍵で開けると、頑健な両開きの木造の扉が、またも立ちはだかった。訪れる者を拒絶するように、そこにも鍵がかかり封印があった。蠟の封印をはぎとり、長い鍵を差し込むと、扉は容易に開いた。一七世紀の聖堂とシモン・ウシャコフが描いたイコンが我々を迎えた。シャンデリアのまばゆい光に目が慣れた後だったので、室内の暗さと冷たさにまず当惑した。我々は電灯のスイッチを探し当てて照明をつけた。明るい光に浮かんだ室内を見て、筆者は闇の中から力強い存在感を放っていたものの正体を理解した。ロシアの聖堂はまばゆい光を帯びているのが普通である。だがそこには黄金のきらめきも銀の輝きもなかった。イコンも粗雑な木の枠の中にあった。一七世紀にあつらえた銀の枠は、それ自体が貴重な芸術品だったが、レーニンの時代に取りはずして溶かしてしまった。表向きの説明は人民のパンを買うためだったが、実際は政府の資金調達だった。私たちはさらに奥の間へと進んだ。鍵をこじ入れ封印を解き、数々の部屋を見た。多くの秘宝が同じ運命をたどっていた。いくつも聖堂があり、わびしいイコノスタス〔聖障――聖所と至聖所の仕切り。イコンを何枚も組み込む〕を目にした。美しい広間もいくつかあった。だが照明はなく、調度品は持ち去られ、うつろな空間が支配していた。迷宮は幾重にも層を連ね、私たちを行きつ戻りつさせた。立ち止まって冬の庭園を眺めた。かつてスターリンの映画館があった場所である。通常は見学できない場所に入れたのは幸運だった。親切な専門家の解説に、しばし時を忘れて聴き入った。

　クレムリンを深く知る新しい友人は、筆者のために時間を十分に割き、豊かな専門知識を披露してくれた。最後の階段を降りながら、彼女はまだ躊躇していた。「防火担当には言わないでね」。廊下は狭く、絨毯は放置されたまま長い歳月を経ているように見えた。一四世紀の教会が見えてきた。ニコライ一世の時代に工事をしていて発見されるまで、既に失われたものと考えられていた教会だった。六〇〇年以上の歳月（多くの戦争、火災、改築計画）を経て、（壁は白いしっくいで覆われ）本来の姿をとどめてはいなかった。それでも、さすがに見応えがあった。さらに廊下を進み階段を降りると、はしごやペンキの缶、壊れた椅子が散乱していた。壁には赤旗が立て掛けてあった。金箔の机は、どこかで展示された後に運び込まれたような感じがした。降り積もった埃の上に白い漆喰が飛び散っていた。大きなラジオもあった。ニコライやミハイル・ロマノフ、イワン雷帝の宮殿、さらに時代を下ってルネサンス期にできた部屋の数々を眺めているうちに、昔に思いを馳せる単なる秘跡巡りでは得られない感覚にとらわれた。筆者はタイムカプセルに足を踏み入れていた。現実を超えた空間に、クレムリンの正史にはない数々の事実が詰まっていた。そこでは一〇年の歳月がまるで一瞬のように降り積もっているのだった。

ロシアの歴史は破壊と再建の繰り返しである。これほど変革の波に洗われ続けた国があるだろうか。どのような体制の下にあろうとも、国家の利益が国民の権利に優先した。危機に直面するたびに一連の決定が下された。決定は多くの場合、クレムリンでなされた。どのような時でも、ごく一部の人々が目先の利益を守るための選択をした。それが必然であったわけではない。捨てられた選択肢も多様な物語の一部を成す。現代のロシアでは指導者たちが強い国家の必要性を唱え、あたかも伝統的な理念であるかのように「主権民主主義」という言葉を用いる。しかし、彼らの言葉と実際の行いは、必ずしも一致しない。歴史は全く別の次元でつくられる。打ち捨てられた赤旗や古椅子が雄弁に物語るように、過去の権威などは、しおれた一週間前の花のようなものだ。ロシアにとって過去は一様ではない。キュスティーヌ侯爵が圧政者の巣窟と罵倒したクレムリンも、閉ざされた扉を開いてみれば、また別の容貌を見せる。ロシアでは過去が当然のようにねつ造される。クレムリンはそれを頑固に拒む歴史の証人である。気品と妖気をまとい、ロシア国家の秘密の心臓部を一途に見守ってきた。

第1章
礎石

偶像の砦の物語を、一枚のイコン（聖像画）から説き起こすのも一興だろう。それなりの理由もある。クレムリンでは幾世紀にもわたり、多くのイコン作家が製作に打ち込んできた。物語の冒頭にふさわしいイコンはいくらでもある。傑作の多くは、クレムリンの聖堂や修道院のために描かれた。ギリシア人のテオファネスと、彼の弟子とされる一五世紀のアンドレイ・ルブリョフの作品が有名である。聖人たちは不朽の黄金装飾に覆われ、安らぎと永遠を不可解な表情に湛えて、私たちの騒がしい俗世を眺めている。彼らが描かれた時代、時間は神が所有していた。罪深い人間は（画家がイコンに込めたメッセージによれば）この世のはかない時間を、天の啓示に従って過ごすことでしか救われなかった。だが瞑想と懺悔は決してクレムリンの本質ではない。クレムリン誕生の物語を理解するためには、さまざまなアプローチがあるが、シモン・ウシャコフが一六六八年に描いた傑作「モスクワ大公国の樹」が良い手がかりになる。この作品は今も昔も貴重な宗教芸術であると同時に、歴史の語り部でもある。

このイコンはモスクワのトレチャコフ美術館に展示され、今も豊かなメッセージを放っている。作品自体はそれほど大きくはない。だが一枚のイコンのために、背景に十分すぎる空間が確保されている。弱めに調整した光が金箔を照らし、神秘的な雰囲気を醸し出している。見る前から貴重な作品と分かっていても、その構図にはやはり驚かされる。最初はロシアの絵画というより、東洋の絨毯に描かれる命の樹のような印象を受ける。[1] 幹や枝は巻き上がるように延びている。聖母（生神女《しょうしんじょ》）、モスクワ大公国の大公や皇帝、聖人の姿が、果実（あるいは魔法の樹の花）のように描かれている。中心部の最も大きな実が聖母の姿だ。このような果実をいくつもたわわに実らせた枝が、天国の門を目指している。トレチャコフ美術館の案内書が述べるように、ウシャコフはイエス・キリスト（イイスス・ハリストス）に連なる系図を意識していた。[2]

イコンの下のほうに視線を移し、神の樹の根本に注意すると、現存する建物が描かれていることに気がつく。額縁の内側に存在する別の額縁のように、尖塔を抱くクレムリンの城壁が横たわる。この構図こそが、歴史の証言者たるイコンの性格を雄弁に物語っている。画面の左下では、ウシャコフの時代の皇帝であるアレクセイ・ミハイロヴィチ・ロマノフ（在位一六四五年―七六年）と一目で分かる人物が、あたかも大掛かりな興業で口上を述べるような様子で立っている。底辺の中央では二人の人物が、樹木の根本に視線を落としている。中世の水差しのような容器を傾けている左の人物は聖職者で、ピョートルの文字が読みとれる。一四世紀初めのロシアにおける教会の指導者である。植樹をする右側の人物は、一三二五年から四一年までモスクワを一六年にわたり支配した大公イワン一世と分かる。

ウシャコフが作品に込めた意図を理解するためには、一連の歴史を知らねばならない。彼の芸術は皇帝が発する政治的メッセージの一つだった。樹木が地下の根から養分を吸い上げるように、アレクセイとその皇統もモスクワの歴史の土壌から台頭した。イコンはそう語っている。過去に敬虔な皇帝たちがいた。神の樹を育む聖者たちもいた。アレクセイの皇統もその系譜に連なり、ロシアの大地を耕し、慈しむ者として描かれている。しかし客観的に見れば、アレクセイをそのような人物として描くことには疑義がある。一族から出た皇帝は、彼で二人目にすぎない。ロシアは一六〇〇年代初頭、長い内戦の果てに分裂状態にあった。一六一三年に和平が実現したが、国民の代表から成る全国会議は、新たな皇帝のために土地を用意しなければならなかった。アレクセイの父であるミハイル・ロマノフの即位は、神の樹が自然に実を結ぶように、すんなりと実現したわけではなかった。彼が継承したクレムリンは半ば荒れ放題で、イコンに描かれた赤煉瓦の砦とはほど遠い惨状だった。ウシャコフは争乱と殺戮の影を、絵筆でぬぐい去った。新たな世代に向けて、ロマノフ家のモスクワ支配を、神によって特別に祝福された物語に仕立て上げた。イコンに描かれたクレムリンは、ありきたりの城塞ではない。ロシアと天国を結び、聖母が守りたもう場所だった。

このイコンからは、さらに多くのメッセージを読みとれる。植樹の様子を描いた意図が重要なのだ。ロシア正教会の指導者であるピョートルと、モスクワ大公となったイワン一世は一三二六年に、新たな聖堂の礎石を置いた。イコンに描かれたのは、その聖堂である。美しい黄金の丸屋根を頂く立派な建物が、緻密な筆で描写されている。だが細部よりは、象徴的な意味に注目しなければならない。モスクワは政治と宗教の両面からロシアを束ねる帝都であり、クレムリンはその心臓部である、とイコンは主張しているのだ。当時のクレムリンには、まだ威厳もなければ気品も備わっていなかった。城壁は土くれと材木でできていたし、周囲には陰気な沼地が広がっていた。戦乱の時代だった。ロシアの民衆すべてが、無条件にモスクワ大公を国の支配者と認めているわけでもなかった。しかし土地がやせて乾いていても樹木は育った。ウシャコフが神の樹を植える構図に、一三二六年に着工した聖堂を配したのは偶然ではなかった。イワン一世はクレムリンの礎を築いた人物として歴史に名を残した。クレムリンの物語はロシアそのものの来歴と同様に、多くの史料が失われているので、史実の断片を寄せ集めることでしか構成できない。ロシアの歴代支配者は、大火や革命、宮廷を揺るがす数々の政変に翻弄されつつも、神の樹の幹や枝に自らを位置づけることに執着した。そのためには歴史の改ざんも辞さなかった。自らの治世がどのような有様にあろうとも、神の樹が正統性の証だった。

クレムリンの起源を裏付ける確かな記録は存在しない。モスクワ大公の屋敷については、一一四七年と五六年の記述があり、当時を知る最も重要な文献となっている。だがネグリンナヤ川を望むモスクワの丘に、最初に砦をつくった人物が確定できない。一二世紀に城壁が存在したのは事実だが、正確な年代については諸説がある[3]。ただ一九五〇年代の発掘調査で遺跡が出土した地層を根拠に、ほぼ一〇年の単位で推定はできる。遺跡は全容がよく分からなかったし、後世の増改築で損なわれてもいた。しかし土と木材の構造物は鮮烈な印象を残した。巨大な木材は、おそらく当初の位置のままと考えられた。現在のクレムリンより相当に小さな砦だったが、難攻不落であったようだ。三角形の輪郭を成すクレムリンの丘の上には、木製の城壁ができる以前にも何らかの建物があったことが、新たな発掘で間もなく判明した。土塁のさらに下層から骨が見つかった。豚や牛の肋骨や脚だった。食事の名残とみられる骨片も、数世紀にわたり堆積していた。馬や犬、シカやビーバー、イノシシの骨もあった。毛皮を得るための狩りもしたらしい。赤みを帯びた粘板岩でできた糸車は、キエフの職人の作で、ドニエプル流域との交易関係を示していた。ガラスの珠や金属の腕飾りは凍土の最も深い層から出土した。さらに深い地中に何が埋もれているのか、まだ分からない[4]。

クレムリンの丘はどの時代にも、砦を構えるのに好都合な条件を満たしていた。守りを固めるのに適しているし、木材を容易に調達できた。だが黎明期のモスクワは、港や市場が栄えた北方から眺めれば、取り残された地としか言いようがなかった。発展が遅れたロシアの基準に照らしても、決して先進の地ではなかった。森林に囲まれ、木いちごの類いに埋もれ、冬になると突然霧に包まれた。四方に広がるオークや白樺の深い原始林が、大軍さえ飲み込んでしまうかのようだった。一一七六年のことだ。対立する二人の公が雌雄を決すべく、軍勢を率いて樹海に踏み込んだ。人馬は騒々しい音をたてながら進軍したが、ついに敵と遭遇できなかった。[5] 迷わないように川に沿って進んでも、しばしば方向を失った。鹿や野生の豚が通るけもの道はあったが、それをたどる狩人の足跡を、森林の外へ導く道と勘違いすることもあった。木材を並べて本来の道を示す知恵は当時もあった。ざっと千年を経てソ連軍がその手法を用いて「丸太道」を敷いたことは、よく知られている。だが道をいくら整えたところで、季節を重ねるうちに樹木に覆われ、あるいは風雪に削られ、さらに泥濘に溶けて跡形もなくなってしまうのだった。方角が分からなくなった者の前にようやく展望が開けたと見えても、冷たい大地を川がまだ蛇のようにうねり、外へ通じる道を見いだすのは難しかった。

この樹林に最初にやってきたのは、おそらく狩猟を営むフィン人と考えられる。だが確証はない。数々の支配者が来たり、そして去った。国の体裁も氏族の名前も残っていない。国境も明確ではなかった。西方のキリスト教徒やユダヤ教徒、南方や東方のイスラム教徒と異なり、この地では死者を火葬にしたので、墓を発掘して過去を知るすべもない。文字を持たなかったので、記録された言葉もほとんどない。彼らがつけた川や樹林に囲まれた湿地帯の名に、わずかに歴史の痕跡が残る。大方の推測では（スラヴ主義者は反対するが）モスクワもその一つである。[6] モスクワはフィン語に由来する地名で、スラヴ人がやって来る前、おそらく八〇〇年代初めに先祖が定着したことは、ほぼ間違いがない。

その後に定住したのが、ヴャティチという種族だった。[7] 流血が絶えない時代にあって、残忍さは群を抜いていた。普通の旅人は彼らの土地に足を踏み入れることを躊躇した。あるいはこのような状態が地域の発展を妨げたのかもしれない。しかしモスクワ川が流れるヴャティチの地は、決して閉ざされた世界ではなかった。モスクワ川とヴォルガ川が形成する水系は、北方と西方をつなぐ主要な交易路の一つだった。このほかに、現在のクレムリンの近くを、少なくとも二つの陸路が通り、物流に重要な役割を果たしていたことが、考古学の成果として分かっている[8]。当時既に船や馬、駱駝まで使って欧州北東部の平原との間を行き来する者たちが増えていた。モスクワ川のほとりに位置する小さな街は、主要な交易路の中継地ではなかったが、異国人が訪れる機会があった。イスラム圏に由来する二枚の銀貨が、その証拠として残っている。一枚は、はるか遠方のメルヴで鋳造されたものだ[9]。ロシア各地で相当量の銀貨や銀細工が発掘されている。多くはイスラム圏で一〇世紀に製作されており、当時のロシアがアジアや地中海の文明圏と、質量ともに豊かな交易を展開していた事実を示すとみられる。

　商人にとっては魅力に満ちた地だったに違いない。中央アジアの内陸深く位置する交易の中心地ホラズムを目指す隊商は森の宝を満載し、南へ向かい、さらに東に進路を定めた。アラブの地理学者は「クロテン、ミニバー〔礼装用の白い毛皮〕、オコジョ、草原のキツネ」と列挙している。「テン、キツネ、ビーバー、まだらウサギ、ヤギ。蝋、矢、白樺の樹皮、深い毛皮の帽子、魚の歯〔セイウチの牙のこと〕……スラヴ人の奴隷、羊や牛[10]」も売買の対象だった。はるか後世の欧州でアフリカの富について、同じように賛嘆したことを想起させる。欧州の北東部に広がる森林地帯は、まさに九世紀から一〇世紀にかけての暗黒大陸にほかならなかった。後のアフリカのように、危険と未知の魅惑に包まれ、冒険をすれば豊かな富が手に入った。奴隷もいい儲けになった。イスラム教徒もキリスト教徒も、同じ神を信じる者を奴隷にできなかった[11]。異教徒のスラヴ人は奴隷にうってつけだった。毛皮の需要は無尽蔵だった。アラブ人やアジアのトルコ系民族、欧州の大西洋岸ではフランク民族やアングロ・サクソン民族が喜んで買った。北方の樺の樹林やタイガで獲れるものが最上とされた。コンスタンティノープルや、東方交易路の拠点となっていたヴォルガ沿岸の都市ボルガルの市場に持ち込めば、多額の金銭や銀と交換できた。

才覚があれば富はいくらでも増えた。徴税のための検問を設け、高価な荷に税を課す仕組みができた。交易路は財を生む道となった。だが土着のスラヴ人は、このような枠組みには加わらず、昔ながらの生活を営んでいた。スラヴ人の代わりに利益を得たのは、スカンジナビアから来たヴァイキングだった。彼らはギリシアやアラブでルーシと呼ばれた。ルーシに関しては、別の観点から論争の種となってきた。ロシアの民族主義者は、祖国の始祖が遠方からの渡来者だったという説に異論を唱えた。[12]しかしバルト沿岸の出土品を精査した結果、ヴァイキングの活動に、強い疑いをはさむ余地は消えた。隊商の護衛や略奪、貢ぎ物の強要により、荒くれ男たちは一帯の支配的な存在となっていた。最初に定住したのはイリメニ湖の畔である。湖は既に発展を遂げていたノヴゴロドに近く、船で往来できた。彼らは一九世紀半ばまでに、ドニエプル川、ヴォルガ上流域に支配を広げた。同じ世紀にアルフレッド大王のウェセックスを攻めたヴァイキングと同様に、ロシアの地に定住したヴァイキングも野心が強く好戦的で、生来の機動力は抜きん出ていた。八六〇年には、ローマ帝国の正統を受け継ぎ堅固な城壁に囲まれたコンスタンティノープルを、海から攻撃した。彼らはドニエプル川に面するキエフの都を、ハザール人から既に奪取していた。さらにヴォルガ中流のスラヴ人居住地にまで触手を伸ばし、侵略を繰り返していた。当時の陸路の移動は、いくら急いでも一日五〇キロが限度だった。主要な港湾や市場から数百キロも離れた地域に、荷を満載して移動するのは容易ではなかった。異なる大陸を結ぶ交易がロシアで発展したのは、忍耐の積み重ねと技能の習熟、そして人間の強欲のなせるわざだった。

ロシアの物語が幕を開け、数々の逸話と神話が生まれようとしていた。ロシア最古の年代記である『原初年代記』は、半ば神格化されたリューリクという人物について記している。彼の子孫がロシアの諸都市を治め、リューリク朝が成立する。スラヴ、バルト、フィンの諸族が絶えず争い、和平の唯一の手段として外部から強力な統治者を招くことになった。その人物がヴァイキング（現在のほとんどの歴史家はルーシと呼ぶ）のリューリクだった。彼と兄弟たちは、イリメニ湖の周辺に拠点を定めた。[13]土着の諸族と調和し、隣接するステップ地帯の諸族とも交わった。既存の物流網を利用してスラヴの職人から樹皮を買い、毛皮や蠟、蜂蜜、皮革を得た。入手した物を運ぶために奴隷も必要とした。ルーシと地元のスラヴ人は、しだいに一体化した。混血と混住が進み、同じ神を信じるようになった。新たな物語を同じ言葉でともにつむぎ、独自の世界を創造した。単一の民族になったとはまだ言えなかったが、一つの文明の確かな基礎を築いた。

ルーシは好戦的だった。周辺の民に執拗に交易を強要した。当時最も裕福だったコンスタンティノープルの市民は、悪名高い北方のヴァイキングとしてルーシを恐れていた。かつて海から攻められた記憶も生々しかった。荒々しく粗暴な異教徒として、特に忌み嫌っていた。コンスタンティノープルの帝政は、最良の船乗りで戦士としても勇猛なヴァイキングを傭兵として使った。しかしヴァイキングは表向き忠誠を誓いながらも、決して心を許そうとはしなかった。雇う側も彼らを野蛮人と決めつけた。ルーシは当初、帝都に足を踏み入れることを全く許されなかった。このためルーシは黒海の港湾都市ケルソンとトムトロカンを仲介して交易をすることになり、利益は多くの仲介者と共有しなければならなかった。[14]ルーシは九一一年にようやく、コンスタンティノープルと交易の取り決めを結んだ。だがルーシの商人が帝都に入る時は、あらかじめ決められた門口を通らなければならなかった。

また五〇人以上の集団を組んで訪れることも禁止された。(15)

転機は一〇世紀後半に訪れた。ルーシはコンスタンティノープルの富に目がくらみ、その権威の前に屈し、コンスタンティノープルに総主教座があったキリスト教に改宗した。カトリックを取り入れ、ローマに従属する道もあったが、あえてコンスタンティノープルを選択した。当時、東西キリスト教の間に横たわる溝は、それほど深くはなかった。だがルーシが宗教上の選択としてコンスタンティノープルと組んだことは、その後何世紀にも及ぶ運命を決定づけた。文明の感化は計り知れなかった。東方教会の荘厳な美しさが、北方の民の心をとらえたらしい。コンスタンティノープルを訪れたルーシの使節団は、見事なアヤソフィア〔聖なる英知〕大聖堂に息を飲んだ。建築美に目を見張り、壮麗な捧神礼に陶酔した。「天にいるのか地上にいるのか分かりませんでした」。使節団の一人は、キエフ大公ヴラジーミルに報告した。(16) 九八八年ごろ（正確な年代はまだ確定していない）、ヴラジーミルは自らキリスト教の洗礼を受けた。臣下もドニエプル川に集め、その水で洗礼を受けさせた。改宗を徹底するために、それまで崇拝していた神の偶像をむちで打ち、街頭を引き回して死刑を宣告した。(17)

改宗によりルーシの地はキリスト教世界の一部となった。コンスタンティノープルがその世界の中心だった。だがキエフのキリスト教は、アジアの少数民族やアレクサンドリア、バルカンから受け継いだ伝統の名残をとどめていた。黒衣の聖職者が大挙してキエフにやってきた。彼らは神の教えや信者の心得だけではなく、新たな文字、国家とは何かという考え方、そしてキリスト教の暦など多くの文物をもたらした。(18) 来訪者の中には、芸術的才能が豊かな聖職者やイコン画家もいた。多くはギリシア人だった。彼らはまず最初に聖人の姿を描いた。ギリシア正教はキリストと聖母に加え、階梯者イオアン、大アントニオス、初召使徒アンドレイら聖人を尊崇した。聖アンドレイは一二使徒の一人で、キリストの栄光がキエフを包む未来を予言したとされる。「聖なる英知（ソフィア）」は、神がキリストに顕現した後の精神世界で、万物の中核を成していた。キエフも、富に恵まれた好敵手のノヴゴロドも、コンスタンティノープルに習って、最も重要な宗教施設としてソフィアの名を冠した大聖堂を建てた。ルーシの改宗は根源的な転換とは言いがたい。まだ真の文明がなかったので、従来の価値をすべて覆すまでもなかった。とはいえ人々が身も心も奪われるような衝撃を受けたことは確かだった。キエフ大公の支配地は外来の宗教を取り入れ、ギリシア文明の装いを整え、東スラヴ世界の先頭走者に躍り出た。

モスクワ川を望む辺境の地が栄える前兆は、この段階ではまだうかがえない。モスクワの大公たちが、一一世紀キエフの宮廷の姿を模範として取り入れようと懸命になるのは、さらに長い年月を経た後である。それも単なる模倣の域を出なかった。シモン・ウシャコフがイコンに描いたイワン一世は、ほぼ確実にヴラジーミルの子孫だろうが、直系とはとても言えない。彼はリューリク朝の正統を主張した。だが王朝の血を引く人物は無数に存在し、統治する都市を繁栄させた者もまた多かった。イワンはその一人であったに過ぎない。[19]ヴラジーミルとイワンの間には三〇〇年の歳月が横たわっている。中世の人間の営みは二一世紀の今日から見れば、遅々とした時間の流れに支配されていた。三世紀は決して短い年月ではなかった。英国でモールバラ公がブレンハイムの戦いに赴いた時代と現代を隔てる歳月を考えれば、おおまかに推量できる。米国に渡り植民地を築いた先祖と、今を生きる我々を分つ時間はさらに短い。

キエフとモスクワを隔てているのは、時間の経過だけではない。地理、経済、政治システム、外交の主目的においても、互いに異なる世界だった。キエフは南の黒海を志向した。モスクワは森林で獲る動物の毛皮などの販路を求め、ヴォルガ流域から遠方へと進出して異文明と接触した。それでもモスクワをキエフの真の継承国とみる重要な理由が一つある。ドニエプル川流域で、キエフは精神文明の中核として初めて登場した都市だった。コンスタンティノープルは広大な勢力圏に散在する全教会の女王の地位を、キエフのソフィア大聖堂に与えた。ビザンティンの教会指導部は、キエフの教会を階層構造の中に組み入れ、ルーシの信者を束ねようとした。大公たちの支配地は未開の辺境の野蛮な世界とみられていたので、総主教を戴く管区（当時は世界に五つしか存在しなかった）[20]にはしなかった。だがルーシの地は（序列で総主教の管区に次ぐ）府主教管区となった。派遣された府主教は、北方のスラヴ世界とコンスタンティノープル文明を結ぶ役割を果たした。様々な地方に足を運ぶのも府主教の仕事だった。バルト地方からヴォルガ中流にかけて、主要な都市の大公が富にまかせて邸宅に聖堂を設けたからだ。府主教は公邸をキエフに据えた。歴代の府主教の遺体は、公邸にある大聖堂の内外に葬られた。だがウシャコフのイコンに描かれたピョートル府主教が慣例を破った。彼は北東に八〇〇キロも離れたモスクワのクレムリンに、自分を葬るよう遺言した。この出来事によって、彼がイワン一世とともに建てたクレムリンは、ルーシの精神世界で地政学的状況を一変させる存在となった。

キエフからモスクワに正教の拠点がすぐに移ったわけではなかった。クリャーズィマ川に面する要塞都市ヴラジーミルで一〇〇年以上の寄り道をしている。ヴラジーミルはモスクワよりさらに東にある。なぜモスクワをわざわざ迂回したのか。それを理解するためには、当時の込み入った相続制度について語らねばならない。長子相続制によって財産や位を継承し一筋の皇統を保つのが、当時も今も普通の王国の在り方だ。しかしルーシの大公の家系には、異なるしきたりがあった。その世界は常に流動的だった。有力者にはそれぞれ固有の領地を持つ権利が認められていた。各地に小さな都とささやかな宮廷を構え、家来や兵士を従えた。しかし全体としては王家の上下の秩序を維持していた。重要な都市を治める者が優位を占めるという取り決めがあった。ある専門家によれば、大公一族は「一種の集合体としてルーシの地に存在し、おのおのがその一部としての権利を主張した」[21]。富を共同で管理する仕組みが機能する一方で、財産権を主張する者の数が増えれば、時に暴力による奪い合いが起きるのは当然だった。

このような継承の形態には、世継ぎの男子が不足しないように常に配慮が働くという利点もあった。一人息子にすべてを託す危険（当時は寿命が短かかった）を避け、大公の弟たちに王座に連なる地位を分け与えた。大公の子供が幼いうちに、大公の弟が皇位を継承する可能性を残すためだった。大公の弟たちが皇位継承の機会に恵まれないまま死んだ場合は、その子孫も皇位継承の権利を永久に失った。だが取り決めは絶対ではなかった。一族は皇位をめぐる争いを頻繁に繰り返した。皇位や領地、財産は、必ずしも生涯にわたり保証されなかったので、状況はさらに複雑だった。単なる名声や、年功序列の移り変わりに応じて、財産や領地が再配分された。皇族は生涯に幾度も地位を向上させる機会に恵まれた。野心が強い者は最良の領地を求めた。都市から都市へと移動を重ね、いとこたちを相手に戦いを挑んだ。それは死の椅子取り遊びだった。敗者が消えるたびに、どこかに新たな空白が生まれた。母なる都キエフは一世紀以上、誰もが望む究極の地だった。キエフ大公の地位をめぐる争いは熾烈を極めた。一方で皇位継承をめぐるしきたりが、抗争を緩和する役割を果たした側面もあった[22]。

キエフ大公ヴラジーミルは一〇一五年に没するまで一族の秩序を保った。しかし彼の死後、すぐに骨肉相食む闘争が始まった。勇猛さで名を馳せた草原の民、ポロヴェツ人は混乱に乗じ、富を求めて略奪を繰り返した。一〇六一年にはキエフを侵略した。かつてドニエプル流域の草原と森林を支配した諸部族と同様に、ルーシも滅亡の道をたどる危機に直面した。このため諸公は一〇九七年の会議で、厳格なヴラジーミル・モノマフのもとで停戦に合意した。(23) やがてモノマフ一門が、細かく分断された土地を収容していった。直系と遠縁の間には、領地の配分ではっきりした区別があった。だが大部分は相続が可能な安定した資産だった。状況の変化に伴い、スラヴ世界に新たな求心力が生まれた。キエフの権威が地に落ちたわけではなく、ノヴゴロドでも富を生む市場が栄えていたが、ヴラジーミル・モノマフの支配地が最も重要な意味を持つようになった。

モノマフの領地は、モスクワの森林地帯を越えて緩やかに起伏する丘陵にあった。川は南方の黒海へ注ぐのではなく、東のヴォルガ川の方角へ流れ、その先にはアジアの台地にいくつもの市場があった。遠隔の地ではあったが、豊かさ故に遊牧民の脅威にさらされていた西方の都市に比べれば、格段に安全だった。モノマフが苦もなく平定した土地は十分に肥沃だった。ヴォルガ川とドニエプル川の間にあって、交易の中継地として機能した。ネルラ川とクリャーズィマ川の流域を舞台に、有力な諸公が拠点を築いた。スーズダリに次ぎ、新たな要塞都市としてヴラジーミルが出現した。ヴラジーミルはモノマフ自身が築いた都市と言われる。一帯は数十年の間に発展を遂げ豊かになった。それでもモノマフは機会が到来すると、キエフ大公として君臨する道を選んだ。三人の息子も順番に跡目を次いだ。しかし孫のアンドレイ・ボゴリュプスキーが、地政学的な状況と力関係を決定的に変えた。彼は一一六九年に順等にキエフ大公の地位に就くと(一族の長としての権威を確立したことを意味する)、キエフからヴラジーミルに遷都した。彼と対等の地位を主張できる公はいなかったので、これ以降はキエフ大公ではなくヴラジーミル大公が最上の地位とみなされ、その権威も高まった。ヴラジーミル大公の呼称を得るために、力と富を蓄えた男たちが、命がけで争う時代がやがて到来する。

ボゴリュプスキーはヴラジーミルをキエフに優る都市にしようと考えた。神が彼に権威と栄光を授けたとみなされた。旧約聖書に登場するソロモンの知恵、ダヴィデの徳と力を併せ持つ人物と称えられた[24]。その権威を最も顕著に示すのは、多くの建築物だった。彼は建築を命ずるにあたり期限を設定した。一二世紀の欧州各地から招かれた石工や工芸家が、目標達成に力を注いだ。北東部の弱々しい光が、山と積まれた土塊や組み上げた足場を照らして、幾年もの歳月が流れた[25]。ボゴリュプスキーは首都としての地位を、キエフから奪おうと決めていた。彼がヴラジーミルに建てた聖堂の高さは三二・三メートルで、キエフのソフィア大聖堂の二八・三メートルより高かった[26]。聖堂の外壁は輝く真珠色だった。丸屋根は銅の箔を張り、さらに黄金で覆った。白い石灰岩を敷き詰めた上に、赤、青、緑、金の浮き彫り模様を施し、石の飾りをあしらった。内部の祭壇にも、金や銀をふんだんに用いた。丸天井から差し込む陽光が、高価な石材のなめらかな表面に揺らめいた。緻密な浮き彫りを外壁に施すのが、ボゴリュプスキーの好みだった。彼が王国に建てた別の教会の外壁には、ライオンやヒョウ、イヌ、ウサギ、シカ、神話に登場するグリフィン、伝説の半人半鳥など、多くの動物の姿が刻み込まれている[27]。城壁に囲まれた宮殿や威風堂々とした凱旋門もできた。わらや泥にまみれた土地に出現した一群の建造物には、ヴラジーミルの威光を誇示する意図が込められていた。対立する諸公をはじめ、その意図を読み誤る者はいなかった。

新都の威容が示す自信と顕示欲こそボゴリュプスキーの特質だった。神の忠実なしもべを装いつつも、冷酷で執念深く横柄だった。そうでなければ、壮大な新都や宮廷を築き上げる偉業は成らなかっただろう。戦乱の時代には、容赦ない支配者しか君臨できなかった。ボゴリュプスキーの苛烈な性格は、日に日に敵を増やしていった。一一七四年の夏、ボゴリュプスキーが自分に不満を抱く貴族たちを排除しようとしているとの噂が流れた。その中には、モスクワでボゴリュプスキーの親族に殺された、資産を奪われた人物の息子たちも含まれていた。彼らがボゴリュプスキーを殺す計画（モスクワ側から見れば敵討ちの美談）を練っていたとの説もある。モスクワ大公国の歴史編纂者たちは、むしろこちらの説を好んだ。いずれにしても、ボゴリュプスキーの命は危険にさらされていた。六月二九日の夜、二〇人の集団が寝室に乱入し、彼を切り刻んだ。[28] ボゴリュプスキーが残した建物の多くはその後、過酷な運命をたどった。ヴラジーミルの大聖堂は彼の死後間もなく、火災で損傷を受けた。宮廷は財宝の略奪で荒廃した。後には石材まで持ち去られた。今ではアーチと塔の一つが現存するのみである。ヴラジーミル中心部からやや離れた場所に、ボゴリュプスキーが自らの最も輝かしい戦歴を記念して建立した聖堂が現存している。当初は土台から白い石灰石を積み上げて威容を誇ったが、後に河畔の草地に移された。移設はボゴリュプスキーの威光の衰退を象徴するかのようでもあった。[29]

ボゴリュプスキーの伝説を語るのは建物だけではない。ヴラジーミルが神に選ばれた都であることを示すために、側近たちは新たな聖母伝説を創造した。ボゴリュプスキーはルーシ全土を守護する聖母の存在を民に示すために、聖母庇護祭を自ら主催した。[30] 臣下は新たな都を知らしめるために、ヴラジーミルを筆頭とする諸都市の番付を作成した。建立した聖堂もソフィア大聖堂とは名付けずに、ヴラジーミルを守護する聖母の死去と奇跡の復活にちなんで、ウスペンスキー(聖母就寝)大聖堂と命名した。大公は自ら建立した聖堂に多くのイコンを寄贈した。多くは新たに描かせた作品だった。しかし最も重要なイコンは、キエフから取り寄せた。このイコンにはイエスを抱く聖母が描かれており、その原型は聖ルカの手によるとの伝説がある。しかしヴラジーミルの聖母そのものは、製作後まだ一世紀を経ていなかったとみられる。[31] いきさつはどうあれ、聖母像は神を敬う人々にとって特別な意味があった。キエフからヴラジーミルへの移管は、一つの時代を画す出来事だった。イコンは後にモスクワに移され、ウシャコフの神の樹と同様に伝説となった。今でも奇跡を生む「ヴラジーミルの聖母」として親しまれている。

ボゴリュプスキーは存命中にモスクワを王宮の地とは認めなかったが、一連の城壁を新たに建設するよう命じた。モスクワには前進拠点として軍事的な意味があった。年貢や各種の税を集める場としても重要だった。ボゴリュプスキーの跡を継いだ歴代ヴラジーミル公も、モスクワのために祈ることはほとんどなかった。大方の正教徒はむしろ、遠く離れたコンスタンティノープルの運命に気を取られていた。聖都をローマ法王の兵が侵略していたからだ。一二〇四年の第四次十字軍である。東方教会を侮蔑するローマの態度は、既に広く知れ渡っていた[32]。だが十字軍への懸念も消し飛んでしまうような事態の急展開を、誰が予想し得ただろうか。嵐は今やルーシの地に襲いかかろうとしていた。諸公は相変わらず内紛に明け暮れていた。しかし古来のシルクロードを行き来する商人らは、新たに出現した敵の強さをよく知っていた。欧州では見たこともない敵は、一二二三年にペルシアからカフカス山脈を越えてやってきた。軽武装の騎兵の早い動きに、諸公の軍勢は追いつけなかった。カルカ川の会戦でルーシの軍を破ったモンゴル軍は、やってきた時と同様の素早さで姿を消した。やがて草原から別の軍勢が侵入するようになった。キエフとルーシ辺境のリャザンは、争いをやめて脅威に対処しなければならなかった。この試練に耐え克服するまでに、さらに何世紀もの歳月を要した。モンゴルにしても当初はまだ、偵察を兼ねた程度の侵攻だった。

モンゴル軍はアジアの心臓部とも言えるカルカ川の戦いを経て、しばらくは入念な準備と訓練に従事した。騎兵は鍛錬と計略を習慣として身につけるようになった。一二二〇年代初頭までに、モンゴル軍は既にホラズムを侵し、メルヴ、ブハラ、サマルカンドを蹂躙、ゴビ砂漠を越え、中国の金王朝の軍勢を破った。さらにオクサス川から西進、クリミアの草原に到達した。最盛期の支配領域はローマ帝国の四倍にも達した。そのほとんどを、わずか一世代の間に制圧したモンゴル軍には、ドニエプル地方など他愛もない獲物に見えただろう。一二二七年、尊崇を集めていたチンギス・ハーンの死で、足踏みを余儀なくされたが、それも長い間ではなかった。一二三四年、モンゴル帝国は帝都カラコルムで開いた部族会議で、欧州の草原に深く継続的に侵攻する決定を下した。カラコルムからヴォルガまでは、馬を駆れば二〇週間で到達する。この時も計画は入念に練られた。草原の東と南で諸部族をたいらげ、ルーシに味方する可能性がある勢力をあらかじめ排除した。一二三七年冬、チンギス・ハーンの孫であるバトゥ・ハーンが率いる軍勢がロシアの北東部の都市や村落に襲いかかった。リャザンがまず一二月下旬に包囲され陥落した。バトゥの騎馬軍団は次に、ヴラジーミルを目指した。ヴラジーミルも一二三八年二月の激戦の末に降伏した。モスクワは通りがかりに襲撃し、焼き払った。代官を殺し、わずかばかりの財宝を略奪した。[33] 木造の集落と砦は、たいまつのように燃えた。

南東に離れていたキエフと周辺地域は二年以上、モンゴル軍の襲来を免れていた。しかし一二四〇年末ついに、一四万人ともみられる大軍がドニエプルを目指して押し寄せてきた。[34] モンゴル軍の戦法は従来と変らなかった。準備を十分に重ね、事前の偵察で敵情を正確に把握した。そして圧倒的に優位な兵力で奇襲をかけた。包囲によって戦場を支配する技術に長けていた。弓術に秀で、ギリシア火薬を巧みに使用した。敵に恐怖心を植え付ける効果を熟知していた。強者が弱者に、忘れがたい残虐行為を見せつける行為の重要性を熟知していた。キエフと近くのペレヤスラヴリ、チェルニゴフが冬のうちに陥落した。一二四一年、バトゥはガリチへ西進し、さらにハンガリーへ向かった。彼の軍団は不敗を誇るかのようだった。チンギス・ハーンの三男で大ハーンを名乗ったオゴデイがカラコルムで没しなければ、ライン川を越えて進撃していたかもしれない。バトゥはオゴデイの後継者を定めるために呼び戻された。欧州の中部と西部は蹂躙を免れた。だが分断されたルーシの地で、諸公はその後二世紀にわたりモンゴルへの従属を迫られる運命にあった。

当然ながら当時の様子を伝える目撃談はほとんど残っていない。生存者は多くが都市の住民だった。彼らは軍馬の蹄の音から逃れるために、森を抜けて四散した。捕まれば奴隷にされるか、殺されると知っていた。修道院に逃げ込む者もいた。モンゴル軍は多くの場合、土地の宗教を尊重したからだ。しかし仮に逃亡民が証言を残す気力を残していたとしても、それを記録にとどめる冷静さと能力をもつ修道士はいなかった。モンゴル軍がルーシを荒らし回った時代の記録は、おおむね信頼度に欠ける。いつの世も同様だが最も苦しんだのは、貧しい庶民だった。襲撃を受ければ、仮にその場で虐殺を免れたところで、強制追放や人質としての獄中生活、奴隷労働が待ち受けていた。それを逃れるために、多くは北のタイガ地帯から北極海へと向かった。貴族は扉をたたく侵略者に、貢ぎ物を差し出したり饗応したりして難を逃れようと試みた。だが彼らも罠から逃れられなかった。モンゴル軍が襲来した最初の数ヵ月で、多くの貴族が家来ともども惨殺され、血の海に沈んだ。生き残った貴族は、新たな帝国の臣下として従属を強いられた。

焼き払われなかった都市にも災厄は訪れた。早春の雪解けによる洪水が騎馬軍団の進路を阻んだため、ノヴゴロドは第一波の襲撃を免れた。しかし年貢として、金銀、毛皮、獣皮を納めねばならなかった。ハーンの軍に兵士を差し出すようにも命じられた。[35] ハーンが送り込んだ徴税者に抵抗する都市もあったが、ほどなく制圧され報復のため手ひどく破壊された。ルーシでは戦いが諸公の運命だった。一二五〇年代、北方からドイツ騎士団やスウェーデン軍が、南方からはトルコ系のポロヴェツ人が侵入した。西からはリトアニア系諸部族に脅かされた。身内の争いも収まらなかった。裏切り、欺瞞、肉親同士の殺し合いが、恒常化していた。どの都市の指導者もまず、手を組む相手と戦う相手を見極める必要があった。閨閥関係は既に頼れなかった。モンゴルのハーンはしだいに皇帝の役割を果たすようになる。ルーシの地では、新たな宗主国の権威をツァールストヴォとして受け入れる慣習があった。ツァールストヴォとは皇帝たるツァーリによる支配である。ツァーリはカエサル（ローマ皇帝）に由来するとの説がある。諸公は自らの権威のより所を、支配者に求めざるを得なかった。

もはや融和のほかに道はなかった。だが混乱と殺戮の果てに、継続的な合意を実現するには、機略に富む人材が必要だった。ハーンの臣下と交渉した者は多いが、初期の段階で最も確かな信頼を勝ち得たのは、アレクサンドル・ネフスキーだった。彼は足繁くハーンの本営を訪れ、モンゴルの君主と協力する意志を示した。ルーシの事情をめぐり、ハーンの相談役として振る舞いさえした。(36) ハーンは新たな臣下であるネフスキーに反乱を鎮圧させたり、貢ぎ物や税を徴収させたりした。ネフスキーはノヴゴロドの蜂起を簡単に片づけた。ネフスキーはその報酬に、ヴラジーミルの支配者としての地位を正式に認められた。ヴラジーミルの凋落は誰の目にも明らかだった。しかし、この疲弊した都市の領主の地位には、まだ卓絶した権威が備わっていた。それは領主が実際どこに居住しようと変わりはなかった。ヴラジーミルの支配者となるためには、ルーシ世界とモンゴルの宮廷の間で、巧みな外交を展開しなければならなかった。草原の民も中世の慣習に従い血統を重んじ、リューリク朝の統治体制を根底から覆しはしなかった。だが欧州の封建君主と同様に、諸公には臣下としての忠誠を求めた。ルーシの地にモンゴル人が打ち立てた王国で優位を得ようとすれば、支配者と取引をするしかなかった。

北方の森が平穏であった試しはないが、今や住民の一人一人に危険が及ぶようになっていた。皮肉なことに、このような状況はモスクワに好都合だった。地理的に離れてもいたし、まだ影響力も小さかった。ヴラジーミルのような豊かな都市の避難民は、不穏な森林地帯より安全なモスクワを目指した。モスクワの人口は時を経ずに回復し、増加に転じた。バトゥの襲来から一〇年の歳月を経た一二四七年あるいは四八年ごろ、モスクワの要塞に勇猛公ミハイルという人物が君臨した。彼は野心を抱きつつ短命に倒れた。同様の運命をたどる人物が随所に出現した。一二六二年にモスクワとその属領は、アレクサンドル・ネフスキーの二歳の息子ダニールの領地となった。この時をもってモスクワは、公が君臨する地として都市の仲間入りを果たし、独自の歴史を刻み始めた。ダニールは成人すると(九歳から一二歳であったろう)、中心部の丘に建てた一連の木造建築に宮廷を構えて居住するようになった。一〇年後にモンゴル軍に破壊されたが元通り再建した。教会もごく短期間に復元し、商いも徐々ににぎわいを取り戻した。

ダニールは長子ではなかった。父の所有地の中で最も弱小で価値が薄いモスクワを与えられたのは、このためとみられる。ダニールは新たな教会を建て領地を広げた。ダニーロヴィチの父称を戴く彼の子孫は、富を代々蓄積した。それでもリューリク朝の本流から外れたモスクワは、威信が低く影響力も小さく、とても大陸に覇をとなえる力はなかった。主教さえいなかった。キリスト教の教区の中心は一六〇キロ離れたロストフにあった。宗教界においてモスクワは、辺境の出先にすぎなかった。[37]だがモンゴル支配が運命を大きく変えた。一四世紀初頭は、トヴェーリがヴラジーミルが保持してきた宗主権を継承するとみられていた。トヴェーリは地の利に恵まれた大きな都市だった。しかしトヴェーリの野心をハーンが警戒した。ハーンはトヴェーリより御しやすい存在を必要とした。諸公はそれぞれ、ハーンへの伺候を義務づけられていた。モスクワ草創期の物語は、寒気に包まれた北方の森林から、まばゆいモンゴルの宮廷に舞台を移す。

ルーシの指導者とモンゴルとの関係について、初期の年代記は曖昧な記述に終始している。著者は通常、後世の宮廷に仕えた聖職者だった。彼らは諸公や教会の指導者が「オルダを訪れた」と記したが、それが何を意味するのか説明はしていない。真実は叙事詩には不似合いだった。中世の歴史家は、ありのままに書き残すことをためらったに違いない。現代の愛国主義者にも同じ傾向がある。モンゴル支配がロシアの文化に及ぼした影響については定説がまだない。このような事情もあって、イコンや純ロシア的な聖人に関心を集中させがちである。ルーシの指導者たちは高位の聖職者も含め、ハーンの宮廷に伺候して多くの時間を過ごした。カラコルムを訪れるためには、ウラル山脈を越える必要があった。過酷な旅の途上で命を落とした者は、一人や二人ではなかっただろう。欧州東部を蹂躙したバトゥは、自らの帝国であるキプチャク・ハーン国の都を、ヴォルガ下流に位置する風光明媚なサライに定めた。モンゴル支配下のロシア全土から、ハーンに伺候する使節団はサライを目指すようになった。

キプチャク・ハーン国は伝説の国である。目に浮かぶのは、幕舎の森で荒くれ男たちが肉塊を引き裂き、干からびた人間の頭が一つ二つと転がっている光景である。黄金の国としても知られる。歴史はその支配者を粗野で傲慢な簒奪者として描いてきた。モスクワの中心から南に伸びるボリシャヤ・オルディンカ通り（大ハーン国通り）の名称に、東洋への恐怖が刻み込まれている。トルコ系の言葉である「オルダ」は本来、帝国を支配するハーンの本営を意味した。いくさ好きの暴虐集団という意味は全くなかった。「支配者の行宮」とでも訳すのが適切だろう。[38]数週間かけて草原を進み帝都を目にした者は、茶色い砂埃の向こうに建物の屋根屋根が輝く光景を初めて見た刹那に、一切の野蛮な先入観を捨てたに違いない。それはモンゴル人が皇帝として君臨する紛れもない帝都の偉容だった。[39]バトゥーの当初の帝都は、単なる幕舎の群れだった。だが彼の子孫は代々、豪華で大がかりな都に育て上げた。[40]

ハーンの幕舎が、長い狩猟の旅や武力を誇示する遠征で移動することはあっても、サライはもはや行宮ではなく不動の都市だった。キプチャク・ハーン国の最盛期には、交易と文明が交錯する中心として機能した。建設に従事する労働力は十分にあった。ハーンは二つの大陸から集めた多くの奴隷を有していた。スラヴの地から連れてきた職人もいた。金銀財宝、陶芸品を知りうる限りの世界から集め、宮廷を飾りたてた。その威勢には目を見張るものがあった。一三三三年に訪れたアラブ人はサライについて、「けた外れの大都市で、群衆で満ちあふれ、素晴らしい市場や広い道がある」と感嘆している。商人が集まる区域に蓄積された物品の価値は非常に高かったので、その一帯は特に警備を厳重に固めるようになった。(41) ハーンが居住する幕舎は黄金をふんだんに天幕にあしらい、エジプトからの来訪者を驚愕させた。(42) 文化も豊かに開花した。ハーンは種々雑多な居住者を巧みに制御するすべを心得ていた。一四世紀になると、サライには正教の主教までいた。開放的な都市の性格を示す一例である。同時にすべては熟慮の末の選択でもあった。砦を構えることは、モンゴルの考え方からすれば臆病者の行為だった。戦いは迅速に勝敗を決するべきで、城壁などは破壊し焼き尽くす対象でしかなかった。(43) 木造の要塞を出発し数週間の旅の果てにサライに到達したロシアの諸公が、すべてに目を見張ったであろうことは想像に難くない。

諸公は義務づけられた貢ぎ物に、物品や金銭を賄賂として上乗せした。精巧な装飾を施した指輪、丹念に仕上げた毛皮製品、狩りのために草原で訓練した鷹、宝石を散りばめた杯などは、ハーンの一族に大いに喜ばれた。諸公は相変わらず込み入った権力闘争に明け暮れていた。ハーンに取り入り、その支持で権力基盤を固めようと画策した。一三〇〇年代のロシアでは、モスクワとトヴェーリが勢力を競っていた。軍事・戦略的にはトヴェーリが優っていた。城塞を構え、木材で組んだ城壁が戦時の指揮所となる塔を囲んでいた。モスクワは力関係で劣ってはいたが、野心は旺盛だった。南東のサライへ頻繁に使節団を派遣していた。最初の使節はダニールの息子であるモスクワ公ユーリーだった。ユーリーはハーンの妹と結婚し、トヴェーリ公ミハイルの殺害を企てた。一三一八年にハーンの承認を得て、ミハイルを死に追いやった。ユーリーは目的を達成するために手段を選ばなかった。有力なルーシ諸公の支配都市を制圧し、モスクワ公として初めて、名実ともにヴラジーミル大公の地位を獲得した。だが彼自身も一三二五年に（ミハイルと同様にサライで）殺害され、その支配も突然の終焉を迎えた。モスクワの優位を確立したのは、ユーリーの弟であるイワン一世だった。一三二〇年、まだ若かったイワンは南のサライを訪れ、一八カ月滞在している。彼はモンゴル法の基本を学び、宮廷の実態を知った。その地で得た多くの知見は、大陸に支配的権力を打ち立てる上で大いに役立った。

イワンは兄の死によりモスクワ公の地位についたが、ヴラジーミル大公にはなれなかった。ヴラジーミル大公の地位はトヴェーリに復した。それもつかの間だった。ウズベク・ハーンは一三二七年、いとこをトヴェーリ制圧へ差し向けた。トヴェーリの勢力拡大に懸念を抱いたためだ。トヴェーリの砦は攻撃を頑健に防ぎ、モンゴル軍に攻略をあきらめさせた。双方の損害は甚大だった。イワンはその数カ月後にサライを訪れた。そして、自ら軍勢を差し出すので、再びトヴェーリ攻略に乗り出してほしいと申し立てた。熱意を示し信用を得るために、クロテンの毛皮の貢ぎ物を贈ったのかもしれない。はたしてウズベクはその気になった。一三二八年、モンゴル軍とモスクワの軍勢はトヴェーリに襲いかかった。トヴェーリのアレクサンドル公は逃亡した。連合軍は荷車や馬に略奪品を満載して凱旋した。イワンは大公の地位を認められた。トヴェーリ公アレクサンドルは退位させられ、一九三九年に短い裁判の末、サライで処刑された。イワン大公はトヴェーリの鐘を勝利の証としてモスクワのクレムリンに持ち帰り、救世主聖堂に設置した。[44]

ロシア中世の年代記は、イワン一世を過度に美化する傾向があった。「四〇年に及ぶ貴重な平穏が訪れた」。「キリスト教徒は、耐え難い混乱、多くの抑圧、タタール（モンゴル）の暴虐から解放され、安堵と融和を見いだした。全土で偉大な平和が実現した」と称える記述もある。[45] いくら中世でも度が過ぎた歪曲であろう。イワンという人物は詰まるところ、モンゴルがキリスト教徒のトヴェーリに対抗するために味方につけたにすぎなかった。単に政治的な利害関係からウズベク・ハーンに従属した人物だった。イワン自身も楽ができたわけではない。モンゴル側から見れば、イワンの主な利用価値は、徴税の才覚にあった。彼もそれを自覚していた。税や貢ぎ物を取り立てるためなら、手荒な手段をいとわなかった。ウズベク・ハーンに貢ぐだけでなく、自分の軍勢を増大させ、モスクワを豊かにするために、諸公に余分な銀を納入させた。それでも余剰が生じれば、懐を肥やし宮廷の費用に流用した。一切の無駄が我慢ならない性分だった。「カリタ」（財布）というあだ名がついた。一説には金銭には潔白で、財布の金は貧民への施しに使ったという話もある。だがカリタの異名には、当初から賞賛の響きはなかった。

モスクワはますます繁栄した。トヴェーリ公が敗残したため、戦場や宮廷において公に従っていた貴族たちは、大量の手兵とともにモスクワに移動した。彼らの領地がもたらす豊かな税収も、モスクワに入るようになった。トヴェーリとモスクワの力関係は、この時をもって永久に逆転した。新たな宮廷は巨大な力を蓄えるようになった。[46] イワン・カリタは大公の名に恥じない役割を果たした。モンゴルとの仲介となれば独壇場だったので、ノヴゴロドが生む富も彼の懐に入った。[47] それは重要な収入源だった。ノヴゴロドの商人はバルト地方との交易で資産を蓄え、その一帯では最も富裕な層を形成していた。イワンはモンゴルへの納税を名目に、繰り返し軍事的圧力を加えた。ノヴゴロドは洗練された文化を誇り歴史も古かったが、イワンには抗し得なかった。狡猾なイワンは、他の地域の潜在的な敵から保護すると持ちかけては、ノヴゴロドの富を吸い上げた。[48] イワンの配下も分け前に預かって豊かになった。誰もがモスクワに住みたいと夢見るようになった。

モスクワは僻地という負い目から解放されようとしていた。しかし、まだ入り口から出口まで一・六キロしかない小さな町だった。建物を盛んに造ったが、町中の至る所に樹木が根を張っていた。手つかずの森林が西と南へ延びていた。賑やかな商業地区が、クレムリンの丘の南側にあった。川の対岸では職人の居住地が、北と東へ広がっていた。最も目を引くのは、度重なる火災で寸断され損傷した長大な城壁だった。イワンの要塞はその城壁によって囲まれ、中心部の丘に位置していた。宮殿も含め、すべて木造だった。モスクワの最大の敵は、間違いなく火災だった。木造の城壁には粘土を塗り付け、燃えにくくした。他の建造物は繰り返し焼失した。不完全な当時の年代記によれば、一一五年間で四回の大火に見舞われている。「一八の聖堂が焼けた」一三三七年と、「二八の聖堂が焼けた」一三四三年の火災は、特に被害が大きかった。

　クレムリンという名称はこの頃、モスクワに定着した。だが他の都市にもクレムリンはあった。ノヴゴロドに近く情勢が不安定だったプスコフの砦をクレムリンと呼んだのが、おそらく最初の例だった。モスクワ（そして対立するトヴェーリ）にクレムリンが登場するのはその後である。一四世紀のモスクワで木造の城壁を築いたのは、他の古い都市で要塞づくりの経験を積んだ職人たちだった。[49] ロシアの要塞は西欧の城とは全く様相が異なる。憂鬱な姿をしたノルマンの砦とも似ていない。[50] 一四世紀のオーストリアの城は通常、一五〇〇平方メートルほどの面積があった。だがイワン・カリタの時代のモスクワで、クレムリンは一九万平方メートルの敷地を占めていた。百倍を越える規模である。[51] 要塞の外郭は土地の形状に従って定めた。川や急傾斜の崖など、地の利を生かした。規模が大きいので、時の経過とともに随所に問題が生じた。泥の海に埋もれて閉じない城門もあった。イワン・カリタは一三三九年、ウズベク・ハーンとの良好な関係を生かし、クレムリンの城壁を修理する許可を得た。実態は造り直しだった。腐食しにくい新しいオーク材で、六メートルの梁を組んだ。モンゴル人が予想した粗末な塀とは、全く異なる城壁ができた。

オーク材の城門も堂々としていた。支配者の居城として全体が十分な威厳を備えていた。しかし、ひとたび内部に足を踏み入れると、木造の宮殿の周囲には牧歌的でくつろいだ雰囲気が漂っていた。モスクワのクレムリンは、それ自体が一つの町であるかのようだった。当時クレムリンは単に「町(グラード)」と呼ばれていた。公とその家族のほかに、公に次ぐ地位を占める大貴族とその親族が、要塞の主要な住人だった。イワンと同じ血統に属する大貴族も多かった。[52]財を蓄えたごくわずかの商人も、城壁の内側に住んだ。クレムリンの丘にはすでに、二〇を超える大きな建物があった。当時の基準に照らせば、ところ狭しの感もあった。それでも一つ一つの木造建築には、個別の敷地があって、炊事場や倉庫、厩舎、菜園、果樹園、家畜小屋を備えていた。[53]クレムリンは後世、天国へ至る控えの間として描かれた。だがイワン・カリタのクレムリンは、かびと毛皮と汗の臭気が充満する混沌の中にあった。

香煙が漂う空間はあったに違いない。クレムリンはモスクワにおける宗教の中心でもあった。一二六二年にダニールの所領となった頃から、モスクワは巡礼の地となる。記録に残る限りクレムリンで最初の男子修道院である救世主修道院は、ダニールの宮殿の近くにあった。宮殿に附属していたとみられる初期の聖堂は、ダニールの血統を継ぐ歴代モスクワ公を葬る場となった。[54]イワン・カリタ時代の初期には、背後の高台にもダニールが建てさせた聖堂があったらしい。石造りだったとみられるが、イワンが一三二六年に壊して新しい聖堂を建てた。そのまま残っていれば、貴重な歴史遺産となっていただろう。[55]一連の建築は富の誇示だけが目的ではなかった。神による審判と断罪への恐怖は、人々の心に既に深く浸透していた。公も例外ではなく、突然訪れる死を待たずに、剃髪と改名で現世の罪をつぐない、来世に生きる準備をするようになっていた。神に捧げる建物を造れば、効果は絶大と考えられた。クレムリン草創期の物語を締めくくる登場人物を紹介する時が来た。彼は聖職者である。

ピョートル府主教はクレムリンの歴史で決定的な役割を果たした人物と言えよう。公的にはロシア全土を統括する地位にあった。南部の出身だったので、ルーシの中心だったドニエプル周辺を重視して当然だった。だがキエフは戦乱の中にあった。草原の民の襲撃が絶えなかった。ピョートルの前任者は任地を比較的安全なヴラジーミルに移した。[56] ピョートルは教会の根拠地をモスクワに定めた。イワン・カリタとの関係というより、トヴェーリへの反感が主な理由だったとみられる。ピョートルが府主教に任ぜられたのは一三〇八年である。だがトヴェーリ大公ミハイルは別の人物を擁立しようと企てていた。総主教の決定を覆そうと考え、ピョートルに聖職売買の罪を着せ、賄賂で教会の地位を買ったと批判した。投獄の危険にさらされたピョートルが、トヴェーリ大公への不信を生涯にわたり抱いたとしても不思議ではない。ピョートルは難を逃れた。政治手腕は大公に劣らなかった。[57]

敵の敵は味方である。ピョートルのトヴェーリ嫌いは、モスクワへの親近感と表裏一体となった。だが支配者と堅固な関係を築くのは、イワンが即位してからだった。[58] それまではウズベク・ハーンの信頼を得るために、オルダを幾度も訪れた。互いの存在を認め、政治的に利用する関係を構築した。[59] やり手の府主教は数年のうちに、自分の息がかかった人物をロシア全土の教会の主要な地位に就けた。ハーンの賛同を得る手順を常に忘れなかった。だがトヴェーリだけは思い通りにならなかった。トヴェーリはモスクワより近いヴラジーミルの指示に従い、府主教の祝福を武威をもって拒絶した。[60] ピョートルとイワンは個人的な友情も育んだようだ。後世の年代記によれば、二人は他人を交えずによく語り合った。[61] ピョートルは一三二二年、クレムリンに宿所（ポドヴォーリエ）を定めた。多くの時間をそこですごすようになった。イワンの兄ユーリーが一三二五年に殺された。ピョートルが埋葬の儀式を司った。ピョートルは自分の墓所についても考えるようになった。イワンの居城であるクレムリンも候補地の一つだった。[62] イワンは新たなモスクワ公として、これまでにない権力を手中にした。だが新興の都市は聖人を生んでいなかった。権威という点では、まだヴラジーミルのほうが優っていた。

ウシャコフが後にイコンに描いたのは、一三二六年八月四日の光景だ。若きモスクワ公イワンと病んだピョートルが、植樹のために地面に掘った穴の脇に立っている。廷臣たちがこぞってそれを見守っている。岩石とオークの樹がある。大聖堂の礎石を置く儀式が、ヴラジーミルのウスペンスキー大聖堂の正統を継ぐ野心的な事業の始まりを告げている。府主教が永眠する場所を定める儀式だったとの説もある。だがピョートルが自分の墓所について最終的な決定を下すのは、まだ数カ月先のことである。結局、彼の遺体を納めた石棺は、新築の大聖堂の中心に安置される。老いたピョートルは、この年の一二月に死を迎えた。イワンはオルダにいたが急いで戻り、葬儀に参列した。墓所はまだ半分しかできていなかった。クレムリンに聖地が誕生した。ロシア全土でキエフにしかなかった厳かな宗教性が、モスクワにも備わった。モスクワの指導者たちは即座に、ピョートルを「奇跡成就者」と賞賛した。一三三九年、彼はクレムリンの最初の聖人として公式に列聖された。[63] 今や建都にまつわる神話が生まれた。後世の歴史家は国家草創の伝説について、イワン・カリタのあこぎな徴税やゆすりではなく、聖人の奇跡を書き残せるようになった。

ウスペンスキー大聖堂ができた後にも、イワンはクレムリンに石像建築を残した。その後の数年間で蓄えた富は、階梯者聖イオアン教会（一三二九年）、アルハンゲリスキー大聖堂（一三三三年）などに結実した。森の救世主教会（一三三〇年）を再建（創設したとの説もある）、木造だった救世主修道院を見事な石造りに変えた。イワンの宮殿の窓ごしに、この建物が見えたはずだ。[64]思いつきではなく、すべて熟慮の末の事業だった。クレムリンの宗教生活においては、一つ一つが意味を持っていた。モスクワは石造の聖堂の数で、トヴェーリをしのぐようになった。[65]その後何世紀にもわたり、クレムリンの宗教建築の配置は、これら一連の建物の礎石を踏襲した。[66]だが建物自体は（おそらくウスペンスキー大聖堂を除けば）すべて、元の姿をとどめなかった。アンドレイ・ボゴリュプスキーが導入した急峻な屋根が、イワンには造れなかった。モンゴル支配下のロシア北東部は、欧州の職人を招けなかった。ロシアの石工は、ハーンがサライで使っていた。ヴラジーミルの大聖堂は一三二六年当時、既に荒廃が進んでいた。それでもヴラジーミルに優る建造物がモスクワに現れるまでには、さらに数十年を要した。

モスクワ公国の歴史を書き残したのは、教会の人々だった。すべての結末は祝福へと導かれた。クレムリンの教会は、いずれもできたばかりだったが、後世の記述では当初から権威が備わった建造物として描かれている。中でもイワンが建てたウスペンスキー大聖堂は、最も神聖な場所だった。イワン・カリタの孫、ドミートリー・ドンスコイ（在位一三五九―八九年）の治世に礎石を置いたチュードフ（奇跡）修道院も、霊験あらたかな特別の施設となった。この修道院を建てたアレクシー府主教は後に、ピョートルに次ぎモスクワが生んだ聖人として列聖された。一四〇七年には、救世主昇天にちなんで命名された最初の尼僧院に、最初の石造聖堂が誕生した。ドンスコイの未亡人エヴドキヤによる事業とも伝わる。[67]どの宗教建築も当初は知名度が低かったが後には威厳を備え、由来に強烈な必然性を宿すようになった。しかし、いかに魂を揺さぶる話であろうと、イワン・カリタのクレムリンで用意周到に準備された幻影にほかならなかった。アレクシー府主教はピョートルと同様に、モスクワがトヴェーリに対して優位を保つために、ハーンと良好な関係を築き、諸国の脅威に対抗した。

ピョートルと異なり、アレクシーには最初からモスクワに強い思い入れがあった。彼の名付け親はイワン・カリタだった。だがそのようなアレクシーでさえ、ねつ造された神話が支える崇高な都を、安泰のままに保つことはできなかった。

教会の建物と同様に、一四世紀のクレムリンは帝国の要とはまだほど遠い存在だった。カリタが築いた城壁は、火災や腐食で損傷が進んだ。モスクワは一三六五年、再び大火に襲われた。ドミートリー・ドンスコイと臣下の大貴族たちは、アレクシー府主教の求めに応じ、城壁を石造に代えるために資金を供出した。一三六六年から翌年にかけての冬、ドモジェードヴォ、シャノヴォ、ポドリスクの村々と、氷に閉ざされたクレムリンの間を続々とそりが行き交い、切り出したばかりの白い石灰岩を運んだ。(68) 労働力として農民が集められた。彼らは唾を吐き散らし、ののしり合いながら、一夏で城壁を完成させた。イワン・カリタの石造の聖堂も遠く及ばない壮大な事業だった。工費を払い終えるのに数年を費やした。(69) 四方から襲撃を受けても持ちこたえ、モスクワ公は戦時の将としても政治家としても、周辺地域で権威を高めた。(70)モンゴルのトフタムイシ・ハーンがモスクワを襲った。そこに出現した光景は、愛国の精神を旨とする聖像画の題材とは、似ても似つかないものだった。

トフタムイシ・ハーンが近づくと、ドミートリーもアレクシーも逃げて姿を消した。(71) クレムリンはモンゴルの包囲下で数日間抵抗を続けた。火縄銃を使うモンゴル軍に、石や熱湯、弓で応戦した。突破口を開くのが難しいと判断したトフタムイシ・ハーンは軍使を派遣した。軍使はモンゴルの敵はモスクワ公だけであると告げた。だが公は不在である。モスクワ公国の新しく素晴らしい城壁を、ハーンが内側から見て賞賛する機会があれば、我々は弓を捨てるであろうと。モスクワ軍は気を良くし、少し安心もして城門を開けた。モンゴル軍が梯子をかけて攻め入ったとの説もある。モンゴル軍はまず、ドミートリー逃亡後の公国を指揮していたオスティを処刑した。クレムリンは蹂躙された。白い城壁はロシア兵の血で染まった。燃えるものはすべて炎上した。[72]おびただしい人命を奪った災厄は経済にも波及した。さらに八〇年間にわたり、ロシアは内戦状態となる。キプチャク・ハーン国が東方からティムールの攻勢を受けなければ、あるいは、敵対する諸公に運が向いていたら、モスクワの城壁はトヴェーリの木造の城壁のように、跡形もなく崩れ落ちていたかもしれない。黒死病が一帯で何度も流行し、皇統に連なる若い男子が次々に病死した事情も、領土や資産をめぐる争いを減らし、モスクワの力を温存する結果となった。[73]

ウシャコフのイコンには、動乱や不安の影がない。ピョートルとイワンの植樹は聖母の慈悲に守られ、モスクワは輝く岩盤の上に、キエフ、ヴラジーミル、そして荘厳なビザンティン帝国の直系として、すっくと立ち上がろうとしている。文武に優れ神に選ばれたロシアのツァーリの皇統が、途切れなく連なっている。幻想の上に全てが成り立っていた。クレムリンは政治劇の舞台である。混乱と汚辱にまみれた真実ではなく、神話こそがその礎石だった。

第2章

ルネサンス

ウシャコフのイコンに描かれた煉瓦のクレムリンは、一五世紀最後の二〇年間に建造されたが、現在においてもロシア国家の本質を端的に示している。建築史家スピロ・コストフは「建物は完成の刹那に生命を宿す」と述べた。[1] いかに無味乾燥な建造物にも個性があるが、モスクワの赤い城塞のように五〇〇年も強烈な存在感を放ち続けている存在は稀だろう。今日のクレムリンには整然としたまとまりがあり、往時の姿を想像するのは難しい。現在の基本構造と配置は、ドミートリー・ドンスコイの子孫であるイワン三世（在位一四六二―一五〇五年）が建設を命じた建築群から成り立っている。丘の上にはそれ以前にも、築後一世紀を越える石灰石の白い砦があった。ドンスコイの死後、モスクワは急速に発展した。砦の解体と再建は、高価で危険を伴う事業ではあったが、どの大公もいとわずに取り組んだ。一五世紀のモスクワは戦乱が絶えなかった。歴代の大公は概ね勝利のうちに戦いを乗り切り、富を蓄えた。これまでになかった問題にも直面した。イワン三世が煉瓦の使用を命じたのは、単なる気まぐれではない。それなりの理由があった。柔らかい石灰石は、砲弾で崩れやすいという欠陥が露呈していた。[2]

イワン三世の台頭は、すなわちモスクワの勃興であり、ロシア国家成立の第一章を成す物語でもあった。一九世紀の歴史家ニコライ・カラムジンは、城塞について「偉大な歴史の記憶を育んだ温床」と述べた。また「独裁者のみならず庶民にも利益をもたらした専制権力」の揺りかごでもあったと語る。(3) 情緒に富むカラムジンの言葉は、有名な伝統オペラを思い起こさせる。ボロディン作とされる音楽には東洋の雰囲気がある。モンゴル支配の末期に時代が設定されているからだ。(4) 時は一四七一年。舞台はクレムリンの宮廷である。幕が開くと、豪華な金色のローブをまとった男たちが集まっている。モンゴルの支配者ハーンが長く強要してきた貢ぎ物を届けるかどうか、議論が続く。やがて見せ場が訪れる。イワン三世が椅子から立ち上がり、ハーンの使者を威圧する。一九世紀の絵画に幾度も描かれた名場面である。(5) あわれな使者は足がすくんでしまう。イワンはロシア特有のバスを響かせ、ロシアは既にモンゴルの臣下ではないと言い放つ。イワンは統治者の地位を確立、ロシアの年代記に輝かしい一章を残す。それは新生クレムリンが歴史に不朽の名をとどめる時代の幕開けでもあった。

クレムリンはロシアを守り抜く精神の拠り所となった。美しい宮廷や教会と、外敵の前に立ちはだかる城壁を兼ね備え、ロシア人の魂そのものを象徴する特別な存在と化した。神話は世代を超えて受け継がれた。だがその実態は、ロシアの国粋主義者たちが都合のよいようにつくりあげた伝説だった。城塞の建造に着手した時のイワン三世は、まだ草原地帯と通商路を支配する諸公の一人にすぎなかった。独自の建築様式を誇示する力はなく、欧州の潮流を模倣した。領土拡大を目指すルネサンス時代の支配者にとって、自らの存在を世界に誇示する壮大な建築物は極めて重要だった。ジェノヴァ出身の著名な建築家レオン・バッティスタ・アルベルティは一四五二年に「王の居城は都市の中心になければならない」「万民の近くに存在し、かつ美しくなければならない。荘厳な威圧感より、繊細な品格を備えているべきである」(6) と述べている。イワン三世は決して神経の細やかな人物ではなかった。しかし権力の何たるかを熟知していた。クレムリンを煉瓦づくりに変える前、彼は既にモスクワ公国の領土を従来の三倍に拡大していた。トヴェーリやノヴゴロドなど、ロシアで最も古い都市が手中にあった。それでも、さらに権勢を国外に広げ、外交にも乗り出す必要があった。数多い敵に囲まれていたし、中には相当に手強い相手もいた。

このような事情は見落とされがちだ。ロシアの誇りが目をくもらせている。外国嫌いのスターリンが健在だった一九五〇年、P・V・スイティンというソ連科学アカデミーの学者は、クレムリンは「計画段階から……純粋なロシア建築の原則に従っていた」[7]と唱えねばならなかった。スイティンが北イタリアを旅する機会に恵まれていたら、別の言い方もあっただろう。クレムリンを想起させる建築群が北イタリアには多い。ヴェローナの入り口にある門では、ツバメの尾のような銃眼が街を見下ろしている。ミラノのスフォルツェスコ城や、ボローニャの街を囲む壁の煉瓦もクレムリンにそっくりだ。クレムリンの再生は、歴代の大公やロシアの職人の努力だけでは、とうてい成就しなかった。クレムリン建築の源流はモスクワから黒海沿岸へ、さらに欧州へと遡る。森の中に半ば埋もれた王宮の荒削りな稜線にも、足場を組みモルタルと煉瓦を積み重ねた建物にも面影は宿る。

モスクワ公国はここ一番の戦いでキプチャク・ハーン国に勝った試しがない。モンゴル帝国が自壊したのは内紛のためだった。サライは一三九〇年代にティムールに蹂躙された。再建はしたものの往時の威容は二度と蘇らなかった。クレムリンではイワン三世の父であるワシーリー二世（在位一四二五―六二）が、たとえ形式的とはいえオルダによって地位を承認された最後の皇帝となった。草原の帝国は一四二〇年代に分裂が進んだ。支配の正統性を争う勢力が少なくとも四つあった。ヴォルガ流域にシベリア、カザン、アストラハンの各ハーン国が並立した。さらにクリミア・ハーン国があった。それに次ぐ地位をモスクワ公国が占めていたとみられる。五カ国は多年にわたり覇権を競う抗争を繰り広げた。イワン三世はクリミア・ハーン国のメングリ・ギレイを常に味方につけ、モスクワの力をヴォルガからカザンへと拡大した。(8) だが南方の境界は常に不安定だった。その後の数十年間、草原地帯と接する領域では、モスクワと敵対勢力のおびただしい血が流れた。

モンゴルだけが混乱と内紛に明け暮れていたわけではない。モスクワもイワンの子供たちの時代に、分裂の危機にさらされた。内戦が始まったのは一四五二年、一二歳で最初の戦いを経験した。継承をめぐる対立が原因だった。息子ではなく兄弟が皇位を継ぐ年長制相続の慣習が、争いの火種としてくすぶっていた。ワシーリー二世の大公位を、叔父の一族が狙った。内戦が始まったのは一四三三年だった。

確執は一四年に及び、双方とも手段を選ばなかった。拉致や殺人もいとわず、誓約も守らなかった。ワシーリー二世は捕虜の目をつぶしたというコンスタンティノープル流の汚い手段を使い、敵対者の一人を盲目にした。一〇年後、形勢が不利となり、捕えられたワシーリーはクレムリンで報復のため目を潰された。彼は盲目のまま生き延びた。軍勢を立て直し敵を敗北させた。一四四七年春、彼の勝利は決定的となり、領地と皇位を長子に継承する基盤を確立した。

モスクワは今やヴラジーミル大公位を堂々と主張し、一四四七年からはモスクワ大公が「全ルーシの君主」と自称するようになった。西隣りのリトアニア、ポーランド、リヴォニアは、モスクワ大公国の野心を打ち砕く機会を、虎視眈々とうかがっていた。一五世紀のリトアニアは最大の競合相手だった。成り上がりのモスクワとは異なり、欧州屈指の大公国だった。モンゴルのくびきが緩むとドニエプル川流域に支配を広げ、チェルニゴフ、スモレンスク、そして古都キエフを手中にした。ルーシの新たな覇者となる勢いだった。欧州のカトリック圏とも強い絆で結ばれていた。クラコウ、ブダの王家との縁も深かった。リトアニアの支配層は何世代にも及んだ異教信仰を経て、正教を取るかカトリックを選ぶか迷っていた。ロシアの府主教座（幾多の変遷はあったものの、まだキエフに所属していた）をモスクワと争うか、ローマの庇護下に入るかの決断を迫られていた。リトアニアは裕福な文明国で、多様な文化を受け入れていた。モスクワより開放的だった。首都ヴィルノを訪れた者は誰でも、リトアニアのほうがロシアより居心地が良い国だとの感想を抱いた。[9] ロシアの民の前には当時、モスクワによる専制支配とは別の道も開けていたのだ。

モスクワは交易路の確保に全力を注いだ。懐の深い支配領域を生かし驚異的な発展を遂げ、領地を拡大した。モスクワが急速に広範な地域の覇者となったのは、ワシーリー二世、イワン三世、そしてイワンの子であるワシーリー三世の力量に依るところが大きい。三人は手段を選ばない過酷な君主でもあった。クレムリンは武力に頼る体制の本拠となった。諸公がそれぞれの領地を継承する秩序は、既に崩れ去ろうとしていた。モスクワは外交や軍事力、政略結婚など、さまざまな手段を駆使して、オカ、クリャーズィマ、ヴォルガ上流域を次々に併合した。領地を失った諸公の多くは、モスクワに永住しなければならなかった。そして間もなく再挙の可能性を失った。大公の周囲に従来に増して権力が集中し、クレムリンにおける政争は激しさを増した。[10] イワン・カリタ時代にならず者の巣窟だったクレムリンは、声と足音をひそめ陰謀に明け暮れる伏魔殿と化した。すべては個人と個人の関係を通して事が運ばれた。

北方の古都ノヴゴロドは、まだモスクワの手中に落ちていなかった。新興のモスクワによる北からの圧力は強まり、包囲の網は狭まっていたが、長い交易の伝統をもつ古都の賑わいは衰えなかった。ノヴゴロドは何十年もキプチャク・ハーン国に対して示した敬意を、モスクワに対しても示した。一方で独自の文化を発展させ、専制と対極を成す市民政治が機能していた。街は国際色豊かだった。富の蓄えと誇りがあった。隣国とも自由に関係を築き、欧州北部のハンザ同盟でも積極的な役割を果たしていた。[11] 自尊心があるノヴゴロドの支配層は、歴代のモスクワ大公による執拗な金銭の要求に不快感を募らせていた。モスクワは、ノヴゴロドが伝統的に支配してきた毛皮の交易路も脅かしていた。ノヴゴロドは簡単には屈しなかった。ワシーリー二世と二人の若い息子が一四六〇年にノヴゴロドを訪れた時、暗殺計画の噂がまことしやかに流れた。ノヴゴロドを治める民会では、一部の幹部がリトアニアとの同盟を主張した。外交によってモスクワの支配を逃れようと考えたのだ。だが軍事的手段も除外されてはいなかった。[12] イワン三世は一四七〇年、ノヴゴロド指導部の一部がヴィルノとの連携を回復しようとしていることを知った。彼はこれを北征の口実にした。

兵力ではノヴゴロドが優った。だがイワンの軍勢はよく統率されていた。一四七一年七月一四日、ノヴゴロドの守りは崩れた。この戦いはイワンの名声を決定的にした。ノヴゴロドをモスクワに統合する試みが始まった。小国が大国を平らげる様子は、カモシカに絡みつくニシキヘビのようだった。大蛇の狩りと同じように時間がかかった。ノヴゴロドはまずリトアニアとの関係を断絶しなければならなかった。その後はモスクワの対外政策に同調を迫られた。巨額の賠償金も取られた。しかしノヴゴロドにはまだ、イワンが要求した一万五〇〇〇ルーブルを支払う力が残っていた。一見、公正で寛大な取引であるかのようだった。しかし、イワンにとっては次の戦いに備え、軍勢を整えるための手段にすぎなかった。一四七七年、モスクワ大公国は再び兵を挙げた。口実はまたもノヴゴロドの裏切りだった。その年の一二月、ノヴゴロドはいっそう屈辱的な条件を受け入れねばならなかった。外部からの干渉を許さなかった民会は解散に追い込まれた。民会を招集する時に打ち鳴らした鐘は、引き下ろしてモスクワに運ばれた。誇り高い市民権を象徴した鐘は、イワンの居城であるクレムリンの鐘の一つにすぎなくなった。真珠や金銀、宝石などを積んだ約三〇〇台の荷車が、ノヴゴロドから南に列を連ねた。モスクワは膨大な財宝を得て、イワンの玉座を飾り立てた。[13] 最後の仕上げに、古都はモスクワの専制支配の下に組み込まれた。イワン三世は「我が国の統治は属領にも及ぶ」と宣言した[14]。ノヴゴロドはさらに恥辱に耐えねばならなかった。イワンは一四七八年、一万平方キロの土地をノヴゴロドから切り取った。圧迫はさらに続いた。反乱の芽を摘むために、その地の住民を集団で追放した。新たな領地は臣下に与えた。圧迫はさらに続いた。イワンは一四九三年、ハンザ同盟がノヴゴロドに設けた出先機関の廃止を命じた。欧州との絆を断ち、モスクワの勢力圏にいっそう強く組み込んだ。イワンの圧政に異を唱えた大主教フェオフィルは捕えられ、クレムリンのチュードフ修道院に幽閉された[15]。最初の一撃から数十年を経て、大蛇は見事な大物を仕留めた。この勝利によってイワン統治下のモスクワは、かつてない裕福な時代を迎えた。イワンは軍務の報酬として封地を与える制度によって、従来の規模を上回る軍隊の基礎を築いた。その軍隊は自給自足が可能だった。封地を得た者（ポメーシチク）は騎兵として軍務に服した。馬も装備も従者も、自前で用意しなければならなかった。一五世紀末にイワンが使える兵は、モスクワがかつて保有した軍勢の四倍の規模に達した[16]。リトアニアはルーシ南西部、つまり現在のウクライナ西部に当たるガリツィアを支配していた。これに対してイワンは、自分こそが豊かなロシア北部の君主であり、守護者であると主張するようになった。

モスクワの繁栄を築いたのは富だけではなかった。広大な領土をつなぎとめる手段も、軍事力に限らなかった。イワン・カリタがかつて教会を重んじたように、モスクワの膨張には宗教の役割が不可欠だった。宮廷と教会には、相互に支え合う利益があった。クレムリンのカリスマ性は、大公とその玉座のみならず、府主教の存在とも密接に関係していた。宮廷と教会は不可分の要素として一体化していた。両者の関係はワシーリー二世とイワン三世の時代に、モスクワ大公国の境界を越えたところで起きた出来事によって、さらに強まった。数世紀にわたりロシアの教会は、まばゆく洗練されたビザンティン世界では辺境にあった。その精神的な拠り所はコンスタンティノープルだった。モスクワの歴代府主教は、コンスタンティノープルの政治家や教会の指導者の庇護を受けていた。モンゴルへの従属はうわべの関係にすぎなかった。このためモスクワは、欧州に多いカトリック教国と、なかなか良好な関係を結べなかった。一四五〇年代、地中海周辺で起きた数々の出来事が、コンスタンティノープルとモスクワが育んできた伝統的な宗教の絆を脅かした。それでもモスクワはローマの度重なる誘いを拒み、正教世界の指導者となる道を選んだ。

一四〇〇年代に急速に台頭したオスマン・トルコが、最初の危機をもたらした。高度に組織化されたトルコ軍は地中海沿岸を圧倒し、既に衰退期に入っていたコンスタンティノープルの命運は尽きた。一五世紀初頭、正教世界の精神的中心地は、イスラムの海に囲まれた要塞島のような存在だった。イスラム世界は東アナトリアからエーゲ海、北は黒海から現在のブルガリアまで版図に収めていた。罠の輪が狭まりつつあった。コンスタンティノープルは、武力による支援を是が非でも必要としたので、宗教上の理由で対立してきたローマとの和解を考えるようになった。しかし両者の確執は深く、ボスフォラス海峡が斧のさびで赤く染まりかねないほどだった〔「斧を埋める」が和解を意味する〕。第四回十字軍の攻撃で一二〇四年に受けた恥辱は、苦難の始まりでしかなかった。東方教会の指導部には、神学の立場からローマの教会分離論者とは相容れない積年の恨みがあった。「教皇派」とのいかなる妥協も、神の怒りに触れ地獄に通じる道と考える者が多かった。

正教の聖職者の中には、外交で妥協を模索する考え方もあった。ごくわずかとはいえ、東西教会の統一に救いを求める者さえいた。カトリック側にも、それを受け入れようとする人々が存在した。欧州もトルコと勢力圏を奪い合っていたからだ。当時のローマ教皇エウゲニウス四世は、正教界と和解すれば、悩みの種であるカトリック界の内紛も和らぐのではないかと期待を抱いた。東方正教会との合同会議を開く決定が下された。一四三八年に実現したフェラーラ公会議では、激しい議論が延々と続いた。そのうち疫病が流行したため、公会議はフィレンツェへ場所を移した。議論が再開されるや、教皇の公会議に対する優越を認めるかどうかという問題はもとより、三位一体の構成、信仰宣言の言葉の使い方をめぐる論争、聖体のパンに酵母を用いるかどうかの鋭い対立が再燃した。コンスタンティノープルはロシアに、イシドルというギリシア人を府主教として送り込んだばかりだった。彼は一貫してキリスト教徒同士の和解を訴えた[17]。その熱意によりロシアの正教会は一時、煉獄の存在をついに認めようとした。驚くべきことに公会議に参加した正教界の代表らは、ローマ教皇の優越を全面的に受け入れた。イシドル自身も枢機卿の肩書きを得てフィレンツェを離れた[18]。合意はトスカーナの心地よい陽光を浴びて成立した。だが公会議に参加しなかった多くの者は、それを醜悪な妥協と考えた。公会議の最終文書に署名しなかったエフェソス大主教はアナトリアに戻り、カトリックの進出に恐れおののいた。さらに東方のモスクワでは、フィレンツェでの合意は裏切り行為であり、反乱の前段階であると考えられた。

ワシーリーとロシアの教会は、イシドルを府主教として承認しなかった。彼は府主教と枢機卿の肩書きを携えてモスクワに戻るとすぐに、クレムリンのチュードフ修道院の一室に異端の罪で閉じ込められた。異端者は市民の前で火刑とするならわしだった。モスクワで火刑を免れた異端者は一人しかいなかった。イシドルはついに、クレムリンの宮廷に足を踏み入れることができなかった。モスクワ大公は、イシドルがフィレンツェ公会議に参加している間に、府主教に別の人物を据える腹を固めていた。ヨナというロシア人である。モスクワが自ら府主教を任命するのは、宗教的にも独自の地位を内外に誇示する行為にほかならなかった。コンスタンティノープルのミトロファン総主教がモスクワと交わした書簡には、いらだちの言葉が満ちている。ワシーリーの支配下にあった聖職者たちは一四四一年、イシドルを拒絶する一方で、ミトロファンに別の府主教を選んで派遣してほしいと頼んだ。ロシアの正教会はカトリックでもないしユダヤ教でもない、と彼らは書簡で訴えた。ロシアの教会は聖コンスタンティヌスの門徒、キエフの聖ヴラジーミルの忠実な弟子であると主張した。幾世代も信仰を深めてきたのに、ローマの異端に組み込まれるのは我慢ならないと泣訴した。府主教の交代を求めるモスクワの誓願は受け入れられなかった[19]。大公はついに一四四八年、独断でイシドルに代えてヨナを府主教に任命し、それを総主教に告げた[20]。

ワシーリーは新府主教が統括する領域には、キエフと全ルーシが含まれると強調した。この地位は数世紀にわたり、概ね順当に引き継がれてきた。だが一四四八年にヨナを府主教に据えた決定は、二つの挑戦を意味した。それは府主教を任命する権利をコンスタンティノープルから奪い、さらにキエフをはじめとするドニエプル川一帯の支配権をリトアニアから横取りする行為だった。ワシーリーが総主教に出した書簡は、モスクワが現在のウクライナの領域まで、支配の手を伸ばすのではないかとの危惧を国外で招いた[21]。

だが最大の衝撃は、モスクワがコンスタンティノープルの意向に反した事実だった。新任の府主教は当初、モスクワ大公に直接指示を仰いだ。ロシアの正教会は当然、クレムリンと密接な関係を結ぶようになった。政治と宗教が一体化した統治体制は、双方に恩恵をもたらした。大公が黄金の玉座に座し、あるいは戦いに従事している間に、正教会は典礼を整え、聖人伝を編み、大公による統治にカリスマ性を備える役割を担った。日々の出来事をめぐり、様々な進言もするようになった。コンスタンティノープルは一四五三年、ついにオスマン・トルコの攻撃で陥落した。ロシアの教会が正教会の正統を継ぐ巡り合わせとなった。コンスタンティノープルは、フィレンツェ公会議で異端に加担した罪で天罰を受けたのだと言われた。総本山が府主教として送り込んだ人物を背教者として排し、代わりにヨナを据えたワシーリーの独断は、モスクワに大きな恵みをもたらした。大公自身にも運が向いてきた。

教会との蜜月は代償も伴った。歴代の大公は敬けんな信徒として振る舞わねばならなかった。カトリックとの融和は、試みるのもはばかられた。欧州と政治抜きの付き合いをしようとしても、正教会が邪魔をした。イワン三世は一四九四年に、娘のエレーナをリトアニア大公アレクサンデルと婚約させた。アレクサンデルはカトリック教徒だったが、エレーナが正教徒としての信仰を保つことが条件だった。背後には政略があった。イワンにしてみれば婚姻も権力闘争の一環だった。結婚式はヴィルノの教会で行われた。モスクワの聖職者フォマは信仰に忠実なあまり、信じ難い行為に及んだ。彼はカトリック司祭の祈禱に重ねて、自分も祈りの言葉を唱え、新郎新婦が一つの杯から葡萄酒を飲む儀式では、その杯を奪い石の床に投げつけた。婚礼はあやうく台無しになるところだった。[22] そして二人の結婚も、決して幸福ではなかった。

大公といえども教会の批判を免れる存在ではなかった。モスクワは第三のローマであるという考え方は一五二〇年代に生まれた。それは称賛というより、警告の響きを帯びた。強大な帝国も道を踏み外せば、どのような破局を迎えるかを、統治者に思い起こさせる言葉でもあった。教会の見解では、ローマとコンスタンティノープルから神の祝福を奪い瓦解させたのは、罪深い指導者たちだった。もし第三のローマであるモスクワが神の怒りに触れれば、同様の運命をたどるのは必定である。教会はそう説いた。[23] 歴代の大公は、教会の目から見れば、実に様々な過ちを犯した。だが背信的なカトリックと緊密な関係を結ぶことほど、罪深い行為はなかった。

正教会は一方でクレムリンの不興を買う者には、地獄の責め苦が待っているとも言い立てた。モスクワ大公国に味方する原則は崩さなかった。イワン三世の宮廷に出入りする正教会の指導者たちは、ノヴゴロドの主教フェオフィルがローマ教皇と親密であるとして、大げさな批判を繰り広げた。またプスコフ市民の自由な気風と振る舞いをとらえて異端視した。[24] モスクワ大公は今や、ロシアの信教の事実上の守護者となった。[25] 意に反する都市があれば、容赦なく罰を加えた。イワン・カリタは、モンゴルのハーンとその威光に頼って権力を維持した。だがイワン三世の時代になると、大公が国を治める権限は（条件付きとはいえ）天が定めたものと考えられるようになった。

教会との結びつきはクレムリンの一連の改築に拍車をかけた。府主教ヨナの熱心な働きかけもあった。彼が一四四八年に任命された時、クレムリンは改築にあまり熱心ではなかった。内戦で幾度も攻められ、年代記によれば地震にも見舞われた。一四四五年の大火では相当な領域が焼失した。[26] 今となっては、当時のクレムリンの姿や、周囲を含めた景観を思い描くのは難しい。建築現場では、人夫が慌ただしく行き交っていただろう。宮廷や教会が収集した芸術品や財宝の保管も重要な課題だった。聖堂や修道院の建物に大きな宝物蔵が残っているのは偶然ではない。[27] モスクワに散在する財宝を運び込んで隠すのに、石灰岩の穴蔵は好都合だった。モスクワの有力者は危険が迫ると、クレムリンの城壁に守られた宝物蔵に私財を移した。さらに難しい問題があった。一三六〇年代に建造されたブラゴヴェシチェンスキー大聖堂には、ギリシア人の巨匠テオファーネスとアンドレイ・ルブリョフが製作したイコノスタス（聖障）があった。[28] さらにアルハンゲリスキー大聖堂や聖母生誕教会にも、華麗な壁画やイコンがあった。膨大な宝物の中には、一五世紀初頭にセルビア人の職人が黄金を張りつめて製作した時計もあった。それが時を刻む様を見て、ロシア人は奇跡に接したように感嘆した。[29] この時計を含め一四世紀から一五世紀初頭にかけての芸術品は、数十年の歳月のうちに多くが失われた。一部のイコンだけが残った。ワシーリー二世は建設現場を眺め暮らした大公だった。

どこを見ても修理が必要なところばかりだった。しかし神の威光が備わるような仕上がりでなければ、ヨナが満足しなかった。ヨナは一四五〇年、石造りの公邸を建設する命令を下した。クレムリンの建築史において、画期的な意味を持つ新たな試みだった。公邸は主に儀式に使用し、ヨナ自身は多くの者と同様に、くつろげる木造の部屋に住んだ。ヨナはモスクワがモンゴルの侵略を奇跡的にしのいだことを称え、公邸の隣にリゾポロジェーニエ教会を建てた。[30] 工事をまかされたのはヴラジーミル・ホヴリンである。一世代前にクリミアからモスクワに移住してきたギリシア系の実業家で、豊かな資産があった。彼は当時最も多産な建築家の一人だった。一介の商人ではあったが、クレムリンの敷地に自分の教会を建てることを許されるほどの力があった。はるか昔に、このような人物がフロロフスキエ門（スパスキエ門の古い名称）の内側に、一連の館を構えた時代があったのだ。その教会はモスクワでおそらく初めて、煉瓦に伝統的な石灰岩を組み合わせた画期的な宗教建築だった。[31]

この時代に活躍した建築家にもう一人、ワシーリー・エルモーリンという男がいる。ホヴリンと同様に彼の資質も、黒海沿岸の文化に深く根ざしていた。配下の職人を抱え、ロシアの様々な地方都市に送り込んだ。クレムリンのヴォズネセンスキー尼僧院に聖堂を建てるような大きな仕事をまかされた。彼はみすぼらしいクレムリンの城壁が、気になって仕方がなかった。一四六二年、大公イワン三世の命を受けて改修に着手した。フロロフスキエ門に、街を見下ろすように巨大な浅い浮き彫りを施した。それは聖母子ではなく、聖ゲオルギーが馬上から槍で、獰猛な竜を突き刺す図柄だった。人々は立体感に目を見張った。内側の面には、ドミートリー・ドンスコイゆかりの聖人の姿を彫り込んだ。[32]

これらは、ほんの序奏にすぎなかった。真の転換点は、イワン・カリタが建てたウスペンスキー大聖堂の改築だった。さらに一四七〇年八月の大火が大変革の触媒となる。炎は南から西へとクレムリンを走り、多くの建物を焼き尽くした。一説によれば、難を逃れたのは三世帯にすぎなかった。石造りであるのに崩落した聖堂もあった。[33] モスクワ府主教のフィリップは、信仰の厚さで知られた人物だった。彼は壊滅的な被害を受けた惨事を、大規模な聖地としてクレムリンを蘇らせる好機ととらえた。ウスペンスキー大聖堂は改築のために組んだ足場と祈りに支えられ、かろうじて倒壊を免れているような状態だった。大火は神意とされた。フィリップも神が自ら改築事業に乗り出したと信じた。だが既に資金は底をついていた。[34] フィリップは資金集めに着手した。配下の主教たちから銀を集め、修道院に税を課し、地方の聖職者に信者の献金を供出させた。大公にも事業の大義を訴え、支援を求めた。この大聖堂こそ、モスクワの数々の戦勝を歴史に残す真の証しであると説いた。イワンは協力しなかった。モスクワはノヴゴロド陥落で一万五〇〇〇ルーブル相当の資産を手に入れたが、それでも大聖堂のためには資金を出さなかった。フィリップは独力で事を進めた。彼は僧衣の下に鎖かたびらをまとい、人間はいずれ死を免れないのだと自らを戒めた。大聖堂の再建は、決死の覚悟がある男にしか成し得ない難事業だった。[35]

フィリップは外国人の助けを借りずに、ロシア人を相方に選んだ。イワン・クリフツォフ、ムイシキンという人物が歴史に名前を留めているが、素性はよく分からない。[36] 彼らは作業に奴隷を動員した。正教会も労働力として所有していた捕虜を差し出した。この時期のロシアでは奴隷が広く使われていた。草原のタタール人からも奴隷を買った。[37] 多くの奴隷は建設作業に既に慣れていた。自分の仕事を認めさせ、自由の身になろうと期待する者もいた。キリスト教を受容した当初は、建築でもギリシアに由来する様式が、神自身の選択とみなされ主流を占めた。だがフリィップはヴラジーミルの宗教建築を再現しようとした。それは困難な試みだった。ヴラジーミルの優れた建物は概ね、アンドレイ・ボゴリュプスキーの宮廷で働いた外国人工匠の技術に大きく依存していたからだ。ヴラジーミルの大聖堂は当時、大火による再建を経て規模が大きくなっていた。そびえるように高い本体の上に、さらに息を飲むような円屋根の塔が五つ伸びていた。

フィリップはひるまなかった。一四七一年から翌年にかけての冬、彼は建築に携わる主だった者たちをヴラジーミルに派遣して、一二世紀建築の粋《すい》を綿密に調べさせた。モスクワの大聖堂は、厳かで華麗であるだけでなく、大きさでも古都の先例を上回る必要があった。[38] 雪が降り始めた。フィリップは氷が張ったモスクワの河岸で、切り出したばかりの石灰岩を荷車から降ろす作業（輸送は冬のほうが楽だった）を見守った。人夫はクリスマスも休まなかった。神現祭でも働いた。その日、クレムリンの上にひときわ強く輝く彗星が見えた。それは奇跡の前兆と信じられた。[39] 四月が訪れて氷が溶け始め、地面が掘れるようになった。排水溝の工事に取りかかる時が来た。クレムリンの鐘を合図に、聖職者を従えたフィリップ、イワン三世と廷臣らがイコンを掲げて、現場の周囲に列を成した。

フィリップが力を尽くした新たな大聖堂は、イワン・カリタの大聖堂があった場所に建てたので、古い聖堂の外壁を取り払わねばならなかった。だがその前に大切な儀式が必要だった。大聖堂の中には、奇跡成就者ピョートル府主教ら聖人が眠る棺が安置されていた。建設作業は五月から七月初めにかけて何度も中断した。遺骨は信者の祈りや行列に送られて丁寧に移管された。一四六一年に死去したヨナの遺骨は、芳しい香りを周囲に放ったと伝えられる。ピョートルの棺を開けると、中から白い鳩が飛び立ち、棺の蓋が再び降りると姿を消したという。聖人はこの世の生を終えた後も、単なる死体ではなかった。正教では現在に至るも、聖人は遺骸となっても生命を維持していると説く。遺骨は奇跡を呼ぶ聖なる存在だった。工事が終わるまで遺骨を安置する木造の聖堂が建てられた。古い大聖堂を取り払い、新たな聖堂の壁を打ち立てるまでの一八カ月、その木造の聖堂が祈りの場となった。[40]

フィリップは大聖堂の完成を見ずに生涯を閉じた。一四七三年四月、大火の炎がまたもクレムリンを舐め尽くした。幾月も精魂を注いだ事業を襲った災厄に、彼は打ちのめされ脳卒中に倒れた。だが彼の死後も大聖堂の建設事業は続き、一四七四年の夏には巨大な丸天井が連なる全容が現れた。計画通り、原型であるヴラジーミルの大聖堂より大きく、クレムリンで最も厳かな建物となった。大聖堂の建設が続く間、住民は足場に鈴なりになって見物し、感嘆の声を上げた。新たな惨事が夜間に起きたのは、せめてもの救いだった。五月のことである。日が暮れて職人が家路につき、熱心な見物人も足場を降りた。男が一人まだ残っていたが、危うく難を逃れた。地震が起きたという噂も流れた。そもそも建物があまりに大きすぎたせいだという者もいた。その夜、北の側壁が突然崩壊し、内側の木造の聖堂を押しつぶした。すべては振り出しに戻った。[41]

立ち直りは早かった。イワン三世はプスコフの工匠に相談した。プスコフはバルト地方と長い間のつながりがあり、石工は北ドイツから来る専門家と接触を保っていた。彼らはフィリップが企てた大聖堂を再建する話を用心深く断った。しかし失敗の原因について、しっくいを作る際に混入する石灰の質が悪いと指摘した。巨大な大聖堂を完成させるためには、倒壊の危険を克服しなければならなかった。ロシアでは数世紀にわたり、モンゴル支配下のヴラジーミルをしのぐ建築を試みてきたが、成功していなかった。技術そのものが完全に失われてしまったかのようだった。だが大聖堂建築に関してフィリップの顧問を務めたエルモーリンとホヴリン父子（息子も父を継いで建築家となった）は、失敗を教訓に何とか悲願を達成したいと考えた。中世やルネサンスの時代、大きな建物が崩壊するのは、それほど珍しい出来事ではなかった。ボーヴェのサンピエールにある大聖堂は、幾度も崩れ落ちた。誰もが失敗を恐れて再建を引き受けようとはしなかった。絞首刑の執行を免除する条件で、獄中の人物を駆り出す始末だった。[42] モスクワ大公国はまだ、そこまで追い詰められていなかった。

イワン三世治下のモスクワでは、欧州の宮廷建築に普及していた技術を、まだ誰も習得できていなかった。石を単に切断することはできた。ホヴリン父子は煉瓦の切断方法も知っていた。だが膨大な量の石材を、単一の大きさと形に精密に整える技術がなかった。一四七〇年代のイタリアには、その術を体得した者がいた。彼らの名声は高く、トルコのスルタンも関心を示していた。ロシアの主教の中には、フィレンツェで建築家ブルネレスキが建てた大聖堂（一四三九年の公会議の際、まだランタンの製作が続いていた）を、実際に見た者もいただろう。教皇の本拠であるローマを大規模に改造する計画が噂に上っていた。さらに東方ではドナウ川流域のハンガリーで、国王がイタリア人を雇い大規模な城壁を造っていた。その城壁は敵を畏怖させるに十分な出来映えだったので、国王はイタリア人にさらに新たな工事を発注する意向だと伝えられた。イワンにイタリア人技術者の雇用を最後に決断させたのは、新しい妻だったと思われる。女嫌いの歴史家たちは、彼女が週に二回は夫に働きかけたという説を好んで取り上げた。[43]

彼女は東ローマ帝国最後の皇帝コンスタンティノス一一世パレオロゴスの姪である。両親からゾエと呼ばれて育った。幼少期はビザンティンの地方の町、モレア（現在のペロポネソス）で過ごした。モレアはコンスタンティノープル陥落から七年を経た一四六〇年にトルコに占領された。彼女は家族とともにイタリアへ逃れた。書籍やイコン、宝石、聖遺物など、できる限りの宮廷資産を携えての旅だった。ゾエは一二使徒の一人アンデレの頭部を収めた宝物箱を持っていたので、ローマ教皇パウルス二世の庇護を受けることができた。ゾエは教皇の周辺に集う当代きっての知識人に接して成長した。教養と野心、自信を備え、ごく自然にカトリックの信者となった。同時にビザンティン帝国の皇位に連なる者として、キリスト教世界全体に対する理解があった。[44]正教徒であるモスクワ大公との結婚をゾエに勧めたのは、後見人であるニカイア出身のベッサリオン枢機卿だった。その縁談には一定の魅力があった。

ベッサリオンは幾度も、ゾエを高貴な人物に嫁がせようとしたが、うまくいかなかった。モスクワとの縁談は決して理想的ではなかった。あまりに遠く、危険に満ち、そして極寒の地でもあった。だがモスクワが急速に蓄積した富が、欧州の関心を引いていた。モスクワの豊かさを示す証拠は、親交の証しに贈ってくるクロテンの毛皮だけではなかった。モスクワの財力がカトリック世界との隔絶に終止符を打った。教皇の周辺は、イワン三世と密接な関係を結ぼうと強く望むようになっていた。トルコとの戦いで、イワンが欧州に加担してくれるのではないかという甘い期待と打算もあった。ゾエの持参金は故郷のモレアだった。メフメト二世を追い出してくれれば、その地をイワンに与えるという約束で、ゾエとの結婚を持ちかけた。だがトルコのギリシア支配は、その後三五〇年間も続いた。

イワンを実際に動かしたのは、欧州の仲間入りができるという皮算用だった。ゾエ自身の魅力（あるいはモレアの地）ではなく、彼女の素性が大切だった。イタリアではゾエの容姿をイワンに見せるために、彼女の肖像画を用意した。ロシアでは生身の人間を絵画に写し取る慣習がなかった。肖像画をモスクワに持ち帰った使節は、それをイコンと勘違いした。その肖像画の所在は今も分からない。

ゾエがカトリック信者であることも問題視された。モスクワはゾエの一族が守れなかったコンスタンティノープルに代わり、既に東方正教会の総本山の地位を確立していた。縁談は数カ月の間、進まなかった。モスクワでは婚姻に伴って生じる問題点が議論された。当然ながらフィリップ府主教が最も強い難色を示した。一四七二年一月、ようやくイワンの使者として、貨幣鋳造師ジャンバッティースタ・デッラ・ヴォルペが、ローマへ向けて五カ月の旅路についた。彼が着いた時、既に教皇パウルス二世は死去していた。ヴォルペは機転を効かせ、持参した婚約証書にあった教皇の名を書き換えた。文書にはフィリップが書き加えた一節もあった。カトリックを失望させる内容だったので、ヴォルペはそれにも好都合な説明を付けた。一四七二年六月一日、モスクワへの忠誠の証しとしてソフィアと改名したゾエは、イワン三世不在のまま結婚の儀式を済ませた。イタリアの詩人、ルイジ・プルチがこの時の婚礼の様子を書き残している。晩餐会は「脂肪の山」だった。「バターと獣脂が一晩中、夢に出てきた……」[45]。彼の目には、あまり誉められた宴とは映らなかったようだ。ソフィアはこの時、知っていたのだろうか。夫となる人物が、女性を一瞥で卒倒させるほど恐ろしい男であることを[46]。

その三週間後、ソフィアは（システィーナ礼拝堂の建立で名を残す）新教皇シクストゥス四世に拝謁して別れを告げ、モスクワへと旅立った。モスクワから来ていたわずかな数のロシア人と、随伴に選ばれたギリシア人たちが従った。ギリシア人の中には、彼女の父と近しい関係にあったユーリー・トラハニオトの姿もあった。彼は間もなくイワン三世の下で、最も有能な外交官となる人物だった。シクストゥスはソフィア一行が通過する各地で、あたかも教皇自身の行幸であるかのごとく歓迎を受けるように強く要求した。アジャクシオの枢機卿ボヌンブレをそのために派遣して、大々的な歓迎行事を催させた。一行には山のような荷物があった。ソフィアと彼女の家来は、持参の品々や贈り物、ローマやコンスタンティノープルに由来する宝物を、一〇〇頭を超える馬で運んだ。行く先々の都市で地元の人夫を雇い、次の都市まで荷物を運ばせた。一行が泊まるたびに、祝いの品は増えた。宝石や記念品が盛んに交換され、祝宴が催された。

ソフィアと随伴者は旅を続けながら、欧州で最良の建築物や見事な王宮を数多く見た。ローマを発った一行はまずシエーナを目指した。ソフィアの父には聖人の遺体の一部を、どこに分け与えるか決める権限があった。彼は防腐処理を施した洗礼者ヨハネの片手をこの都市に贈った経緯があった。シエーナでの歓迎宴は黒と白が色彩を織りなす有名な大聖堂で、二〇〇リラを投じて盛大に催された。費用はロレンツォ・デ・メディチを迎えた宴の五倍だった。ソフィアの旅はさらに、フィレンツェからボローニャへと続いた。人々は「彼女の馬の手綱を引く名誉を争った」という。デッラ・ヴォルペの出身地であるビチェンツァを通り、ヴェネツィアに着いた。インスブルック経由でアルプスを越え、八月初旬にはアウクスブルクから、当時の欧州で最も壮麗な城塞都市と言われたニュルンベルクに着いた。北へとほぼ直進している間は、暖かい陽光がソフィアの背を照らした。グロイセン、ノルトハウゼン、ブラウンシュヴァイク、ツェレ、リューネブルク、モルを経て、バルト海に面し北の宝石といわれるリューベックに着いたのは九月一日のことだった。

繁栄する欧州北部を後にして、どんよりとした空の下を東へ向かう一行は、寒々とした気持ちにとらわれただろう。一一日間の船旅で荒れるバルト海を乗り切り、コリヴァン（タリン）に着いた。さらに二カ月を要する過酷な旅程が残っていた。深く果てしない秋の森林が待ち受けていた。群衆には欧州の市民とは異なる趣があった。好奇の目に親しみの色はなかった。プスコフでは、悪魔の一族を見るような視線が一行を刺した。教養のある人々でさえ、赤い僧衣をまとった枢機卿ボヌンブレを見て不快感をあらわにした。枢機卿は教皇の名代として自負心が強かった。献身的なカトリック信仰と、イコンを侮蔑する態度が波紋を広げた。[47] ソフィアは欧州とあまりに異なるロシアの環境に馴染めないまま旅を続けた。一行がモスクワに着いたのは一一月一二日だった。陽光が降り注ぐ温暖なイタリアは、はるかかなたの世界となっていた。モスクワには既に雪の季節が訪れていた。[48]

ソフィアはクレムリンの宮殿の数々を見て回り、衝撃を受けたに違いない。夫は自らにふさわしい豪華な王宮であると思いこんでいた。だが彼女には、その価値がどうしても理解できなかった。膨大な費用をつぎ込み建設が進むフィリップの大聖堂にしても、フィレンツェの大聖堂とは比べものにならないと思われた。彼女の住居は雑多に立ち並ぶ木造建築群の一角にあって、大聖堂の建築現場を見上げる位置にあった。色彩に乏しい陰鬱な眺めだった。イワンは非を絶対に認めなかった。自分の事業は完璧と言い張り、決して譲らなかった。ロシアの技術者や人足は最善を尽くした。労働者の数では、決してイタリアに引けをとらなかった。ソフィアと随員一行は、モスクワで初めての冬を過ごしながら、自分たちが成すべき課題を話し合ったに違いない。ソフィアはベッサリオンの弟子として、モスクワが欧州に一目置かれる友好国となり、コンスタンティノープルに代わる地位を築くべきだと固く信じていた。話題は国家というものの在り方にも及んだに違いない。イタリアでは一四七二年ともなれば、政府の仕事は、祝典、教会、軍隊に関わる領域にとどまらず、より広範な分野に拡大しようとしていた。多くの通訳が動員された。フィリップはボヌンブレとの神学論争に明け暮れたとみられる。[49] 話題は当然、建築にも及び、欧州の素晴らしい建築技術が紹介されたに違いない。イワンの周辺には、大聖堂の建設を外国人にゆだねれば、何が起きるか分からないという未知への恐怖心が根強かった。だがイタリアで最も豊かな家柄に仕える最良の知識人たちと日々直接語らううちに、警戒心も薄れていった。

一五世紀の欧州で優れた建築家を求める場は、イタリアを置いてほかにはなかった。イタリアから自信満々の新妻を迎えた大公に限らず、それはモスクワ市民の常識だった。[50] モスクワの支配者が、優美で超絶したものを求める時は、イタリアの専門家に頼るのが常だった。フィリップは自らの壮大な計画が挫折する事態を知らずに死亡した。生きていれば外国の（それもカトリックの）助けを借りることに反対しただろう。いよいよ大公自らが乗り出す時が来た。一四七五年、ボローニャ出身のアリストーテレ・フィオラヴァンティが、イワンの招きでモスクワにやって来た。イワンとソフィアの結婚から三年が経過していた。フィオラヴァンティは建築、貨幣鋳造、軍事、機械、発明など諸般に秀でた万能の傑物だった。[51] 誰もがこの人選を歓迎した。ソフィアの後見人であるベッサリオンはフィオラヴァンティと旧知の仲だった。イワンは一四七四年、セミョーン・トルブージンを名代としてヴェネツィアに派遣した。建築の名匠をロシアの宮廷に迎えるためだった。既に候補は決まっていた。フィオラヴァンティの業績は広く知られていた。トルブージンは、サン・マルコ聖堂をフィオラヴァンティが建てたとする説に疑いを抱いていた。しかし、ボローニャでサンタ・マリア・マッジョーレ大聖堂の高さ二五メートルもある塔を移動させた際、塔に全く損傷を与えなかった手腕や、市の周囲に防壁を張り巡らせた技術を高く評価していた。ローマにおける彼の初期の仕事は、教皇パウルス二世にも認められていた。フィオラヴァンティは、イタリア文明の導入に熱心だったハンガリー王マティウス・コルヴィヌスの依頼を受け、一四六七年から城塞の建設に取り組んだ。城塞はトルコから欧州を守るかなめとなり、彼の名声は広く国外にも届くようになった。

フィオラヴァンティは一四七三年、ローマに呼び戻された。時の教皇はシクストゥス四世だった。フィオラヴァンティは間もなく、偽金造りの嫌疑をかけられた。溶かした熱い鉛を飲まされる刑を逃れるためには、ローマを去るほかに道はなかった[52]。トルコのスルタン、メフメト二世のもとで後宮を造れば、命は保証されるだろう。だがそのような機会もなく、フィオラヴンティはモスクワに逃れようと考えた。イワンの統治下なら、自らの未来を切り開くことができると思えた。彼ほどの技術者であれば、ボローニャやヴェネツィアにさえ、保護を求めることができただろう。トルブージンはヴェネツィア人がフィオラヴァンティを高く評価している事実を知り、そのような人物をモスクワに迎えられることに感謝した。トルブージンが提示した計画は、フィオラヴァンティの気持ちを動かしたに違いない。月に一〇ルーブルの報酬も魅力だった。トルブージンはさらに、クレムリンに住居を用意する破格の待遇も約束した[53]。

フィオラヴァンティは、息子アンドレイと少年ペトルーシカを伴いモスクワに向かった[54]。既に六〇代になっていたはずだ。ソフィアとは異なり、最短の行程を選んだ。草原を進み、凍結したプリピャチ湿原を縫って、一四七五年三月には、イワンが君臨する寒々とした都に足を踏み入れた。一人の男が人生最後の使命を果たすために、一気に駆け抜けたような旅だった。フィオラヴァンティには、フィリップが建設に着手した大聖堂を修復し、完成させる仕事が待っていた。やがては富を蓄え、イタリアに戻るつもりだった。数年後には実際に、モスクワを離れようとした。ところが祖国に戻れば、新たな罪で投獄か死刑の恐れがあることが判明した。彼は建築や大砲の鋳造、軍事問題の顧問として、残りの人生をモスクワで送った。

モスクワで迎えた最初の春は心地よく、仕事もはかどった。瓦解した大聖堂を調べ、プスコフの工匠が失敗の原因を的確に指摘した経緯を知った。彼はボローニャの建築の水準から、モスクワの人夫による仕事を見下す態度を隠さなかった。ロシアの石灰岩は柔らかいので、大量の煉瓦で補強しなければ、巨大な建物はできないと主張した。彼は注目を一身に集め、大聖堂は完成すると宣言した。モスクワ市民は建設現場の見物に詰めかけた。従来の方法では季節が変わっても終わらない作業を、フィオラヴァンティは速やかにやってのけた。彼は既にオーク材を金属で覆った道具を考案し、実際に使用していた。この道具を用いると作業は著しくはかどった。ヨシュアがエリコを征服した時に起きたとされる奇跡のようだった。「まるで奇跡が起きたようだった」と年代記は伝える。「彼の手にかかると、三年も費やした仕事が、一週間もかからずに終わった」という。あまりにたやすく壁を取り壊してしまうので、荷馬車に瓦礫を積む人夫は、群がるノミを掻き払う暇もなかった(55)。

フィオラヴァンティは次に、ヴラジーミルの視察に出かけた。イワンもロシアの正教会も、ヴラジーミルを模範とする考えを変えていなかった。フィオラヴァンティはヴラジーミルの大聖堂を一目見て驚いた。見かけも実体も素晴らしかった。「わが同胞の仕事に間違いない」。彼は呟いただろう。祖国との絆を感じたかもしれない。そこにはロシアに対する侮蔑の念も混在していた。彼はその夏、広くロシアの各地を訪れた。雇い主に鷹を持ち帰る約束を果たすためでもあった。ノヴゴロドや遠く白海の修道院まで足を延ばし、景物を脳裏に焼き付けた。かつてヴァイキングが眺めた風景だった。そして欧州の人間が長らく接する機会がなかった光景だった。彼は大公のために鷹を、自分のためにオコジョを携えてモスクワに戻った。地方の建築様式に関する豊富な知識も持ち帰った。煉瓦の製造に着手する時が来た。だがロシアの技術を蔑視する気持ちは、旅を終えても変わらなかった。その冬、自らの手で煉瓦の工場を立ち上げ、職人には厳格に指示を遵守するよう求めた。彼は形や大きさ、硬度が均質な煉瓦を数千個必要としていた。それは当時の大建築に用いた煉瓦を、さらに上回る大きさだった。

カリトニコヴォの煉瓦工場は人々を圧倒した。フィオラヴァンティは次々に新たな技術を用い、魔術師のように崇められた。成長した象が一頭やすやすと入るような大きな礎石が必要だった。人夫に深さ四メートルを超える穴を掘らせ、内側にオーク材を張った。煉瓦製作と並行して、しっくいをつくらせた。ロシアでこれまで使っていたものより、はるかに粘着性が強かった。フィオラヴァンティはそのしっくいをつくる際、鉄の鍬を用いた。これもロシアでは初めてだった。大聖堂の壁は乳白色の石で構築した。ロシアでは隙間にがれきを詰めるのが当たり前だったが、彼はそのようなことはしなかった。表面が滑らかで輝くような出来映えだった。本体を支える魔法の煉瓦は頑丈で大きさも均一だったので、アーチも円屋根もごく自然な曲線を描いた。フィオラヴァンティはロシア人に、建物の連結部分にオーク材ではなく、金属を使う技術を教えた。建物が徐々に出来上がり、作業の場所が高くなると、滑車を使って大量の部材を吊り上げた(56)。正確な計測にこだわるフィオラヴァンティの姿勢に、誰もが強い印象を受けた。「定規とコンパスからすべてを生む」技法は魔術のように見えた。

緻密で鮮やかな技法には驚がくするばかりだった。やがて大聖堂は、たった一つの塊から切り出したような完璧な姿を現した。
　内装を完成するためには、さらに多くの時間が必要だったが、一四七九年八月一二日には、府主教ゲロンティーによって献堂式が執り行われた。フィオラヴァンティは五年に満たない歳月で使命を果たした。大聖堂はフィリップが思い描いた姿とも、ヴラジーミルの大聖堂とも幾分異なる出来映えとなった。この点でフィオラヴァンティは、約束を完璧に守ったとは言えない。円屋根の塔が五つある姿は原型に忠実である。しかし、塔の重々しさは強調されていない。主柱や支柱の配列も、忠実に再現した。ただ際立つ秩序感と精密さにおいて、やはり独自の趣があった。平面の輪郭は正方形ではなく長方形とした。この形態を利用して、聖歌隊のために、明るくて開放的な空間が設けられた。大聖堂の内部には、モスクワの人々が初めて見る見通しの良い空間が広がっていた。全体の押し出しは明らかにロシア風だが、随所に欧州の感覚が見て取れた[57]。大聖堂は現在でも、訪れるイタリア人に、同胞が達成した偉業への誇りを呼び覚ます傑作である[58]。

　イワンにとって成すべき事業はまだあった。クレムリン全体を見栄えのする城塞に造りかえねばならなかった。フィオラヴァンティは一四八六年に死去した。イワンは既にこの頃、海外の極めて優れた専門家を雇える力を蓄えていた。妻の縁を通じて、必要な知識や技術を欧州に求めることもできた。様々な専門家がイタリアから招かれた。大砲の鋳造、銀細工の技術者や徒弟たちがモスクワにやってきた。建築家では、フィオラヴァンティの後継者として期待されたミラノのピエトロ・アントニオ・ソラーリが特筆に値する[59]。彼は経験に富む自信家だった。新参者ながら自分をモスクワ大公が抱える建築家の頭領と公言してはばからなかった。ソラーリは確かに目立つ存在ではあったが、モスクワで働くイタリア人の大家は、彼だけではなかった。ソラーリが一四九〇年にモスクワに来た時、既にマルコ・フリャーズィンとアントン・フリャーズィンがいた。フリャーズィンはイタリア人の本来の姓ではない。当時ロシア人は欧州の人間をフリャークと総称していた。フリャーズィンはその変形である。二人はクレムリンに新たな城壁と塔を構築する仕事を請け負っていた。[60] 一四九三年にはロンバルト人のアロイシオ・ダ・カルカーノも、イタリアから招かれた。イタリアでは優れた技術者をロシアに招くイワンの代理人が精力的に活動していた。クリミア・ハーン国のメングリ一世ギレイは一五〇四年、友好関係にあったイワンのために、ヴェネツィアの建築家アレヴィーシオ・ランベルティ・ダ・モンタニャーナを遣わした。彼はバフチサライで、ハーンの宮廷を建て終えたばかりだった。イワン統治下のモスクワで仕事に就いたイタリア人は、彼が最後ではなかった。[61]

ドイツの大砲鋳造師（この分野ではドイツ人の技術が最高峰とされた）、ペルシアの鍛冶師、イタリアから来た様々な建築家、ユダヤのレオンと自称したヴェネツィアの医師らを迎え、クレムリンは人種と言語のるつぼの様相を呈した。しかし多くの外国人の中にあって、ロシア人もわずかながら宮廷の建設事業に携わっていた。フィオラヴァンティが建てた大聖堂の上から見た形状が、正方形ではなく長方形となったのは、ロシア人が強くこだわったためだ。ヨナが建てた小振りのリゾボロジェーニエ教会は土台を残すのみの姿だったが、プスコフからやってきた一団が一四八五年に再建した。彼らは次にブラゴヴェシチェンスキー大聖堂の再建を命じられた。一四世紀にできた大聖堂は荒れ果てていた。かけがいのないフレスコ画があったにもかかわらず、建物自体が崩れかけたため取り壊されていた。プスコフの建築家たちは五年の歳月をかけて、残された土台の上に清楚な煉瓦の聖堂を建てた。だがこれらのロシア建築もすぐに影が薄れた。イワン三世が聖堂広場を隔てて位置するアルハンゲリスキー大聖堂の建て直しを命じたからだ。この大聖堂は歴代モスクワ公の墓所だった。イワンは死期が近づいたことを意識して新築事業に着手した。彼は献堂の三年前に死去した。アレヴィーシオ・ランベルティ・ダ・モンタニャーナが手がけた大聖堂は、目を見張らせる出来映えだった。新築当時は、赤い煉瓦と白い石造りの外装が大いに新鮮な印象を与えた。随所に舶来の意匠が施された。特に屋根の下にはめ込まれたヴェネツィアのホタテ貝の殻を模した装飾が鮮烈な印象を与えた。ロシアの君主の墓所であるにもかかわらず、異国趣味が混在し、純ロシア風とは言い難い趣きだが、美しく壮麗な建物である事実は否定できなかった。モスクワ、ヴラジーミル、プスコフに伝わるロシアの伝統に、ミラノ、ヴェネツィア、コンスタンティノープルの文明が融合していた。大聖堂を訪れる者は誰でも、イワン三世がクレムリンに造ったこの建築物が、異なる文明の複合体である事実に思い至る。

　クレムリンの中心部には、比較的小振りで種々雑多な建築物が多かった。折衷と混乱は、イワンの宮廷の実態を反映していた。石造りの府主教公邸の裏には僧房があった。ぬかるみを踏まずに歩ける歩道や階段もできた。イワン三世は既に、ブラゴヴェシチェンスキー聖堂の石灰岩の地下室に連なる迷宮を築いていたが、新たに煉瓦づくりの宝物庫を聖堂広場の地下に設けた。[62] 宗教建築のアンサンブルを完成させるために、足りないものが最後に一つあった。数世代前にイワン・カリタ〔一世〕が、一連の聖堂とともに建てた鐘楼があった。隣には「鐘の下の」階梯者《かいていしゃ》イオアン教会（ヨアンネス・クリマコス教会）があった。一五〇〇年代初頭、この鐘楼を解体し、クレムリンの新たな象徴となる鐘楼を建てることになった。それは後に「大イワンの鐘楼」として広く知られるようになる。イワンは大公ではなく、この教会に冠した聖人のロシア名である。イタリアの建築家ボン・フリャージンが建設に携わり、イワン三世が逝去した一五〇八年に完成させた。[63] 初期の姿も立派だったが、さらに後から上層と有名な円屋根の塔を追加した。極めて頑健な建物だった。フィオラヴァンティと同様に、ボン・フリャーズィンも基礎をことさら深く掘り下げた。クレムリンの中心に位置し、高さ六〇メートル超もある塔の側壁には十分な厚みと強度があった。ナポレオンの軍勢が一八一二年に爆破を試みたが、わずかに表面が剝落しただけだった。[64]

大イワンの鐘楼に比べ、イワン三世の宮殿は脆弱で修理が必要だった。救世主修道院をクレムリンの城壁の外側へ丸ごと移転し、宮殿の近くに広い敷地を確保した。イワン自身も一四九二年に宮殿を離れ、新たな宮殿を造る事業が実際に動き出すことになった。ソラーリは煉瓦と石材による優美な一連の建築物を生み出した。接見室と控えの間がある御所を中心に、周囲に様々な建物を配置したとみられる。またも襲った大火で全焼したため、確かな姿を今に伝える記録は残っていない。再建された宮殿もまたイタリア風だった。複数の建物を組み合わせる様式は変わらなかったが、規模はさらに大きくなった。宮殿は幾度も火災に見舞われ、大規模な改修を繰り返した。土台の一部を除き、当時の姿を知る手がかりはほとんど失われた。現存するのは一四九一年に完工したグラノヴィータヤ宮殿だけである。

ソラーリとマルコ・フリャーズィンが造ったグラノヴィータヤ宮殿は、迎賓館として設計され、内部に大広間があった。アーチが交錯する天井を中央で一本の柱が支え、縦横がそれぞれ約二二メートルと二四メートルある。細部はともかく、基本はロシアの様式である。イワンの意向とも考えられる。これに先立ちエルモーリンは、モスクワから六五キロ離れた地で、資産が豊かな聖三位一体セルギエフ修道院の求めに応じ、似通った建物を完成させている。[65] ソラーリは伝統的なルネサンス様式にもこだわりを見せた。表面がダイヤ型に隆起する壁材を組み合わせ、宝石を敷き詰めたような外観を実現した。一五世紀のヴェネツィアで流行った技術である。ロシアでも煉瓦の流行に伴い、ごく自然にこのような装飾が普及するようになった。[66] ロシアには新しい潮流を速やかに学び、取り入れる素地があった。宮殿を意味するイタリア語「パラーゾ」も間もなく、資産家の石造りの豪邸を意味する「パラータ」というロシア語となった。[67]

この頃から少なくとも四世代をかけて、国中に城壁や塔を造る過程で、ロシア独自の煉瓦建築がさらに成熟し定着していった。それらはモスクワ大公国を象徴する遺跡として今に至っている。イワンの時代には、たった一度の攻囲戦が、全土の戦乱の帰すうを決した。敵に包囲される事態を十分に考慮して城塞を造った。クレムリンの古い塔は、弓の射手や市民が籠もる場所として設計された。戦いとなれば市民は塔にあって、大釜の熱湯や投石で敵をひるませる役割を果たした。新たな塔は多くの大砲を並べ、撃ち出す場所に変わった。敵の侵入を早く発見する工夫も必要だった。地下から城内に攻め込もうとする敵の動きを察知するため、坑道を掘る音を聴き取る持ち場を随所に設けた。包囲は数年に及ぶこともあった。数千人がその間に生き延びる飲料水を確保し、穀物や塩も大量に貯蔵しなければならなかった。万が一、城壁が破られた場合を想定して、都市が蓄えた財宝や大公の膨大な私財を、敵に渡さないように秘匿する場所も必要だった。イワンは建築家たちに、教会の地下蔵を活用するよう命じた。地下室を連結する坑道が網のように張り巡らされた。それらがいったいどこまで延びていたのか、今もまだ解明されていない。[68]

アントン・フリャーズィン、マルコ・フリャーズィンは一四八五年、モスクワ川に面する土手で工事を始めた。まず古い城壁を撤去し、煉瓦造りの城塞の基部を据えるため、土中を深く掘り下げた。土手の中央に巨大な塔を建てる作業が始まった。籠城と持久戦に備え、敵に知られないように川から水を引き込む水路も敷いた。その塔は秘密という言葉に由来してタイニツカヤ塔と命名され、門はタイニツキエ門と呼ばれるようになった。この塔は頑健な印象を与える煉瓦造りだった。内部に階段があり、戦いに備え胸壁が層を成していた。虚飾がなく実利的で簡潔だった。イワンの時代の塔はすべて、このような様式だった。現在のクレムリンの塔や建物は、テントを張ったような形で、先端部には凝った装飾がある。これらは（時期がそれぞれ異なるが）後世に増築された。一見して実用性のない虚飾のようでもある。先端に赤い星を頂く塔もいくつかある。だが今となっては、それなりの役割も帯びていたことが分かる。塔は周囲の木造建築より高くそびえ、数キロ先からもよく見えたはずだ。

クレムリンでは南から来る侵略者に備え、モスクワ川を望む正面が最も重要な意味を持っていた。古い城壁を取り除くと、工事は迅速に進んだ。中央の入り口を完成させ、城壁は中央の塔から左右へ延びていった。両端にそれぞれ別の塔が建ったのは一四八九年のことだ。南東の角を成すベクレミシェフスカヤ塔は、隣にニキータ・ベクレミシェフ、セミョーン・ベクレミシェフの領地があったことにちなんで命名された。南西の角に立つスヴィブロワ塔は、現在では通常、クレムリンに水を引き込む仕組みに由来してヴォドヴズヴォドナヤ塔と呼ばれている。二つの塔は戦闘の際に最大限の視角を得るため円筒形になった。新型の大砲を設置するために、十分な面積を確保した。クレムリンの南面を守る塔は結局七つになった。一つ一つが独立した要塞機能を持ちながら、互いに連携が可能な距離にある。押し寄せる敵に突破口を開かせないように、どこからでも砲弾を浴びせることができた。

一四九〇年にピエトロ・アントニオ・ソラーリが、モスクワを訪れた時のクレムリンは、概ねこのような状態だった。彼はミラノのスフォルツァ公が活用した築城様式と技術を身につけていた。彼の指揮下に同年、さらに二つの立派な塔が完成した。南西のボロヴィツカヤ塔と、コンスタンティヌス帝とその母エレーナ（ヘレナ）に捧げた小さな教会の脇に建てた塔である。翌年には、フロロフスカヤ（スパスカヤ）塔とニコリスカヤ塔が、現在「赤の広場」と呼ばれる商業市場に接して姿を現した。ともにクレムリンへの出入り口を兼ねた重要な位置にある。これらの作業に伴いソラーリは、聖ゲオルギーのレリーフを移設する必要に迫られ、いったん彼の宿舎に保管した。新しい大時計が、聖ゲオルギーにとって代わった。市街地の遠くからも、時針がはっきり見えた。時計は音楽まで奏でたので人々は驚愕した(69)。だがソラーリには、立ち止まって音楽を楽しむ余裕はなかっただろう。モスクワは煉瓦の材料にする粘土や、切り出したばかりの木材の匂いでむせ返るようだった。城壁の主要部分を完成させる次の工程には、さらに数万個の煉瓦が必要だった。人夫の群れが絶え間なく巻き上げる埃のおかげで、五メートル先が見えないほどだった。埃は所によっては高さ一五メートルの高さまで立ち上り、クレムリンの南と東を流れる川の眺めを遮った(70)。ツバメの尾羽の形をした銃眼をうがった高さ二メートルの胸壁が、城壁の上辺に張り巡らされた。ミラノからモスクワに持ち込まれた流行の最先端だった。胸壁の内側には、どのように大型の弓でも放てるだけの広さが確保され、移動しやすい回廊があった。

ソラーリは城壁とグラノヴィータヤ宮殿の建設を、並行して進めた。次の現場はネグリンナヤ川に面した急勾配の土手だった。彼は円筒形のソバキナ塔（角の武器庫塔）の建築に着手した。この塔はクレムリンを三角形に囲む城壁の北西の角に位置する。土台には貯水設備が組み込まれた。地下水を無尽蔵に汲み上げることができた。鉄の扉がある堅牢な部屋もいくつかあったはずだ。扉にはとびきり大きな錠前が付いていて、精巧な鍵でなければ開閉できないようになっていた。部屋のさらに奥には、宝物を収納する数々の大きな箱があり、やはり複雑な鍵で閉ざされていたという(71)。これらは一七二〇年代に新たな武器庫を造る過程で発見された。当時の記録は細部を検証できないが、さらに後世の調査により、数世紀も存在が知られていなかった奥の間が発見された(72)。ネグリンナヤ川の水は、川岸を越えてあふれ出るより、むしろ地中に深く浸透した。冷たい水は石工たちを悩ませ、イワンの秘密の地下室にも浸入した。ソラーリは一四九三年に死去した。彼の意思を継いだ建築家たちが、クレムリンの守りを完成させた。

クレムリンは森の景観まで変えてしまった。工事は大量の木材を、燃料や足場、支柱として費やした。一五〇〇年には、モスクワの森林はほとんど消え失せていた。[73]膨大な数の労働者が、ろくな機械もなく粗末な道具で地面を掘り、土塊を運び、積み上げげた。台地が形を変えるまで作業は続いた。現在のクレムリンは高台にごく自然に建っているように見える。城壁を造る時に、土地の形状を徹底的に整えたためだ。イワン三世はクレムリンの周辺部も変えた。一四九三年の火災は、新しい城壁を炎から守る必要性を強く認識させた。イワンは幅二四〇メートルの防火帯をクレムリンの周囲に設けるよう命じた。赤の広場はこのような事情から生まれた。当時は火事を意味するポジャールと呼ばれた。抵抗もあった。ネグリンナヤの川岸には多くの木造家屋が立ち並び、少なくとも一つの教会があった。イワンはこれらの解体を命じた。人々は立ち退くしかなかった。だがノヴゴロド出身のゲンナージー大主教は、教会の撤去は神を冒瀆する行為であるとイワンを非難した。神に捧げた土地を、犬や家畜が徘徊するのは許せないとも憤慨した。彼はチュードフ修道院の前の院長（格付けは大修道院長）だった。[74]イワンはひるまなかった。住居や教会の跡地は、数百年にわたり空き地のまま残った。[75]

イワンはクレムリン改造の手を休めなかった。一五〇〇年、城壁の内側に初めての道路ができた。スパスキエ門、ニコリスキエ門を起点に、大貴族の居住区や木造の聖堂の間を抜け、できたばかりの聖堂広場に至る道である。[76]アロイシオ・ダ・カルカーノは、クレムリンの丘を陸の岬から島へ変えた。イワンはその完成を見ずに死去した。息子のワシーリー三世（在位一五〇五―三三年）が父の計画を引き継ぎ、さらに規模を拡大した。城壁に沿って貯水槽を増設した。一五〇八年、アロイシオはスパスカヤ塔の前に新たに設けた防火帯に、モスクワ川とネグリンナヤ川をつなぐ煉瓦の水路を敷いた。それはイワン時代にも例のなかった大規模な工事となった。水路の深さは一二メートル以上、幅は四〇メートルもあった。両岸に低い壁を走らせ、スパスカヤ塔とニコリスカヤ塔の下には、それぞれ跳ね橋を架けた。[77]水路の幅を広くしたのは、クレムリンを包囲する敵が城壁の下で宿営できなくするためだった。また敵が地下に坑道を掘り、モグラのようにクレムリン内部に侵入する事態を防ぐ目的もあった。[78]そのような企みを実行に移す敵は、ついに出現しなかった。水路は現在の赤の広場の縁に沿って走り、クレムリンを周囲の陸地から隔絶した。数世紀にわたり難攻不落を誇る城塞が完成した。

イワン三世は初めて「大公」として歴史に名をとどめた。ロシアではその荒々しい性格から、〝雷のような〟大公として知られた。雷帝の異名は後に、彼の孫であるイワン四世に引き継がれた。イワン三世はイタリアで養育された妻ソフィアの影響を受け、自らをツァーリ、または皇帝と称するようになった。モスクワ大公の紋章として、いかにも欧州風の双頭の鷲を採用したのも彼である。[79]ルネサンス様式を取り入れた宮殿は、外国人のみならずロシア人にも、大公の権力と文明度を知らしめた。だがスラヴ世界を出れば、モスクワ大公国はまだ未知の存在に近かった。もちろんイタリア人には、ロシアの富について一定の知識があった。イワンとソフィアが結婚する前にも、ミラノの支配者フランチェスコ・スフォルツァは、「白い皇帝」が治める遠隔の地について知識を集めようと努めた。だが神聖ローマ皇帝フリードリヒ三世は、モスクワ大公をリトアニア王国の臣下にすぎないとみなしていた。[80]

一四八七年にクレムリンを訪れたドイツ人探検家ニコラウス・ポッペルは、その富と繁栄に目を見張ったようだ。帰国後に彼が熱を込めて書いた報告がフリードリヒを動かした。フリードリヒは、野蛮人と縁せき関係を結ぼうと考えた。一四八九年にポッペルをモスクワに派遣し、イワンの娘とバーデン辺境伯の結婚を提案した。ポッペルは述べた。帝位を授ける権利は神聖ローマ皇帝だけにある。皇帝はイワン三世に帝権を授与する用意があると。イワンの態度は尊大だった。「そもそも私は、神託を受けてこの地を治める君主である。……我が帝権は先祖代々、神より下されたものである。……神以外の者に帝権を認めてもらおうとは望まない」。婚姻については、フリードリヒの息子が相手なら応じると述べた。イワンの名代を務めるようになっていたユーリー・トラハニオトが、この回答を皇帝に直接伝えた。トラハニオトは、イワンのような地位にある君主が、自分の娘を一介の「田舎貴族」に嫁がせることはあり得ないと付け加えた。[81]

イワンの富はモスクワを訪れる者たちの心を動かした。しかし、彼の領土は決して平穏ではなかった。クレムリンの峻厳な城壁は、敵に追い詰められる事態を想定していた。モスクワ川だけでは安心できなかった。ところがイワンが最初に要塞化したのは、ノヴゴロドだった。着工は一四八四年である。クレムリンの城壁の建設が始まる一年前のことだ。地元の代官たちが住民の怒りを買う懸念があったので、逃げ込む場所を確保する意図があったらしい。イワン三世の死後、モスクワとクリミア・ハーン国の関係は悪化した。新大公のワシーリー三世は、モスクワの防御をさらに固めなければならなかった。イタリア人を招いて支援を受けるほかに方策はなかった。ロシア南部の主要都市で要塞化が進んだ。トゥーラ、コロムナ、ニージニーノヴゴロド、ザライスクでは今も、煉瓦の城壁や銃眼のある胸壁の一部が残っている。[82] これらの都市で防御を固めたのは無駄ではなかった。幾度も襲撃にさらされるようになった。何とか持ちこたえはしたが、領土の荒廃は避けられなかった。一五二一年、クリミア・ハーン国とカザン・ハーン国の騎馬軍団がモスクワを蹂躙し焼き払った。クレムリンは無事に残ったが、東側の広場は甚大な被害を受けた。城壁を一重にめぐらせただけでは、モスクワの富は守れないと思い知らされた。

一五三五年、イタリア人のピエトロ・アンニーバレの指揮下に、第二の城壁を造るべく土台の掘削作業が始まった。(83) 第二の城壁は当初は木造の柵だったが、深い水路に加え、さらにモスクワ川、ネグリンナヤ川によって守られていた。一五三八年、全長三・二キロの煉瓦の壁が木柵に取って代わった。七つの城門と一三の塔が数珠つなぎとなった。クレムリンの既存の城壁に倣った様式である。壁の厚さと高さがほぼ同じという堅固な構造は、最新式の大砲による砲撃にも耐える設計だった。建設現場を人々は最初、キトゥイと呼び習わした。束ねた粗朶《そだ》を意味する言葉だった。それに由来して、やがてキタイゴロドという名称が定着していった。新たな城壁は、古い商業地域（ポサード）を翼下に、クレムリンの「角の武器庫塔」の北と東の方角に広がる領域を包み込んだ。南ではベクレミシェフスカヤ塔の付近でモスクワ川にまで及んだ。クレムリンは煉瓦の壁や、アレヴィーシオが敷いた水路、一四九三年の大火の後に防火帯として広く残った敷地に隔てられ、周囲から孤絶した世界だった。新たな城壁が囲い込んだ街は、遠目には一つの城塞として、不可分の領域であるかのように見えた。だが実際は二つに区分されていた。(84) 城塞都市の中核を成すクレムリンを、慣習的に「古い」街と呼び、周辺の地域と区別した。

モスクワの中心部は壁に囲まれ、迷路の様相を呈した。伝説に残るドラゴンの巣窟のようだった。宮殿の守りはさらに堅固となった。城塞の構造は、ほとんどが外国人の設計だったにもかかわらず、国家機密となった。後にクレムリンを訪れた者は、付き添いに囲まれ、行き先を厳しく限定され、まるで目隠しをされたようだったと書き残している。クレムリンに乗り入れる馬車は扉が固く閉ざされ、勝手に乗り降りできなかった。改築工事の最中は特に警戒が厳しかった[85]。イワン三世は外国の商人に、クレムリン内陣への出入りを禁じていた。だがキタイゴロドへの出入りは、比較的自由だったので、商業地区のかなめとして賑わった[86]。壁に囲まれてはいたので、城塞の雰囲気もあった。牢屋や拷問部屋、武器庫も備えていた。商人が銀貨を数えようと城壁の陰に隠れても、隅々まで届く監視の目を逃れることはできなかった。イワン三世は一五世紀にクレムリンを建て直すために、金に糸目をつけずに外国から最新の技術を導入した。クレムリンはイタリアで発展した築城技術の結晶だった。しかしいったん完成してしまえば、外国人を排除して一人歩きを始め、独自の発展を遂げるようになった。

欧州では大砲や先込め銃が発達し、訓練が行き届き統制がとれた常備兵を駆使する軍事思想が普及した。一四八〇年代から九〇年代にかけて、フィオラヴァンティやソラーリの頃の技術は、既に時代遅れとなっていた。攻囲戦の様相も大きく変わった。クレムリンは完成して数十年も経過しないうちに、要塞としては旧式化してしまった。欧州の諸都市は巨額の富を費やし、上から見ると星の形をした要塞の建設に乗り出していた。モスクワ大公国は独自の研究を怠り、新たな技術を外国からの移入に頼った。このため最先端の水準より、いつも一歩遅れをとっていた。軍事だけではなかった。印刷術などあらゆる分野で欧州には及ばなかった。モスクワは難攻不落であるという神話が、すぐに瓦解しなかったのは、遠隔の寒冷地という地理的要因に負うところが大きい。宿敵である草原のタタール人とは、まだ何とか互角の戦いができた。だが一六世紀半ばになると、新たな不安が雲のようにロシアの宮廷を覆い始めた。異教徒の触手が欧州からモスクワまで延びようとしていた。内外の専門家が当時の諸問題を、後進性という言葉で呼び習わすようになるのは、数世紀後のことである[87]。

クレムリンはキタイゴロドからさえ隔絶し、現実世界の混迷や眼下の喧噪とは無縁の世界だった。

城壁は防御に有効だったが、孤立ももたらした。それはロシアの未来をも暗示していた。誰も「壁」の呪縛を逃れることはできなかった。この国が一度ならず経験する革命もまた、宿命から逃避する試みにほかならなかった。「城壁は盾であり同時に罠であった。覆い布であり、檻である」。ロシアの愛国主義者には冷淡だったリシャルト・カプシチンスキの言葉である。堅固な防壁に囲まれていると「人間は壁がすべてを隔てているような錯覚を覚え、世界を邪悪で劣等な彼岸と、善良で優れた此岸に分断しているような気持ちになるのだ」[88]。

第3章 黄金の間

カトリック圏のヴェネツィアから派遣されたアンブロージョ・コンタリーニという使節が、一四七〇年代にイワン三世時代のモスクワを通過した時の印象を書き残している。

一〇月も末になると「モスクワ」川は凍り付く。川面には商店が立ち並び、市場が立ち、あらゆる物が手に入る。おかげで街中の商品はほとんど姿を消してしまう。この季節は凍った川のほうが……陸より暖かいのだ。川面には毎日、牛や豚、大量のトウモロコシ、木材、干し草、その他の日用必需品が並ぶ。冬季を通じて商品は途絶えない。牛や豚を飼う者は一一月末に殺して、三々五々この市場に持ってくる。凍りついた多くの牛が、皮もはがれず四本の足で立っているのは奇妙な光景だ。……三カ月以上前に殺した牛の肉を食べるのだ。魚、家禽もある。ありとあらゆる食物が、このようにして商われている。川面を馬が行き交い、見せ物も盛んである。(1)

ほぼ一世紀後の一五五八年には、英国人アンソニー・ジェンキンソンがモスクワを訪れている。彼は凍結した川面に立つ「大市場」だけではなく、奇妙な儀式を目撃している。その日は「衣装に黄金や真珠、宝石をちりばめ、高価な毛皮をまとった貴人」がこぞって、キリスト教の神現祭を盛大に祝っていた。ウスペンスキー大聖堂での捧神礼が、一連の儀式の始まりだった。その後、参加者の一団はモスクワ川に移動した。川面には、あらかじめ穴が開けてある。モスクワ府主教は儀式の主宰者として、豪華な椅子に腰をおろしたが、大公と廷臣たちは立ったままだ。国家と教会の関係が逆転した意外な光景だった。儀式そのものにも驚かされた。府主教が穴の下を流れる水を浄め、ひと掬いの水を皇帝や貴人たちに「振りかけた」。ジェンキンソンの話は続く。

その後、集まった人々は持ち寄った容器を、祝福を受けた川の水で満たした。……水中に子供や病人を浸け、すばやく引き上げた。洗礼を受けたタタール人も身を浸した。大公がそれを見守った。大公の駿馬が何頭か引き出され、聖水を飲んだ。大公はすべてを見届けると王宮へと戻って行った。(2)

同じモスクワ川が舞台だが、市場と宗教儀式は性格が全く異なる。だが視点を変えれば、似通った側面もあった。商いの活気と豊かな市場の様子は、何世紀にもわたり外国人を驚かせてきた。(3) その本質は祭りだったので、羽目を外した賑わいがあった。教会は生真面目で厳粛、禁欲的な存在である。だがロシアの大衆はみだらで、女装や男装がまかり通り、大酒飲みだった。クリスマスや神現祭の日は、邪悪な霊が現世を徘徊すると広く信じられていた。それを鎮めたり追い払うために、祈禱や悪魔払いの儀式が行われた。祝祭は乱行と紙一重だった。宮廷を挙げて執り行う恒例の氷上儀式は、一六世紀初頭に始まったらしい。決して自然に生じた行為ではなかった。その由来と全体像を解き明かした者は、今日に至るまで誰もいない。(4) 最も説得力があるのは、現世にイコンの世界を再現したという見方である。大公がキリストを、モスクワ府主教が洗礼者ヨハネの役を、それぞれ演じたというのだ。冷たいモスクワ川をヨルダン川に、背後で冬の日差しを浴びてそびえるクレムリンを聖都エルサレムに、なぞらえたのであろうか。

もしこの解釈が正しければ、登場人物たちは時の流れ、特に歴史上の逸話と特別の関係にあったことになる。神現祭の日に執り行われた厳粛な聖水の儀式のみならず、日常の行為を通じて大公は神格化されていた。宮廷の宗教生活には、幾世紀もの時間の流れが凝縮していた。そこには聖人の歩む姿があり、没して久しい諸公も、現世の人物が及ばない影響力を維持していた。将来に目を転じれば、この世の終わりが迫っていた。カトリック暦の一四九二年に当たる正教暦七〇〇〇年に、世界の終末が訪れるとされた[5]。その日が過ぎても、クレムリンの三大聖堂をはじめ多くの新しい聖堂では、この世の終わりを描いたイコンを目立つ位置に飾っておいた。プロテスタントのジェンキンソンは、このような細部には注意を払わなかったかもしれない。だがモスクワの貴人たちは地獄の業火を、毛皮の手袋にあしらった真珠と同様に、ごく身近に感じつつ、氷上の儀式に参加していた。

聖職者は宗教の理論的支柱だった。一六世紀においては、帝権の根拠と体裁も聖職者が整えた。それがクレムリンの日常を動かす規範となった。キリストの教えをふんだんに取り入れ、神を信じる者は最後の審判で栄光を手にすると国民に吹聴した。クレムリンと一体化した聖職者は、歴史の効能も活用した。イワン雷帝（イワン四世、在位一五三三―八四年）は、教会にとって優等生のような存在で応用力もあった。だが宮廷を舞台に帝権のあり方を模索するうちに、結局行き着いたのは、血と脂にまみれた拷問部屋だった。イワンがイコンに特別の思いを抱いていたのは事実だが、キリストのような当初の人物像は後半生で一変する。雷帝は自らを審判者とみなすようになった。だが、その肖像をイコンに描くことは、いくら創造力に優れた画工でも不可能であったに違いない。

二世代前の一四四〇年代、イワン三世は父の地位を継承するために、内戦を戦い抜かねばならなかった。彼は父の兄弟やいとこが将来、事をかまえる危険を除こうと考え、親類の男性たちを捕えさせた。息子が確実に皇位を継承するためにも、それは必要な措置だった。彼には男子が多かった。二回の結婚も一つの理由だった。若い時にトヴェーリから迎えたマリーヤは早死にしたが、父と同じイワンという名の男子を残した。彼の皇位継承権に疑いを持つ者はいなかった。イワン三世は息子が一三歳に成る前に後継者に指名した。だが悲劇は一四八九年に訪れた。若いイワンは痛風の病に倒れた。父はあらゆる方面に治療の手段を探した。一四九〇年に、ヴェネツィアのユダヤ人医師レオンをモスクワに招き、いったんは安堵の息をついた。だが治療の甲斐もなく若いイワンは、長い苦しみの末に死去した。レオンは首をはねられた。大公には新たな悩みが生まれた。[6] 彼と二番目の妻ソフィアの間にできた長子ワシーリーが、順当なら王位を継承するはずだった。だがイワン三世は、次男のイワンが一四八三年にもうけたドミートリー・イワノヴィチという孫を溺愛した。事態は複雑な様相を帯びた。ドミートリー・イワノヴィチの母エレーナ・ステパーノワはモルダヴィアから嫁いできた女性だった。イワン三世にとっては遠縁の血筋に連なる。モスクワが欧州との複雑な外交関係を維持するために、彼女の実家は重要な役割を果たしていた。イワンは孫だけでなく、その母エレーナも厚遇した。[7]

宮廷は後に様々な説明を試みたが、後継者を決める実権はイワン三世が握っていたし、本人もそれを熟知していた。モスクワ大公国の支配者は代々、権力を資産と同一視するようになっていた。彼らは帝権もモスクワも巨大な私有財産とみなしていた。死期をさとれば、財宝や養蜂園を譲るかのように、帝権も遺言で後継者に託した。イワン三世はワシーリーとドミートリーのどちらが後継者にふさわしいか考えつつ、二人を概ね同等に扱った。ワシーリーが一八歳、ドミートリーが弱冠一三歳となった一四九七年、年老いた大公は孫のドミートリーを後継者に指名した。ワシーリーを支持していた勢力は、すぐに反抗を企てた。ドミートリーの暗殺も選択肢にあった。だが誰も大公の決定を覆せなかった。反対派の六人が処刑され、ソフィアとワシーリーは屈辱にまみれた(8)。ワシーリーは再起の望みを絶たれた。大公はドミートリーの戴冠に際し、自ら摂政の一人となった。前例のない措置だった。

戴冠式は一四九八年二月に、クレムリンのウスペンスキー大聖堂で執り行われた。以来この大聖堂が歴代大公の戴冠式の場となった。このような式典はモスクワでは初めてだった。聖職者たちはビザンティン帝国の様々な文献を調べ、祈禱の言葉や式次第を決めた。玉座は床より一段高い位置に定め、廷臣はすべて盛装で参列した(9)。高貴の者は黄金色のガウン着用を命じられた。それはあまりに高価だったので、クレムリンの宝物庫から衣装一式を借用しなければならなかった。式典は荘厳を極め、聖職者の記憶に刻み込まれた。四年の歳月が流れた。さらに老いを深めたイワンは、後継者について気持ちが変わった。一五〇二年春、ドミートリーと母エレーナを捕え、ワシーリーが「全ロシアの専制君主である」と宣言した。ドミートリーは数年後に獄死した。自然死ではなかっただろう(10)。一五〇五年にイワン自身も没し、ワシーリーが名実ともに皇位を継承した。

ワシーリー三世は戴冠式をしなかった。皇位の正統性に疑問の余地がなかったからでもあった。大げさな儀式は必要なかった。彼には統治の才覚があり大公として有能だったが、子供に恵まれなかった。最初の妻であるソロモニヤ・サブーロワは男子を産めなかった。ワシーリーは一五二三年、彼女を離縁しようとした。この一件をめぐり宮廷は分裂した。道徳に反するとして離縁を認めない聖職者もいた。ワシーリーは自らの意思を押し通した。ソロモニヤは（魔女の裁定を受け）遠隔の尼僧院に幽閉された。ほぼ二カ月を経た一五二六年一月、ワシーリーは一五歳のエレーナ・グリンスカヤを新たに娶った。この時ばかりは盛大な式典を必要とした。前妻との離婚をめぐる宮廷の動揺を鎮めるためだった[11]。

一五二六年の結婚式は一四九八年一一月の戴冠式と同様に、不安定な状況を解消する思惑の所産だった。また二つの式典は、後世に定着する慣例を樹立したという点でも似通っていた[12]。結婚の儀式はウスペンスキー大聖堂でとり行われた。そこでともされたろうそくは大公と皇后の居室や廷臣の邸宅に移され、数夜にわたり光を放った。ごく仔細な点にまで丹念に意味を込め、決しておろそかにしなかった。寝室には母性を表すイコンを飾り、命には限りがあることを想起するため土を撒いた。さらに昔から多産の象徴である蜜や穀物をふんだんにならべた。一五三〇年八月に長子イワン・ワシーリエヴィチが誕生した。伝説によれば、その夜モスクワでは強い風が吹き荒れ、クレムリンの救世主教会の鐘がいっせいに鳴り出したという[13]。

間もなく第二子ユーリーも生まれた。皇位継承をめぐる動揺はようやく収まったかに見えた。ワシーリーはイワンを後継者に指名した。将来ツァーリとなる皇族男子だけに着用が許される小さな帽子を与えた[14]。イワンはまだよちよち歩きの幼児ではあったが、その帽子は子供の玩具ではなく、れっきとした皇位継承権の証だった。一五三三年の冬、ワシーリーは大好きな狩りに出かけ古傷を痛めた。高熱が出て医師もなす術がなく、雪に閉ざされたクレムリンに寝たまま担ぎ込まれた。死の床についたワシーリーは性急に廷臣を集め、皇位を長子に譲る旨を告げた。信頼できる側近らを遺言で摂政に任じ、イワンを補佐する態勢を整えた。また先祖代々の例にならい、聖職者となりワルラアームと改名した。妻や弟のアンドレイは泣いて止めたが、府主教自ら大公を剃髪した。ワシーリーは、二人の弟が三歳のイワンの十字架に口づけをして忠誠を誓うのを見届け、深夜に息を引き取った[15]。

摂政団はくせ者ぞろいだった。その中にあって、イワン・ワシーリエヴィチ・シュイスキーは、モスクワの名門の出で、ワシーリーが遺言を託した摂政として、なくてはならない人物だった。皇后エレーナ・グリンスカヤは夫の死に際し、イワン・オフチーナ・テレプニェフ＝オボレンスキーという貴族を摂政に加えた。彼女の愛人だったという説もある。少なからぬ歴史家が、彼こそワシーリーの二人の弟を殺した張本人とみなしている。摂政団が揺るぎない権力を手に入れるためだった[16]。一五三四年、年長の弟がクレムリンの地下牢に幽閉された。一五三七年に年少の弟も同じ運命をたどった。二人とも餓死に追いやられた。皇統に連なる人物の血を流すことは、当時の禁忌だった。年少の弟には、鉄の猿ぐつわをかませたとの説もある。廷臣団の長老でエレーナの伯父であるミハイル・グリンスキーは、ワシーリーが死に臨んで、息子の筆頭貢献人に指名した人物だった。彼も一五三四年に捕えられ投獄された。亡き大公の弟たちへの残酷な仕打ちを批判したためとも伝えられる[17]。グリンスキーにも餓死の運命が待っていた[18]。幼いイワンと、生まれつきろうあ者だった弟のユーリーは、目的のためには手段を選ばない勢力の手中に落ちた。

摂政団は幼い大公と弟をないがしろに、権力をほしいままにするかと思われた。だが状況が必ずしもそれを許さなかった。エレーナは一五三八年、三〇歳にも満たない若さで急死した。毒殺説がささやかれた[19]。ある考古学者のグループは、最近の調査の結果、毒殺の証拠を発見したと公表した。彼女の遺骸から有毒な塩素が検出されたという。だがその成分は一六世紀に下剤として広く用いられたものだった。またごく一部では美顔のために使った例もある。彼女を死に追いやった病は、依然謎に包まれている。他殺とすれば、犯人もまだ分からない。彼女が死去すると、イワン・オフチーナ・テレプニェフ＝オボレンスキーは捕えられて獄死した[20]。二つの派閥が覇権を争うようになった。シュイスキー派とベルスキー派である。互いに投獄と殺人を繰り返した。双方が交代で一時的に支配権を握る過程で、ダニール、イオアサフという二人の府主教が地位を追われた。[21] 大貴族が結束し聖職者を戴き、貴族政治で難局を乗り切る選択肢も潜在的にはあった。しかし一六世紀のモスクワ大公国では、事態がそのように展開する政治的条件がまだ整っていなかった。

イワン自筆とされる書簡は、母の死によって彼と弟が陥った状況を次のように伝えている。[22]「彼らは目的、つまり君主なき王国を手中にするや、我らを敬愛に値する君主とはみなさず、自分たちの富と栄光を追い求めた……父君に仕えた大貴族や忠信の人々が……幾人殺されたことか」[23]。彼の言葉に込もる悲痛な調子は生涯変わらなかった。さらに複雑な出来事が、若き日々に影を落としていた。数々の史料は、この少年が当初から君主として統治能力を発揮していた様を示している。いかに野心的な廷臣も彼をないがしろにはできなかった。イワンはクレムリンの政争の流儀をすぐに身につけた。一五四三年、一三歳となった彼が、アンドレイ・ミハイロヴィチ・シュイスキーの殺害を裁可したことは、ほぼ間違いがないだろう。シュイスキーは猟犬小屋に放り込まれ八つ裂きにされた。[24] 幼少時代に味わった強い疎外感が、このような行為にある程度は影響しているかもしれない。しかし、彼が被害者であったとばかりも言えない。真実がどうあれ、大公に敵対する勢力が多数派を占め、内部抗争に明け暮れるクレムリンの実態は、広く海外にも伝わり悪評を高めた。後に雷帝の異名をとる少年の行く末が思いやられた。欧州で彼と結婚しようとする皇女はいなかった。[25]

そこに新たな内戦が起きた。宮廷も国土もさらに荒廃した。クレムリンの大貴族は、虎視眈々と実権掌握の機会をうかがっていた。だが破綻を食い止められる人物は、気難しく病的な大公だけだった。この頃から彼は、恐怖の君主として存在感を強めていく。そしていよいよ戴冠式を挙行する運びとなった。一四九八年の先例にならい、神の権威と古来の伝統を組み合わせた様式が考えられた。就任間もない府主教マカーリーは、イワンにふさわしい式典のあり方について考えを巡らせた。ルネサンス時代の欧州に豊富な見本があったが、正教会が異端視するカトリックの先例を、そのまま真似るわけにはいかなかった。マカーリーは一六世紀のコンスタンティノープルに目を向けた。ビザンティン帝国は(聖職者によれば)天国を模して創造した国家とされた(26)。大貴族と教会の指導者たちは、一五四六年一二月の会議で式次第の細部を詰め、正式に決定した。定めるべき事は多く、予算の裏付けも必要だった。クレムリンの側近が総掛かりで準備に取り組んだ。若き君主の相談相手であり、後ろ盾であるマカーリーが、立案と遂行の総指揮を執った。

大公のお披露目というのが、府主教の表向きの目的だった。だが教会の指導者として、別の思惑もあった。コンスタンティノープルの陥落で、正教徒は最初の帝国を失ったが、モスクワ大公国は無傷で存続している。信者と彼らが戴く大公には、終末が目前に迫ったこの世で特別の責任がある──府主教はそのような認識を信者に植え付けようと考えた。イワンは単なるモスクワ大公国の君主であってはならなかった。彼はコンスタンティノープルを継承する帝国の君主として戴冠する必要があった。古代から存在する高貴なロシア世界を統べる絶対君主として、ツァーリの誕生を告げる儀式を位置づけた。マカーリー府主教は、このような君主像をつくり上げるために、多くの文献を渉猟した。六世紀の理論家アガペトゥスは「皇帝は外見が普通の人間に見えても、その在職中はその権限において神のごとき存在である(27)」と述べた。カトリック世界では独自の規範やローマ法が人々を律した。だがロシアの支配者には、円熟期にあったソロモン王のような統治能力が求められた。彼が従うべきは神のみであり、宮廷の実態がどうであれ、ツァーリに進言できる人物はマカーリーただ一人だった(28)。アガペトゥスは善悪の規範を定めるのは、詰まるところ教会だけであるとも主張した。アガペトゥスは「［皇帝は］神のように見えるにもかかわらず、結局は塵のような存在にすぎない」と喝破した。[29]

マカーリーは視覚的効果の重要性を理解していた。その光景を想像する時、セルゲイ・エイゼンシュテインが一九四〇年代の初めに撮影した壮麗な映像を思い浮かべずにはいられない。若い俳優が演じる大公（目立つ付けまつげをしている）が、高齢の府主教の前に立つ。痩身の府主教は長い髯をたくわえ、禁欲的で政治色が薄い。老人は若者に、十字架と帝権を象徴する笏杖と冠を授ける。帝冠は毛皮をあしらい、宝石をちりばめてある。新ツァーリはおもむろに居並ぶ廷臣のほうに向き直る。新たな君主が初の宣明をする。国家は偉大であり民は一つである——その台詞はスターリン時代のロシア人を鼓舞しただろう。一九四〇年代には、このような空想的プロパガンダが横行した。一五四七年一月の式典で主要な演説は、イワンではなく府主教によってなされた。主な内容は聖書に登場する様々な王に関する説話だった。[30] 宮廷にうごめく様々な勢力から、イワンがひ弱な少年だった記憶を消し去り、彼が権力を十分に駆使できる環境を整える思惑が、説話には込められていた。聖堂の中には外国人がいない。エイゼンシュテインがこの作品に込めた重要なメッセージの一つである。欧州にとっては、イワンの戴冠式は些細な出来事にすぎなかった。イワン即位の報がポーランドに届くまでに二年の歳月を要した。[31]

だがイワン本人は、式典に込められた意味を、細部まで見逃さなかっただろう。正教の暦は一月一六日を、キリストが最初の奇跡を行った日としている。[32] 戴冠式はイワンを、ヴラジーミル大公国が担ったロシア統一の偉業を受け継ぐ人物として印象づける舞台でもあった。教会は彼の血筋の源を伝説のリューリク朝に求め、キリスト教と世界帝国の正統に連なる者として、コンスタンティノープルの諸皇帝、ローマのアウグストゥス帝までさかのぼって系譜を記述している。モスクワ大公家の祖であるダニールの子孫たち「ダニーロヴィチー」に関する物語は、イワンの高貴な血統に疑いが生じないように、記録と寓話を組み合わせ、執拗なまでに細かく書き込んである。[33] 彼の帝冠にも神話が組み込まれていた。クロテンの毛を周りにあしらい、宝石を散りばめた帝冠は後に「モノマフの帽子」として知られるようになった。中央アジアで作成されたとみられる。だが正教会はビザンティンに由来すると言い張った。彼らは新たな指導者に、あらゆる権力と名誉を集中させようとした。この種の欺瞞は、当時の欧州の規範に照らせば度を越していた。歴史に対する侮辱としか言いようがなかった。モスクワではまだ、ロシアがモンゴルの支配下にあった頃を知る世代が生きていた。若きツァーリが王国の内外で君主として振る舞う正統性に、疑いを差し挟む余地はないことを、あまねく知らしめねばならなかった。

思惑は期待と言い換えてもよかった。クレムリンの奥まった宮殿には、陽光も差し込まなかったはずだ。一月はそのような季節である。だが蠟燭と黄金の輝きが、この城塞を満たしていただろう。蜜ろうの匂いと香の煙は、薄い大気に溶けて城壁の外まで漏れ出たかもしれない。それでも冬の雪が音をかき消し、街は魔法にかかったように静まり返っていた。やがて多くの鐘が鳴り響いた。[34] ウスペンスキー大聖堂ではマカーリーと一群の聖職者が、盛装で待機していた。行列が階段を上り大聖堂の中に入った。イワンとマカーリーは聖所に歩を進めた。「王の中の王、主の中の主」。マカーリーが片手をイワンの額に当て、祈りを唱えた。「主、しもべたる預言者サムイルをして、ダヴィデに聖油を塗りイスラエルの民の王となせり。……忠実なるしもベイワンを天より見守り給え」[35]。この時イワンが上を見上げていたら、天井に描かれた救世主と目を合わせていただろう。いかなる人間の営みにも平然として介入しない神の姿が、そこにあったはずだ。

イワンは大聖堂を出た。無数の鐘が再び打ち鳴らされた。群衆には硬貨を投げ与えた。弟のユーリーはイワンに雨のように銀の小判を振りかけた。このような行為は、伝統を重んじるコンスタンティノープルではひんしゅくを買っただろう。イワンは廷臣をアルハンゲリスキー大聖堂にいざない、祖先の墓所で祈った。彼が歩く経路は赤と金の布を敷き、聖なる道と化していた。その後、グラノヴィータヤ宮殿で祝宴が催された。貴族や教会の最高指導部が招かれた。もはやイワンと肩を並べる人物はいなかった。彼は一人座して葡萄酒を飲み、パンを引きちぎり、泥臭い白鳥の肉をむさぼりながら、国の支配者として新たな人生に踏み出した。マカーリーは魚料理をつまみながら、人知れず満足感に浸っていただろう。彼が準備段階から取り仕切った式典は、つつがなく終わった。狡猾な聖職者には、自ら君臨する正教会の栄光が約束されたのだ(36)。マカーリーはモスクワを帝国に仕立て上げることで、事実上の総主教になろうとした。彼はイワンに自分の思い通りの箔を付け加えることができた。イワンもすばやく機会をとらえ、コンスタンティノープルの総主教に皇位を承認させた(37)。以後、玉座のかたわらには常時、ギリシア語が読める痩身の老人の姿があった。

戴冠式に続いて二月三日に結婚式が催された。大公妃アナスタシーア・ロマノヴナ・ユレワ＝ザハリナは、ワシーリー三世時代に大貴族に取り立てられた家柄の出身だった。欧州皇室の女性ではないことが玉にきずだったが、夫婦仲はむつまじく幸福だった。一五四七年の春が近づいていた。若い大公夫婦の華やぎが、凍れる季節からモスクワを解き放つかのような錯覚を、国民に与えたかもしれない。実際、例年にない穏やかな春が訪れた。木造の建築群は乾燥を早め、四月には最初の火災がキタイゴロドの一部を焼き払った。六月にはさらに大きな火災が起きた。洗礼者ヨハネの祭日に木造家屋が立ち並ぶ一角から出火し、炎はクレムリンの城壁に迫った。丸一日を経過しても火勢は衰えなかった。城壁と数珠つなぎになった塔には火薬が蓄えられていた。それが次々に爆発した。

猛火の行く手にある建物は、もう救う術がなかった。クレムリンの聖堂もいくつか炎に包まれた。

ブラゴヴェシチェンスキー聖堂の玄関口に火が移り、地下室に保管されていた由緒ある品々が失われた。聖堂にあった芸術品、極めて貴重なイコンも焼けた。宝物庫にあったかけがいのない宮廷記録も燃え尽きた。[38] かろうじて焼け残った建物も損傷が激しかった。金箔を施した木造の装飾は灰に帰した。皇族や廷臣は退避した。六五歳のマカーリー府主教は、霊験あらたかな一四世紀の府主教ピョートルが残した一枚のイコンを救い出そうと最後までとどまった。ほとんど誰もクレムリンにいなくなってから、マカーリーもようやくロープにつかまって城壁の外に逃れた。この時に負った傷はついに完治しなかった。[39] 市中の被害はさらにひどかった。人々はぼう然としながらも、灰燼の中から三七〇〇を超える遺体を掘り起こした。市民の相当数に当たる数千人が、住む家を失った。

大火は火災には慣れていたはずのモスクワ市民を打ちのめした。家を失った人々が路頭に迷い、不穏な雰囲気が漂った。従来の火災とは異なる大衆の反応を、宮廷は予想できなかった。ツァーリは火が消えると放火犯の捜索を命じた。火災は魔女の仕業だという噂が広がった。[40] 市民の怒りの矛先は、アンナ・グリンスカヤに向いた。市民に人気がなかったエレーナの母である。宮廷でグリンスキー一族に敵対する勢力が、流言をあおったことは間違いない。あの女は魔女なのだ、と人々は語り合った。魔女が人間の心臓を引きちぎって浸した水を瓶につめ、夏の短い夜に空を飛び、木造の家々に振りかけたという話になった。それが火災を起こす妖術という解釈が付いた。[41] 群衆が城壁に詰めかけた。やがて主立った者はクレムリンへ乱入し、聖堂広場からウスペンスキー大聖堂に押し入った。大聖堂では捧神礼の最中だった。市民たちはグリンスキー一族の血を求めて猟犬のように吠えたてた。彼らは逃げ場を求めて大聖堂に入ってきたグリンスキーを荒々しく捕えた。驚がくするマカーリーの目前で、人々はツァーリのおじに石を投げつけて殺してしまった。

ツァーリはモスクワ南西部にあるヴォロビヨーヴォに避難した。そこには狩猟に使う別荘があった。彼は帝都が灰となる光景を悲痛な思いで眺めた。間もなく焼けただれた街から群衆が迫ってきた。人々はアンナをはじめとするグリンスキー家の係累を、惨事の元凶として引き渡すよう求めた。イワンは祖母の引き渡しを拒んだ。群衆は彼女ほど高名ではない者の中にも、大火の下手人を見いだした。幾多の者が拷問され、斬首や火刑で命を失った。(42)反乱は長くは続かなかったが、怒り狂う民衆の姿は、イワンの脳裏に焼き付いた。彼は後に「恐怖が魂に、おののきが骨身にしみ込んだ」と述懐している。(43)彼は本来、モスクワを愛していたのかもしれない。だが戴冠式の年に起きた出来事は、若い支配者の心に重大な変化をもたらしたとみられる。

イワンは政治課題に取り組む段取りを考えていたが、大火で覆された。被害は甚大だったので、街の再建と修理をすぐに始める必要があった。モスクワにはイワン三世とワシーリー三世が取り組んだクレムリン再建事業で経験を積んだ芸術家や技術者が多くいた。だが被害があまりに広範に及んだので、熟練した専門家が足りなかった。プスコフやノヴゴロドから、石工、金箔師、工芸師らを首都に招いた。時間と資金を節約するために、既成のイコンを、ノヴゴロド、スモレンスク、ドミートロフ、ズヴェニゴロドから送らせた。画工たちはクレムリンで荷をほどき、地域で独自の発展を遂げたイコンの多様性に目を見張った。イコンを国家の象徴的な芸術ととらえる気持ちが芽生えた。クレムリンはイコンの殿堂と化し、最大のパトロンとなった。聖堂広場を越え西の角にある一連の建物は、イワンの時代から工房として使うようになった。素材を切断し研磨する音が響き、精巧な金属工芸が生まれた。職人たちは、そこで金箔を張り、塗料を調合した。間もなくブラゴヴェシチェンスキー大聖堂のかたわらにも、新たな工房を設置した。ツァーリが秘蔵する数々のイコンを専門家が詳しく調べる一室もあった。(44)

大火がもたらした千載一遇の機会を最も巧みに利用したのは、工芸家ではなくモスクワ大公国の政治を司るイデオローグの一団だった。彼らは災厄の衝撃（マカーリーの場合は傷の痛手）を脱するや否や、クレムリンの損傷部分を修復して、政治的に活用する計画を思いついた。神から授かった帝権、救世主の慈悲に満ちた政府、途切れなく続いたモスクワの皇統を描いた絵画で、惨禍の傷を癒す方針を定めた。作業に携わった一団の中に、シルヴェステルと呼ばれる男がいた。彼はブラゴヴェシチェンスキー大聖堂の無名の聖職者だったが、大火のさなかにイワンの目に留まった。手だれの画工や職人の集団が重要な役割を果たした。民衆に歴史を説くためには、人目を引く壮麗な視覚に訴える必要があった。すべてはマカーリーの指揮下にあった。イワン時代の初期、事業の多くはマカーリーが主導した。

マカーリーはクレムリンの大改修に創造性と指導力を発揮した。もちろんイワンの意向も働いていた。壁画、イコン、木彫や大理石の彫刻が次々と生み出された[45]。ブラゴヴェシチェンスキー大聖堂には特に力を入れた。新たなイコノスタスには、イワンの皇位が神聖不可侵であることを、暗黙のうちに知らしめるイコンがはめこまれた。特にイワンの守護聖人である洗礼者ヨハネは、痩身の苦行者の面影を見事に宿していた。衰えた肉体と凄まじい精神の輝きが、鋭く対比していた。ヨハネの姿はツァーリの玉座と背後に従う信者を見下ろす位置にあった。周囲のイコンは、唯一絶対の信仰を守るツァーリの使命を際立たせるかのようだった[46]。ウスペンスキー大聖堂にしつらえたイワンの玉座は、さらに見応えがあった。モノマフに連なる皇位の正統と宮廷との密接な関係を、一二の浮き彫りが物語っていた[47]。

イワンが謁見に使用した黄金の中広間〔大中小の黄金の広間が別々にあった。現存しているのはグラナヴィータヤ宮殿の大広間だけ〕のフレスコ画にも同様の意匠が施された。広間はその後取り壊され、現存していない。一六七二年にロマノフ家お抱えの画工であるシモン・ウシャコフが描いた広間の図が残っている。控えの間にはダヴィデ、ソロモン、ヨシャファトらが、謁見の間には堂々たる天使たちの姿が、それぞれ描かれていたことが分かる。ウシャコフはフレスコ画を見つめるうちに、作画上の啓示を受けていたのかもしれない。聖書の寓話を筋を追って描き分けた名画のかたわらには、アンドレイ・ボゴリュプスキー、アレクサンドル・ネフスキーら実在した人物の姿もあった。イワンはそのような広間にあって、政治を司っていたのだ。モスクワがまだ地方の一公国にすぎなかった頃の諸公（ダニールやイワン・カリタ）の肖像もあるが、それほど目立たない。対照的にイワンの父であるワシーリー三世の肖像は、キエフ公の聖ヴラジーミルと同格に扱われた。ヴラジーミルは五世紀以上も前の人物だ。しかもモスクワから遠く、全く異なる環境にあった。そのような偉人と、死去して二〇年も経っていないワシーリーが肩を並べた。クレムリンによる統治を神聖化するために、広間の天井にはキリストが大きく描かれた[48]。だが広間に足を踏み入れた外国人は、眼前のツァーリに気をとられたせいか、壁画に関する記述を残していない。壁画はむしろ、ロシア人の間で物議を醸した。一六世紀中頃の常識に照らせば、それはあまりに突飛な代物だった。イワン・ヴィスコヴァートゥイという廷臣は、壁画の内容は神を冒瀆していると批判した[49]。教会指導部は一五五四年、彼の申し立てを敢然と却下した。その後、ロシア国家の野望をかなえるためにイコンが利用されても、異議を唱える者はいなくなった。

イワン雷帝の謁見の間は現存しないが、彼の全盛期を描出する記録は数々ある。一五五三年、英国人の冒険家リチャード・チャンセラーの船が、嵐を逃れて白海の港に入った。中国に至る北東航路を開く遠征の途上だった。彼が生き生きとした記述を残している。英国人の一行は港の住民に助けられ命拾いした。しかしとらわれの身となり、ドヴィナ川を南下してモスクワへ護送された。チャンセラーは現在のアルハンゲリスクに近い聖ニコラ港を「発見」した人物である。そこからイワンの帝都に至る航路も確認した。一年も経たないうちに、この英国人もロシア貿易の独占をもくろむようになった。ロンドンにモスクワ会社を設立し、定期的にロシアに代表団を送り込んだ。クレムリンと直接の関係を構築するためだった。

それは長く困難な道のりだった。英国の女王は話を円滑に進めるために、イワンにライオンの雌雄を贈った。ライオンを飼う檻はクレムリンを囲む堀の近くに設置した。数年後には同じ場所に象もやってきた。[50] 両国の外交関係が良好となった一五六七年、要塞構築の技術者が数人、ロンドンから訪れた。[51] すべてが順調に推移するようになったのは、チャンセラーがイワンと初めて正式に謁見してからだった。謁見が決まっても、一二日間待たねばならなかった。既にチャンセラーの動向と素性は、つぶさに調べ上げられていただろう。外国人は常に疑惑の視線で見られた。四年後に訪れたアンソニー・ジェンキンソンの一行も、同じように待たされた。チャンセラーもジェンキンソンも、待ちくたびれてうんざりしたに違いない。チャンセラーの述懐によれば、彼の一行はイワンの「大砲が立ち並ぶ美しく頑健な居城」を外から眺めているだけではなく、実際に中へ入りたいという欲求を抑えきれなくなっていた。

指定された日が来た。一行は朝早く起きた。準備に時間がかかるからだ。[52] そろいの服を着て武器を持った警護の兵が待ち受けていて、一挙手一投足を監視した。一行はクレムリンで最も権威があるフロロフスキエ門（後のスパスキエ門）を通って入城したと思われる。聖堂広場を徒歩で横切り、三つあった天蓋付きの階段の一つを昇った。階上のテラスが、改修を終えたばかりの謁見の間の入り口となっていた。一行とは反対側に多くの廷臣が集まり、ツァーリの出座を待っていた。チャンセラーは「我が一行は皇帝陛下の姿に目を見張った」と書き残している。

彼は一段高く位置する玉座にあって、帝冠、あるいは金の宝冠を戴き、黄金の刺繍をしたローブをまとい、宝石を散りばめた杖を手にしていた。それに加え……帝位にふさわしい落ち着きを備えていた。傍らには一方に執事長が侍し、他方に将軍が黙したまま控えている。両者とも黄金の盛装である。さらに選抜会議の一五〇人ほどが座している。彼らも同様の盛装で威厳を保っている。

チャンセラーは「皇帝陛下も宮殿も実に立派で、わが一行は驚愕し我を失うほどであった」[53]と述べている。

チャンセラーは廷臣とも接した。ツァーリと謁見し言葉を交わした後、英国人の一行は持参した諸文書をイワンの「執事長」に手交した。そして二時間ほど待たされた。別のきらびやかな部屋に案内された時、待たされた理由が分かった。晩餐の席を整えていたのだった。「部屋の中央に足付きの豪華な鉢があった」とチャンセラーは驚きを込めて振り返っている。

宮廷料理をふんだんに盛りつけた鉢は、あまりの重さを支えきれないほどであった。杯やグラスは見事な純金でできていた。とても大きな壺が四つあって、周囲の料理を引き立てていた。壺の高さは一メートル半もあろうかと思われた。

晩餐会は乾杯に継ぐ乾杯で延々と続いた。同じような宴を経験したオランダ人は、六五回の乾杯をしたと記している。ただし酔っていたので、数を間違わなかったという保証はない[54]。多数の給仕が行き交い、派手に飾りつけた白鳥のローストなど豪華な料理が並んだ。晩餐には謁見と同様に、権威を見せつける政治的な思惑が込められていた。少なくともチャンセラーに対しては功を奏した。宮殿も儀式も、あるがままの姿で迫ってきた。彼は抗し難い富の魅力に打たれた。クレムリンを一歩出れば、ロシアは決して裕福な国ではなかった。だが外国から贈られた品々、ノヴゴロドから略奪し、あるいは交易の要路から調達した財宝は見る者を驚かせた。チャンセラーは「本当の話だ。百人もの賓客を饗応する杯や皿などの食器は全て純金製だった。テーブルの上には所狭しと黄金の食器が並んでいた」と述べている。

一四七二年にソフィアの一行を迎えた時とは、様変わりのモスクワだった。チャンセラーが見た宮殿には、専制の神髄とイタリアの優雅さが同居していた。彼によれば「整然とは言い難い……低い建物が」聖堂広場から北西へ、さらにボロヴィツキエ門にかけての広い領域を占めていた[55]。中核を成す建物は、適度の広がりを保ちつつも堅固なまとまりを保ち、ほぼU字型に連なっていた。皇室の女性が住む長い一翼は、普通の男性が近づくことも、眺めることもできなかった。別の一翼は宮殿の屋根の稜線が城壁の外から見えた。それは「川辺の宮殿」と呼ばれた。美しい名称だが、イワンの叔父が餓死させられた地下牢があった。その死からまだ二〇年も経っていなかった。周辺には主に公式の会合や、外国使節との交渉の場となる見事な建物があった。森の救世主教会の後方には、フィオラヴァンティのように特別待遇を受ける外国人の宿舎があった。ヴェネツィアの使節、コンタリーニも短い間滞在した。ホヴリン家など有力一族の邸宅もあった。一四九〇年代には、アトリエや工房なども近辺に設けたため、壁を築いて乱雑な工事の現場を皇族の目から隠した[56]。

U字型の宮殿でかなめを成す位置に、大広間が連なる館があった。聖堂広場に突き出るグラノヴィータヤ宮殿は、中でも最大の建物だった。ピエトロ・ソラーリが一四九一年に建てた傑作である[57]。チャンセラーが豪華な食器に魅せられた場所は、おそらくこの宮殿であったと思われる。一階は倉庫や作業部屋になっていた。天蓋が付いた階段がいくつかあって、宮殿の階上に続いていた。一つ一つが儀典上の明確な役割を担っていた。キリスト教徒でない者は、異教徒用の階段を使用しなければならなかった。階段にも等級があって、どの階段を昇らせるかで待遇の違いを知らしめた。階段に足を踏み入れるだけでも光栄とされたが、階上まで昇れるのはごく一部の貴人に限られていた。チャンセラーのように選ばれた者だけが、黄金の中広間へ足を踏み入れ、モスクワの聖人や伝説の支配者が描かれた壁画を見ることができた。宝物殿などにも迎賓の広間があった。だがイワンが最も重要な外国使節を迎えるのは、黄金の中広間と決まっていた。そこは神から授かった地位を見せつける舞台だった。[58]ツァーリの力は永遠であり、イコンを覆う黄金のようにまばゆいものとされた。実際に彼の宮殿は黄金だらけだった。その過剰な輝きは悪趣味の一歩手前とも言えた。[59]

クレムリンは儀式だけの場所ではなかった。いかに厳粛なしきたりも、特権を求めて飽かない人間の欲望を鎮めはしなかった。国家の中枢を成す一団、特に大貴族の世界は、個人的な人間関係で成り立っていた。チャンセラーは、イワンがすべての廷臣の名前を知っている様子に驚いた。クレムリンは小宇宙だった。イワンの治世下で、そのあり方は急速な変貌を遂げつつあった。最下層は相変わらず、奴隷と様々な下婢が占めていた。廷吏は数百人に達していた。料理人や御者がいた。宴会の席には制服の給仕がいた。外国語通訳も多かった。外国人の医師も必ず一人はいた。だが伝統的な構成に変化が訪れようとしていた。役人の性格を持つ一団の登場である。[60]まだ慣習が成文法と肩を並べる時代だった。法が存在しない領域では不文律に従った。それでも一五五〇年代になると、イコンと捧神礼の世界はそのままに残しつつ、政府の性格を備えた組織づくりが徐々に進んだ。出来事を文書に蓄積する職種が現れた。クレムリンは実務能力がある人材を必要とするようになっていた。[61]

イワンの戴冠式の頃には、最高位の役人は大貴族と同等の権威を備えるようになっていた。記録に残る名称が、彼らの仕事の性格を物語っている。彼らはディヤーク（書記官）と呼ばれ（語源は英語のディーコンと共通）[62]、ツァーリが誰かと謁見する時には必ず陪席した。イワンがチャンセラーと会った時にも、このような高官がツァーリを補佐していた。「彼もまた金色の衣装で盛装していた」という。この人物はおそらく、外交の専門家で宮廷のフレスコ画にも詳しかったイワン・ヴィスコヴァートゥイであろう[63]。官署（多くはロシア語でプリカースと呼ばれた）の数が増えたので、多くの下級役人が必要となった。彼らの俸給は悪くなかった。賄賂を受け取る機会も多かった。文字が読めるスラヴ人で構成された原始的な行政機構は、イワンの治世下で本格的な職能集団への道を踏み出した[64]。

官僚機構の底辺を構成する男たちは毎日、青白い顔をしてニコリスキエ門をくぐって出勤した。職場の環境は現代の官公庁とは比べものにならないほど悲惨だった。部屋には家具も灯も乏しく薄暗かった。窓があっても小さかった。ガラスではなく、雲母や魚の浮き袋を加工した薄い板がはめ込まれていた。差し込む光は弱々しかった。絶え間なくストーヴを焚き、獣脂の蠟燭をともしていた。室内には煤がこびりついていたに違いない[65]。鬱々とした環境で、彼らは主に文書を筆写し番号を付ける作業に携わった。ある証言によれば、それは肉体を酷使する重労働だった。管理職にある者だけが、専用の机と椅子を与えられた。部下はみな床に座って長い一日を過ごした。ドイツの冒険家ハインリヒ・フォン・シュターデンは一五七〇年代、イワン統治下のロシアで三年間を過ごした。彼の証言によれば「下役は皆左手に、インク壺、羽根ペン、紙を持っていた」という。膝の上に書類を広げて、書写をしていた。会計に携わる部署の仕事も大雑把だった。「大小の出納すべてを、年に一度だけ帳簿に記入する」「どの部署でも計算には、スモモやサクランボの種を使っていた[66]」。算盤による作業は、驚くほど効率が良かった。ロシアの出納係が算盤をはじく様子を見た者は、極めて複雑な計算もたちどころにこなす秘訣を見て取っただろう。

役人の集団にも優劣があった。最も権威があったのは、財務官署とラズリャドヌイ・プリカースと呼ばれる武力官署だった。一五五〇年代に設立された武力官署は、兵の徴用や装備などの軍務全般に関わった[67]。継いで外交官署（パソーリスキー・プリカース）にも力があった。当時の外交官署長としては、ヴィスコヴァートゥイが最も著名な存在だった。諸官署は多くの職員を雇い入れた。さらに馬事官署、盗賊取締官署、郵便官署もあり、後には新たに獲得した領土を管理する官署も加わって、政府の機能を果たすようになった。一七世紀には各官署を統括する官署までできた[68]。

一五六〇年代までに官署のほとんどは、大イワンの鐘楼に近く、後にイワン広場と呼ばれる場所の南に立ち並ぶ木造建築に移転した[69]。財務官署だけは元の場所に残っていた。訴えごとを抱えた市民らが、ガウンをまとった役人や衛兵と直接やりとりをした。一帯は喧噪と活気に満ちていた。一六世紀の欧州で、ピーテル・ブリューゲルの版画に描かれたような多くの官庁街と同様に、そこは見せしめの刑罰を与える場でもあった。債務を返せない者は財務官署の外で、向うずねを棒で繰り返し殴打する刑を受けた。受刑者の悲鳴に、羽根ペンを走らせる官吏たちは仕事の手を止めたことだろう[70]。他の犯罪者には、むち打ちも適用された。官署の仕事場は、残酷劇を見物する特等席だった。

権力の真の中枢は隔絶していた。イワンが創設した選抜会議は閉鎖的で秘密に包まれ、外部の者を寄せ付けなかった。彼らは広場の喧噪をよそに、宮殿の奥深く集うのを常とした[71]。選抜会議に参加する者は、ツァーリが自ら指名した。人選には暗黙の掟があった。家柄と階級が重視された。ディヤークには影響力があり、会議に参加した実例も皆無ではなかった。だが貴族より格が低い存在として扱われた。モスクワの宮廷は、ごく限られた閨閥を中心に成り立っていた。低い階級から苦労して成り上がっても、上には上があって差別を免れなかった。欠員が生じると、家柄が古い人物に声がかかった。やはり出自がものを言う世界だった。選抜会議は、真の権力を握り黄金の装飾に囲まれた席に座るための登竜門でもあった。

大貴族の地位は垂涎の的だった。常に数十人しかいない狭き門だった。彼らにとって宮廷の仕事とは、一門が権力の絶頂から滑り落ちないための努力にほかならなかった。クレムリンの城内に住める者もいた。それがかなわなければ、クレムリンの近くに邸宅を構えた。統治機構の中枢近くにあって、存在を誇示することが極めて大切だった。特権が人によって多かれ少なかれ異なるのは、まだ容認できた。しかし、せっかく手に入れた地位を失う危険は絶対に回避しなければならなかった。他の一門が一頭抜きん出た力を持つ事態も認め難かった。分をわきまえない野望を抱くと、極端な場合は周囲のねたみを買って追放された[72]。最も有名なのは、大貴族イワン・ユーリエヴィチ・パトリケイエフをめぐる出来事である。彼はイワン三世のいとこで、一五世紀のクレムリンでイワン三世に継ぐ有力者だった。成功が失脚を招いた。彼は一四九九年、イワン三世に謀反を企てた疑いで捕われた。彼の息子二人に加え、養子のセミョーン・イワノヴィチ・リャポロフスキーが連座した。四人とも死刑になった。リャポロフスキーは衆人環視のモスクワ川氷上で斬首された。

宮廷政治では通常、流血を避ける方向に力学が働いた。同時に能力重視の人材登用にも抵抗力が作用した。ツァーリに仕える立場は同じでも、宮廷には仕事の序列があった。名家の出身者は最も重要な役職を望んだ。家格にそぐわない低い地位は、野望と自尊心を傷つけた。しかし、誰もが上の地位を目指したり、期待を抱いたりできるわけではなかった。特に下層の廷臣には可能性が限られていた。このため絶えず紛争が起きた。公式な宴の席順にも、明確な序列があった。例えばチャンセラーを迎えた宴席で、うかつにも席を間違えた廷臣がいたとすれば、数年間の左遷が待っていただろう。

失敗をすれば子孫の出世にも悪影響が及んだ。家系と地位は不可分の関係にあった。いったん降格の憂き目を見た一門は、並大抵の努力では権勢を回復できなかった。このような権力体系にあって、親族は互いを監視するようになった。一人でも不届き者が出れば、一族郎党に害が及んだ。黒い羊は柵の中に閉じ込めるか、始末しなければならなかった[73]。

新参者は嫌われた。彼らはツァーリの特命を帯びた職務に就く例が多かった。階層社会における地位も、その職務に応じて定まった。よそ者が屋敷をあてがわれ、要職に就けば、古い廷臣の権威が相対的に低下する。だがリトアニアからの亡命者である大貴族が、クレムリンの階級組織の頂点に立つこともできた。モスクワ大公国が領土を拡張するにつれ、流入するよそ者が増えた。旧来の勢力は、廷臣の高い地位について文書による規定を設け、恒久的に固定しようとした。もちろん廷臣が死去すれば、新たな人物を据えなければならなかった。だが予測や制御が不可能な人事によって、秩序が揺らぎ名誉が傷つく事態は、あらかじめ阻止する必要があった。一六世紀に門地が階級を拘束する仕組みが完成した。それはロシア語で場所を意味する言葉に由来して、メスニーチェストヴォと呼ばれた。人事台帳も整った。登録を抹消する時は、線を引いて名前を消した。増えるばかりのよそ者に対抗して、宮廷秩序を守るために生まれた工夫は、革表紙の冊子となって巻を重ねた。それは幾世紀にもわたってクレムリンの性格を決定づける遺伝子となった。

家系に左右される政治は、男女関係と母性の政治でもある。クレムリンの女性は概ね、深窓にあって育まれた。不用意な結婚は一族の繁栄を損ないかねなかった。玉の輿に乗らない娘は軽んじられた。皇族の結婚が現実味を帯びるたびに醜い争いがあり、深い確執が渦巻いた。モスクワの支配者は臣下の対立が深まるのを嫌い、廷臣の娘ではなく遠隔の地に配偶者を求めた。ヘンリー八世より多くの妻を持ったイワン雷帝が、まさにその実践者だった。彼は三番目の妻を、欧州の皇女ではなく国内に求めた。いつものように使いを地方に派遣し、健康で若い女性を探した。候補の娘たちは宮殿で様々な詮索を受け、生きた心地もしなかっただろう。妃選びのために一人ずつツァーリの前に引き出された。どの娘が選ばれても健康な嗣子の誕生が期待できた。クレムリンの大貴族の力関係に大きな変化を及ぼさない婚姻が歓迎された。[74]

このような慣習のせいで、結婚もかなわず未来への希望を持てない令嬢が増えた。ツァーリの娘や姉妹、未婚の叔母たちは、権力を狙う者にとって極上の結婚相手だった。だが彼女らを特定の一族が独占することは許されなかった。結婚をあきらめて修道院に入り、穏やかな宗教生活に入る女性もいた。高貴な修道女が人知れず贅沢に暮らせる場所がいくつかあった。しかし、多くの女性はクレムリンの女性専用の住居で、独身のまま年老いた。豪華な飾りがある間仕切りの向こうで、祈りと刺繡に月日を過ごす一生が待っていた。有害な美顔用クリームの調合に熱中する者もあれば、詩や散文になぐさめを見いだす者もいた。[75]高貴な家柄の妻を足がかりに、やがては皇位をうかがう人物が台頭するよりは、彼女たちを独身のまま残しておくほうが、支配者には賢明な選択だった。[76]結婚の可能性を奪われた女たちの生き甲斐など、考慮に値しなかった。歴代のモスクワ大公は結婚した親族の男子を地方に配置した。表向きは体裁の良い責務を与え、領地も保証した。だが彼らの息子がやがて皇位を狙う危険を除くために、クレムリンから遠ざけておくのが真の目的だった。

新しい宮殿を舞台に宮廷政治の仮面舞踏会が繰り広げられた。主役は玉座のツァーリだった。政府機構の発展に伴い、大貴族や顧問が重要な役割を果たした。複数の役所を管轄する者も出てきた。だが主権はツァーリにあった。宮廷に足を踏み入れる者は誰でも、その事実に疑いを挟まなかった。リチャード・チャンセラーがモスクワを訪れた頃には、既に宮廷の「信仰箇条」とも言うべき原則が確立していた。一五五〇年代のツァーリは、周囲に惑星を従える太陽のような存在だった。クレムリンを核とする統治体制は、皇統の隠れなき継承者としてのツァーリ像を定着させた。それまではツァーリに、必ずしも万全の正統性を認めない時代が長く続いていた。このため不可侵の権威を、意識的につくり上げる努力が必要だった。廷臣たちは、黄金の間に描いた壁画を使ってメッセージを伝えようとした。文字を読める者がごく限られた時代に、絵画は物語を視覚で伝える手段だった。考え方は後世のプロパガンダと共通している。[77]府主教マカーリーはツァーリの権威を確立するために、絵画芸術に限らず別の手段にも頼った。彼は側近の聖職者とともに、一五四七年から四九年にかけて、モスクワの聖人の数を倍増させた。宗教者としての評価や功績を主な基準に列聖を進めた。だがアレクサンドル・ネフスキーやトヴェーリ公ミハイルの列聖は、神が敬けんな君主を選び、天の祝福を授けるルーシの慣わしを民に知らしめるためだった。[78]

文字を読める者――あるいは聖職者の説教に耳を傾ける人々――には、一連の書き物を通じて新たな物語を植え付けた。マカーリーの最大の事績は、古代のロシア年代記の収集や編纂、改訂だった。年代記はロシア全土で聖職者が幾世紀も書き継いできた記録である。クレムリンはマカーリーの意向で、歴史の書き換えに初めて取り組んだ。効果は絶大だった。モスクワは単なるキエフ・ルーシの継承国から、祝福された神の帝国へと格上げされた。この過程でマカーリーはイスラムへの対抗姿勢を強く打ち出した。主な対象はモンゴル人とその流れを組むタタール人だった。そこには矛盾があった。ツァーリの配下にはタタール人の公もいたし、草原地帯ではロシア人とタタール人の結婚が恒常化していた。高貴な人物でも、キリスト教徒の純血を主張できる者は少なかった。マカーリーは十字軍の再現、あるいは正教徒の十字軍を欲していた。モスクワ大公国によるロシア支配が進み、ロシア人の存在感が高まるにつれ、教会の指導部はカザンやクリミア草原のタタール人を、身内や隣人、同盟者とはみなさず、素性の知れないハガールの末裔として蔑視するようになった。

マカーリーはイワンが初めて企てた遠征に賛同した。これまでモスクワ大公国は、幾多の戦いを経験してきたが、今回は「聖戦」として祝福を受けた。一五五〇年、イワンはマスケット銃で武装した銃兵隊を創設した。騎兵ではなく終身雇用の歩兵による新たな戦力だった。モスクワ軍は一五五二年、カザンのタタールの砦を包囲し陥落させた。銃兵隊の活躍と火器の巧みな使用が効を奏した。マカーリーはモスクワの境界まで出向いて、凱旋するイワンを迎えた。イワンは軍旗の海に囲まれて馬を降り、徒歩でクレムリンに入った。そこはエルサレムであり、彼がまるでキリストであるかのような幻想を誘った。モスクワは四年後、カスピ海に面するアストラハンを奪取し、ヴォルガ川の全流域を支配下に置いた。イスラム教徒のハーンが治めていた広大な領土に、キリスト（正教会）の教えが普及した。戦勝を記念してイコン「祝福を受ける神の軍団」が、ウスペンスキー大聖堂のために描かれた。聖なる将兵の凱旋を迎え、天使が乱舞している。イワンと将兵の勝利を称えて、その姿を天国に再現したとの見方もある。[79] 正教国ロシアは帝国拡張に使命を見いだした。折しも一五五三年、イワンに長子が誕生し、祝賀の気運はさらに高揚した。長子は幼くして夭逝したが、次男イワンが順調に成長した。

一五五三年、イワン雷帝はカザン戦勝を記念する碑を残す計画を明らかにした。三位一体を表象する煉瓦の教会を、クレムリンを囲む壕の岸に建てることになった。アストラハン攻略の高揚感を後世に残すためには、見応えのある建物が必要だった。間もなく「壕の上の聖母庇護大聖堂」が、その威容を現した。[80] いくつかの小さな聖堂を、中央の塔を囲むように配置した。聖なる存在とされた路上の狂人ワシーリーにちなんで、全体が聖ワシーリー大聖堂と呼ばれるのはまだ先のことである。大聖堂にはイワンが授かった神威を示す思惑が込められていた。カザン攻略には、いくつかの節目があった。その日付を大聖堂が思い起こさせるように工夫した。聖母庇護祭の日付は、最後のカザン総攻撃が始まった日と一致している。[81] 聖ワルラアームに献じた礼拝堂もあった。ワルラアームはイワンの父、ワシーリー三世が死に際して修道僧となった時に選んだ名前だった。[82] カザン征服とは関係ない唯一の例外が、ワシーリーの名を献じた小さな礼拝堂だった。ワシーリーは一五五二年に死んだ路上生活者である。裸体に襤褸をまとい、モスクワの凍てつく道を裸足でさまっているうちに、人々に知られる存在となった。庶民は彼を愛し、真実を告げる聖人として崇敬した。[83] 完成した大聖堂は、街で最も高くそびえる建築物となった。だが大聖堂に永遠の名をとどめたのはイワンではなく、光と闇の両界を行き来する狂気の人だった。

大聖堂の一画には、カザンにおける戦勝ではなく、キリストのエルサレム入城を称える礼拝堂もあった。カザンを攻略してモスクワに凱旋したイワンの姿を、キリストに露骨に重ね合わせようとしたのだろう。外国人を幻惑する宮廷魔術のはしりである。

アンソニー・ジェンキンソンの証言がある。「主のエルサレム入城（聖枝祭）の日、彼らはとても厳粛な行列を組む……先頭を行くのは、そりの上にしっかり固定された相当に大きな木で、その場に根を降ろしているかのようだった。りんご、ぶどう、いちじく、なつめやし、その他の果物が一杯、枝に飾ってある」。間もなく過ぎ去ってしまう早春の日々に、さまざまな果物が幻想的な彩りを添えた。後続の行列は、さらに素晴らしかった。「地に届くほど長い白いリンネルの布をまとった馬が行く。耳は同じ布でロバのように長く立ててある。馬上には府主教が女のように横座りに乗っている」。行列の半ばには、徒歩で馬を引くツァーリの姿があった。片手で手綱をつかみ、一方の手にヤシの葉を持っている。木製の十字架がツァーリと府主教の前を行く。若者たちが聖行列を通すために地面に布を敷いている。クレムリンから「主のエルサレム入城」礼拝堂までの道行きは、モスクワが神に選ばれた都であることを示していた。それは生きたイコンとも言えた。

聖行列におけるツァーリの姿は謎を含んでいる。[84] 宗教界の指導者にツァーリが信徒として従属する序列を示すのだと素直に解釈する専門家もいる。だが専制君主たるロシアの支配者としては、いかにも不自然ではないだろうか。主役は大貴族であるとの見方も釈然としない。イワンの時代を研究する歴史家は謎解きに懸命だ。おそらく真相は判明しないだろう。イワンの性格を考えれば――少なくとも現世において――従属ほど嫌悪すべき行為はなかった。ジェンキンソンがイワンを見た一五五八年当時、彼は既に残虐なツァーリとして有名だった。府主教に尊崇の念を抱く一方で、後にはマカーリーの後継者たちの殺害を裁可するような男だった。この行列でイワンはキリストの役を演じているとの見方もある。むしろ、この説のほうが、行列の様子や諸々の条件を考慮すれば説得力がある。[85] 毎年一月にモスクワ川の氷上で催される儀式と同様に、聖枝祭の行列はたちまちモスクワ市民の人気を集めた。教会にとってこれらの行事は、異教や自然魔術から人々を遠ざける手段としても有効だった。イワンも異教の排除に力を入れ、中年にさしかかるころには、狂信的に打ち込むようになった。

長いイワン時代は、教会の鐘に祝福されて始まった。だが一五六〇年代になると、政敵が流す悪い噂が広まった。宮廷は男女の仲が乱れ、酒浸りであり、倫理が破綻しているというのだった。無能でおべっか使いの廷臣ばかりがはびこり、吟遊詩人や酔漢の影が夜遅くまでろうそくの光に浮かんでは消えると言いふらされた。イワンは実は二人いて、一人は若く善良だが、もう一人は病人で執念深い老人という説も消えなかった。ツァーリの精神状態が常に不安定であったことは事実である。加齢とともに神経の衰弱が進んだ。脊髄の疾患に由来する痛みに苦しみ、時には激痛に襲われた。[86] 後継問題にも悩まされた。彼にはイワンとフョードルという二人の男子があった。一五六〇年に皇妃アナスタシーアが死んだ時、二人の息子はまだ若かった。父のイワンは息子たちの将来を心配しつつ、自分の幼少期の辛い思い出を蘇らせた。彼は宮廷で最も力を蓄えた門閥に猜疑心を募らせた。モスクワ大公国と隣接するバルト諸国との戦いを拡大しようとしたが、その門閥に反対され、ますます疑いを深めた。[87] イワンの精神はいっそう不安定となった。一五六三年にマカーリーが死去した。マカーリーがイワンに認めた敬けんな信徒の資質は、ほとんど消え失せていた。

重大な転機は一五六四年に訪れた。一二月六日は聖ニコラの聖命日だった。イワンは家族とその日を、モスクワの南東一二〇キロに位置する要塞都市コロムナで過ごそうと考えた。この種の巡幸は常に多くの廷臣を伴った。当時の欧州の宮廷では珍しくなかった。定期的な巡行は領地の支配権を誇示し、めったに見られない厳かなツァーリの姿を、領民に拝ませる機会でもあった。だがこの時のイワンは、あたかも敵に囲まれる前に脱出するように、あたふたとクレムリンを後にした。大量の金と宝石を携え、[88] 数々のイコンや十字架も荷物に加えた。市中の聖堂や修道院からも、金や神聖な宝物を持ち去った。雪上に連なるそりの列は、戦闘に赴く小規模な軍隊のようだった。そして軍隊のように野営までした。イワン一行はコロムナから、聖三位一体セルギエフ修道院に向かった。さらに丘陵地を北東に進み、父の時代に防備を固めたアレクサンドロフ村に至った。前述したように、この種の巡幸は珍しくなかった。皇妃アナスタシーアが早死にしたのは、イワンが頻繁に強行する旅が理由だったかもしれない。だが今回は全く突然だった。しかも、一部の大貴族をモスクワから野営地に、緊急に呼び集めた。

ロシアは親を失った孤児のようだった。モスクワでの祈りの声も、帝都が生んだ歴代の聖人の元に戻ってほしいとの呼びかけも、イワンの心には届かなかった。主なき宮廷は舵を失った船のように漂流する。人々はそれを熟知していた。一五六五年一月、貴族や教会の指導者は混沌を回避しようと懸命になっていた。出先の要塞に陣取ったイワンと、クレムリンの府主教の館の間を、何度も悲壮な使いが行き交った。イワンが退位を考えていることが判明した。人々は驚がくした。それは神を冒瀆する考えであり、裏切りの行為だった。国が大混乱に陥ると危惧された。モスクワの貴族たちは新たな府主教アファナシーを中心に団結し、イワンに翻意を求めた。一般市民もみな同調した。いかなる代価を払ってでも、ツァーリを帰還させねばならなかった。[89] 雪に閉ざされた離宮に籠るイワンのもとに、臣下や元老の意向が伝えられた。彼らはツァーリが望めば、いかなる権限でも与え、どのような法でも通し、自分たちに誤りがあるのなら、すべてを正すであろうと懇願した。イワンの隠遁がはったりであるとは、誰も気がつかなかった。ツァーリは狂気にとらわれたか、死神にとりつかれたのだと信じた。だがイワンには、臣下の忠誠心を試し、いっそうの臣従を強いる深謀遠慮があった。奇妙でおぞましい状況に臣下を引きずり込み、統治の新たな形態を整えようという腹だった。

臣下から様々な申し入れを受けながら、イワン本人もまだ、どのような条件で折り合うか決めかねていたらしい。[90] 教会や役人、大貴族に干渉されずに政敵を排除する権限が、彼にはどうしても必要だった。伝統を誇るシュイスキー家の主立った面々が、最初の犠牲となった。彼らはクレムリンの城壁の陰で斬首された。[91] イワンに憐れみの気持ちなど毛頭なかった。それでも彼は処刑の後で、死者のために祈りを捧げたという。自ら下した処断はすべて、神に対する勤めであるとみなした。[92] 暴虐はキリストではなく悪魔の所作だが、彼にとっては君主の義務であり、来るべき天の審判にゆだねるべき行ないだった。[93]

暗殺などは序の口だった。帝国の一部を切り取り、自分の思うがままとなる王国を樹立するのが、イワンの最終目的だった。そこでは、いったん命ずれば、いかなる抵抗も逡巡もなく履行され、貴族会議の圧力も受けてはならなかった。他の領域はほぼ従前の状態のままに残し、大貴族の長老と役所がクレムリンにあって通常の行政を担当した。この領域は間もなく、ロシア語で「土地」に由来するゼームシチナという名称が定着し、イワン・ムスティスラフスキーという大貴族が当初の長となった。一方で豊かな都市のほとんどは、イワンがすべてを専断する皇室領とした。彼はアレクサンドロフ村の離宮を拠点に、誰にも介入を許さず皇室領を治めた。だがクレムリンを完全に放棄したわけではなかった。そもそも退位の気持ちなど毛頭なかった。彼が創出した統治体制は、矛盾と曖昧さをはらみ、新たな圧政の温床ともなった。イワンは直轄領を、分割や部分を意味するロシア語に由来するオプリーチニナという名称で呼んだ。国民の間に不満の声が広がった。オプリーチニナは間もなく、イワンの恐怖政治の代名詞となった。

イワンはオプリーチニナを運営するために、信頼を置く官吏や大量の下吏を、モスクワから送り込んだ。次の課題は軍隊の強化だった。命令を確実に遂行させ直轄領を安泰にするために、強大な武力を必要としたのだ。ならず者やごろつきを集めて編成した部隊は、オプリーチニキーと呼ばれた。黒衣の群れは世の終末を連想させた。彼らは犬の頭とほうきを、馬の鞍に下げていた。ツァーリの敵を食いちぎり、皇室領から掃き出す使命を示していた。当初は千人ほどだったオプリーチニキーは、五年間で約六〇〇〇人の騎馬軍団に膨張し、その脅威も高まった。共通の欲望が、あらゆる社会階層の出身者を束ねていた。[94]

彼らが姿を見せると、必ず悲惨な出来事が起きた。イワンが恐れを抱く門閥、政策や税に不満を持つ地方の有力者たちは、成人男子のみならず、子供を含む一家全員が、残酷な仕打ちを受けて殺された。村々は焼き払われ、大貴族の屋敷は主を失い、風雪にさらされた。オプリーチニキーは収奪した資産の一部をわがものとし、急速に富を増やした。だが土地は荒れ放題となった。[95]クレムリンの官署の様子を記録したドイツ人、ハインリヒ・フォン・シュターデンは、宮廷に雇われた傭兵でもあった。オプリーチニキーと行動をともにして、陰惨な光景を目撃した。「女子供は衣服をはがれ、裸のまま屋外で鳥を追いかけさせられた」[96]。

モスクワのクレムリンでも、イワンや手下が出入りするたびに処刑が繰り返された。この城塞の歴史にも例がない、おびただしい数の犠牲者が出た。一五六八年、ツァーリは間諜から謀反の計画があると報告を受けた。首謀者はイワン・ペトローヴィチ・チェリアドニン＝フョードロフ公とされた。イワン雷帝は彼をクレムリンに呼び出し、自ら心臓を突き刺した。遺体はクレムリンの城壁の周りを何回も引き回され、市が立っていた広場に捨てられた[97]。チェリアドニン＝フョードロフ公の資産は、オプリーチニキーのものになった。「彼は手加減をしなかった」。公の気高い一〇〇人を超える臣下を、イワンの配下がどのように殺害したか、当時の証言が残っている。一人として難を逃れた者はいなかった。「妻たちも、乳飲み子も助からなかった。動物一匹でも生かしておいてはならないと命じられた、と彼らは言った[98]」。それでもツァーリの怒りは鎮まらなかった。クレムリンの周囲の土地は血に染まった。串刺し、斬首、八つ裂き、絞首など、さまざまな方法で命を奪われた人々の遺体が、城壁の外に山を成した。遺体はネグリンナヤ川から引いた水路を塞ぎ、異臭が漂った[99]。

オプリーチニキーは翌年、最高の大物を仕留めた。イワンのいとこで三六歳になるスタリツァ公ヴラジーミルである。公はイワンの離宮があるアレクサンドロフ村で、オプリーチニキーの中でも悪名高いマリュタ・スクラートフの手で毒殺された。公の子供たちも、父が倒れたその場で殺された。公が皇位を狙っているとの、根拠がない噂が理由だった。だが個々の殺戮に、いちいち名目はいらなかった。恐怖政治には独自の論理があった。誰も身の安全を確信できなかった。教会の指導者も例外ではない。就任間もない府主教フィリップ二世には、イワンの暴虐を批判する勇気があった。イワンは一五六八年、配下の者を差し向け、多くの信者がいる捧神礼の場で府主教を捕えた。府主教は聖職を剥奪され、トヴェーリの修道院に追いやられた。彼は無用の流血を批判し続けた。スクラートフは数カ月後、修道院でフィリップを絞殺した。[100] イワンは残虐な衝動に身をまかせる一方で、心に痛みを抱く敬けんな信者でもあり続けた。沈んだ気持ちを祈りで癒す日々が、彼には時折訪れた。その時はどこにいようと、配下に拷問の停止を命じた。「ツァーリのために死すことは、キリストのために殉教するのと同様の行為とされた。……［イワンは］諫言者を恥ずかしめ処刑するのは、最後の審判に備え、自分と犠牲者を浄化する行為と信じていた[101]」。

イワンは国内で自らの地位を狙う者がいるという疑念に苛まれつつ、隣国がロシアに対抗して手を組む事態にも恐れを抱いていた。ポーランドとリトアニアの連合が成立してまだ間がなかった。[102] ロシアはバルト海に港を求めていた。来るべきスウェーデンなどとの戦いに不可欠だった。リトアニアが他国と結べば、港の獲得は難しくなる。バルト海進出の準備には多額の資金を投入した。北方で実際に戦端を開けば、さらに膨大な費用がかかる。都市でも農村でも人々は重税にあえいだ。北方に気をとられている間に、不安定な南方の国境への備えがおろそかになった。クリミア・ハーン国のデヴレト＝ギレイは、オスマン・トルコのスルタンと連携を深めていた。ロシアは国内の混乱、経済の疲弊に加え、国外で高まる軍事圧力を受けて、国難ともいえる危機に陥った。さらに追い打ちをかけるように、イワン個人にも不幸が訪れた。一五六九年に二人目の妻であるマリーヤが死去した。その痛手が、彼をさらに深い地獄の淵へ引きずり込んだ。

ささいなことでイワンが爆発させる怒りが、周囲を疲弊させた。彼と黒衣の徒党はその冬、トヴェーリ、トルジョクを経てノヴゴロドへ向かった。イワンは、かつて府主教フィリップをかくまったトヴェーリが、リトアニアと連絡をとっていると疑っていた。オプリーチニキーはトヴェーリを蹂躙し、数百人の市民を拷問にかけ、あるいは殺害した。遺体を切断してヴォルガ川に投げ込んだ。悪名高い拷問の一つに、向うずねを叩き続け苦痛と恥ずかしめを与える「プラヴョーシ」があった。膝から下を切り落とすこともあった。向うずねを叩くのは、そもそも借金を払わない者への刑罰だった。それが足の切断にまで残酷の度合いを深めたのは、トヴェーリに対する懲罰の意味合いを込めたからだ。イワンはトヴェーリが自分に対して、物質的な債務のみならず、不忠という意味で精神的にも許し難い罪を負っていることを、知らしめようとした[103]。

ノヴゴロドの運命はさらに過酷だった。数千人が殺された。大主教ピーメンは忠誠を誓ったが、街は破壊され、金品や倉庫の備蓄は略奪された。イワンは拷問に喜びを見いだしていた。市民の体を生きたまま切断したり、熱湯をかけたりした。水責めや串刺しもあった。拷問の果てに命も奪った。フォン・シュターデンによれば「大公は毎日のように、監獄の拷問部屋にいた[104]」。生存者は真冬の凍原に投げ出され、腐肉やぼろ布を奪い合った。かつてノヴゴロドの繁栄を担った市民の惨めな末路だった[105]。ノヴゴロドはイワン三世の時代から、何十年もかけて富を蓄えてきた。豊かな資産は再び南方に散逸した。一一世紀に奉献されたソフィア大聖堂は、至聖所の扉まで持ち去られた。イワンが「贖罪のために」アレクサンドロフ村に建てた二つの聖堂に、取り付けるためだった[106]。

ツァーリは関心を再び首都に向けるようになった。一五七〇年七月、数百人の貴族や廷吏がモスクワの絞首台に消えた。その多くは、大主教ピーメンとの関係を疑われた者たちだった。何世紀も死刑を遂行してきた城壁の脇で、彼らも命を落とした。その場を選んだのは、できるだけ多くの市民に処刑を見せつけるためだった[107]。市民には目をそむける自由すらなかった。イワンは人々を強制的に集め、なるべく近くで見物するよう命じた。彼は群衆に向けて、裏切り者を死刑に処すべきかどうか問いかけさえした。まるで後世の独裁者のように、民を共謀者に仕立て上げたのだ。恐怖感に我を失った見物人は、処刑を支持するのが常だった。刃がきらめき、内臓が飛び散った。その光景を描けば

「最後の審判」というイコンになったかもしれない。諸官署の長たちも犠牲となった。ツァーリの外交を担ったイワン・ヴィスコヴァートゥィもその一人だった。彼は建設現場の足場に吊るされた。オプリーチニキーは彼の体を生きたまま少しずつ切断し、とどめに性器を切り取った。(108) 家族も従来同様に罪を背負わされた。主要な人物の場合、本人の処刑が終わると、二、三週の間に妻や子供たちも、衆人環視の中でモスクワ川に投げ込み溺死させた。(109)

残虐行為のほとんどは、イワンがアレクサンドロフの離宮から指示した。古く堅固な離宮をさまよう亡霊は、すべて彼自身が生み出した恨みの権化だった。一五七一年に各地の女を集め、三番目の妻（婚礼の後にすぐ死ぬ運命にあった）を選んだのも、この離宮だった。イワンは離宮に一部の外国使節を招きさえした。だがモスクワの要塞の重要性に変わりはなかった。クレムリンを放棄したり、他人に渡す選択肢はなかった。クレムリンの大広間でなければ催せない行事があった。イワンは一五六六年、クレムリンに有力者によるゼームスキー・ソボール（全国会議）を召集した。北方との戦争に支持を取り付けるためだった。このような大規模な会議を開ける場所は、モスクワでもクレムリンだけだった。(110) 豪華な黄金の間は依然として、外国の大使を接見するのに絶好の場だった。イワンは外国人を味方につけるため、ロシアに敬意を抱かせる必要性を理解していた。クレムリンは、ツァーリが神に選ばれた支配者であり、由緒ある皇統に連なる存在であることを誇示する場だった。一五七五年、イワンはクレムリンで、ゼームシチナ（特別統治領）の新たな責任者として、チンギス・ハーンの血統に連なるタタール人のシメオン・ベフブラトヴィチ公を任命した。支離滅裂な就任式典が、ウスペンスキー大聖堂で行われたという複数の証言が残っている。イワンは翌一五七六年にベフブラトヴィチ公を退けたため、この高貴な人物は歴史の舞台からすぐに姿を消した。(111)

クレムリンは確かに有用な施設ではあったが、ツァーリは私邸をそこに定めるかどうか、心を決めかねていた。迷宮には過去の幽霊がさまよっていたし、命を狙う現実の敵も潜んでいた。イワンは一時、四部屋しかない質素な木造の建物に住んでいた。それは森の救世主教会に近く、最初の妻の住居と同じ一画にあった(112)。彼はこの建物に満足できず、モスクワにいくつかの候補地を求め、オプリーチニナに贅沢な新宮殿を建てた。ハインリヒ・フォン・シュターデンの言葉を借りれば、宮殿はクレムリンを「射程距離」に収める近さにあった。だがネグリンナヤ川岸の泥土の上に、その威容を誇り栄華を極めたのは、ごくわずかな期間にすぎなかった。

イワンがこの地に目をつけたのは一五六六年だった。住民を追い払い、折しも起きた火災に乗じて一帯を更地に戻した。彼は一五六七年一月、この地に移った。側近や間諜、芸人や医師、占星術師とオプリーチニナの大勢の廷臣が一緒だった。石や煉瓦の壁が宮殿を囲んでいた。正門では石像の獅子が二四、鏡を埋め込んだ目を光らせていた。表面を鉛で覆った門には、太いオーク材の閂が二本あり、いつでも閉ざすことができた。門の上では、木彫りの黒い双頭の鷲が邪悪な翼を広げていた。宮殿の屋根の上でも、双頭の鷲が幾羽か周囲を睥睨していた。あらゆる入り口、いかなる通路にも厳重な監視の目が注がれていた。人の目が届かないのは、イワンの私室だけだった。囲いの内側には、豪奢な建物が三つあったが、イワンは敷地の隅にある質素な「小屋」を好んだ。そこには贅沢品がほとんどなかった。馬にただ乗り降りするために、専用の台を置いていた。背中の痛みを少しでもやわらげるためだった。敷地には白砂を厚く敷き詰めた。湿気対策だったらしい(113)。一九三〇年代にモスクワで地下鉄を開通させるため、技術者たちがレーニン図書館の近くで最初の坑道を掘削した時、モホヴァヤ地区の泥土の中に、亜麻色に変色した砂の帯を発見した。イワンがかつて住んだ宮殿の唯一の痕跡だった(114)。

破局は一五七一年の春に訪れた。ロシアは分裂を深め、人々は苦境にあえいでいた。士族階級も崩壊しつつあった。すべてが悲劇への序曲だった。追い打ちをかけるように凶作が重なり、一五六九―七〇年の冬に飢饉が襲った。飢えが人々をたたきのめした。疲弊したノヴゴロド地方では、腐敗した死体がまだ川を塞いだままだった。疫病も流行した。一五七〇年に災厄はますます南方へ拡大し、少なくとも二八の都市で大量に人命が失われた。[115] ハインリヒ・フォン・シュターデンによると、モスクワ郊外では死体を埋めるために、特別に穴を掘るほどだった。[116] ロシアは停滞の淵に沈み込んでいた。タタール人は国境のロシア軍を次々と打ち破った。イワン自身も安全な場所へ逃げた。彼は英国への亡命を考えるようになっていた。モスクワへ進軍する道がギレイの前に開けた。

市民は武器を取って備えた。だがタタール人と戦う前に、火災という馴染みの敵に襲われた。イワンの統治下で二回目の大火だった。帝都は炎に包まれた。ギレイの軍勢が火をつけたのだ。ハインリヒ・フォン・シュターデンは、モスクワはたった六時間で灰燼に帰したと記録している。「生き残り、武器を持って戦える者は三〇〇人にも達しなかった」。イワンとオプリーチニキーの宮殿にあった大きな吊り鐘は、溶けたり割れたりした。石造りの建物も崩れ落ちた。炎を逃れ中にいた人々が圧死した。イワンが英国から送らせたライオンは、柵の中で焼死した。少なくとも二五人の英国人が犠牲となった。彼らは建築家や工匠としてイワンに仕えていた。クレムリンも難は免れなかった。木造の官署のほとんどが焼失した。フォン・シュターデンは「一言で語れば、この時、万人の想像を絶する災厄がモスクワを襲ったのだ」と述べている。[117] クレムリンの城壁は残ったが、イワンの宮殿の跡は放置され、野犬の住みかとなった。

デヴレト＝ギレイは一五七二年七月、再びオカ川を渡った。勝利を手中にするのは容易だと考えていたに違いない。だがロシアは簡単には屈しなかった。力を発揮したのはオプリーチニキーではなく、通常の軍隊だった。モスクワはクリミアから押し寄せた騎馬軍団に蹂躙されずにすんだ。奇跡的な勝利がイワンに新たな行動を促した。一五七二年の夏が終わる頃、彼はオプリーチニナを廃止した。そして数々の改革に乗り出した。この時も多数の処刑を伴った。モスクワから馬で何日もかかる南の国境地帯では、タタール人が二度と簡単に侵入できないように、多くの技術者を強制的に駆り出し、要塞造りを急がせた。

イワンにとって燦然と輝く玉座は、やはりクレムリン抜きには考えられなかった。堅固な城壁に囲まれ、ツァーリの財宝がまばゆい光を放ち、所有者の権威を見せつけていた。彼はルビーとサファイヤに目がなかった。一五七六年に訪れたドイツ人によると、イワンの帝冠とマントには、欧州の王室でも見られないような豪華な意匠が施されていた。このドイツ人がかつて見たスペインのフェリペ二世やイタリアのメディチ家の財宝が、見劣りするほどだったという。宝石を散りばめた笏杖は、ユニコーンの角からつくったといわれた。確かに素晴らしかったが無慈悲な印象も与えた。[118] 笏杖は帝冠と同様に、彼が執着する皇位の象徴だった。「大公の卓絶した権威は、常人の理解が及ばないものだった」と、イエズス会の宣教師アントニオ・ポッセヴィーノは証言している。「モスクワの人々がどこまで、それを信じていたかどうか分からないが、彼らは命も体も財産も、すべてツァーリに恵まれたものであると繰り返すのだった。……死ぬほど打擲されても、大公は罰を与えることで慈悲を垂れたもうたのだと言う者さえいる」[119]。

国民にとってツァーリとはそのような存在だった。健康な後継者もいた。イワンは歴代大公の誰よりも長子相続制の確立に熱心で、とうとうモスクワ大公国の法典にそれを明記した。初代モスクワ公のダニールにさかのぼる皇統は、キエフのリューリク朝に連なる唯一かつ神聖な系譜とされた。少なくともモスクワでは、それが公式の見解だった。イワンの残虐な行為は、由緒ある皇統の将来に禍根を残してはならないという脅迫観念の所産でもあった。最初の息子を死なせた後、イワンは同名の次男を溺愛した。父のワシーリー三世が自分のために、皇位継承者のしるしとして式典用の小さな帽子をつくってくれた行為を真似て、息子に同じような帽子をあつらえた。[120] 次の息子は一五五七年に生まれ、フョードルと名付けられた。イワンはフョードル（暗愚で体も弱かった）が兄の皇位継承権を狙わないように気を配った。

世継ぎの問題は既に片付いていた。壮年のイワンは次々と妃を娶ったが、嫡子を得るためではなかった。彼はヘンリー八世のように、結婚運に恵まれなかった。そしてヘンリー八世と同様に、次から次へと花嫁への祝福を正教会の指導者に迫った。一五七二年に問題が生じた。イワンは四回目の結婚をした。だが正教会は、結婚は三回限りとの決まりを理由に、この結婚を認めなかった。イワンは三回目の結婚は成立していなかったと主張した。イワンの数ある結婚のうち、最後の三回は教会法に違反していたので、理屈の上では生まれた子供たちも嫡子とはみなされなかった。だが微妙な問題なので口に出しづらかった。いくら妻を代えても男子はなかなか生まれなかったが、一五八二年に最後の妻マリーヤ・ナガーヤがドミートリーを生んだ。この時、宮廷をめぐる状況は大きく変わっていた。ドミートリーは教会法に照らせば庶子だった。しかし体が丈夫で頭の回転が早く、皇位継承者にふさわしい資質をそなえていた。

ドミートリーが生まれる直前、ダニールを始祖とするモスクワ公の系譜に、予期しない転機が訪れた。一五八二年の初めにモスクワを訪れたアントニオ・ポッセヴィーノが、宮廷の通訳らから聞いた話を書き残している。イワン雷帝の長子イワンは、父への不満を抑えかねていた。二七歳となった皇太子は自己主張を強めていた。父帝は皇太子の結婚生活に口を出した（という噂だった）[121]。皇太子はほかにも、父に様々な不満を抱いていた。最初の皇太子妃アレクサンドラ・サブーロワは、一五七〇年に数々の候補の中から選ばれた女性だった。彼女は子供を生まなかったので、父は息子に離縁を勧めた。あるいは強制した。すぐにポクロフ尼僧院に入れられた[122]。二番目の皇太子妃プラスコヴィヤ・ペトローヴナ＝ソロヴァヤも、すぐに離縁を勧められた。一五八一年、皇太子イワンと三番目の妻エレーナ・シェレメチェワとの間に、ついに子供ができた。妊婦の常として、エレーナも大きくなった腹が不快だった。一一月だというのに、皇妃が身につけるべき三つ重ねのローブをまとわないで過ごしていた。それ自体は些細なことだった。だが、皇太子夫妻が父帝とともに、アレクサンドロフの離宮に滞在していたために悲劇となった。ポッセヴィーノの記述を引く。「彼女がベンチで休んでいるところに、たまたま大公［ツァーリ］が来合わせた。彼女はすぐに立ち上がったが、彼はたちまち激高し耳を殴り、携えていた杖で打擲した。翌日の夜に彼女は死産をした」。

ポッセヴィーノが話を聞いた人物によると、皇太子は激怒した。実際に何が起きたかは、今となっては詳らかではない。だがイワン雷帝が再び杖を振り降ろした時、事態は決定的となった。荒々しい一撃は息子に致命傷を負わせた。若い皇太子のこめかみからあふれ出る血潮を見て、ツァーリはようやく、自分が何をしでかしたのかを理解した。一瞬のうちにモスクワの運命は決した。どのような被り物も、皇太子の頭を守れはしなかっただろう。若いイワンは五日後に死んだ。遺体はアレクサンドロフ村の離宮にとりあえず安置された。だが皇太子の遺骸にふさわしい場所は、やはりモスクワのクレムリンだった。イワンは息子の棺にとぼとぼと従い、アルハンゲリスキー大聖堂に入った。衣服は涙に濡れていた。この日から当分の間、彼は宝石や指輪、帝冠を身につけなかった。数カ月もクレムリン宮殿を出なかった。ポッセヴィーノの聞いた話では「大公は毎晩のように悲しみ［あるいは狂気］に襲われベッドから抜け出した。爪で壁をかきむしり、絶望のため息を漏らすのだった」[123]。イワンは二年後に死の床についた。体から悪臭を放ち、ウジ虫に苛まれながら、生涯をかけて準備した最後の審判の日を迎えようとしていた。この人物はモスクワに王朝の権威をしっかりと根付かせた。先人が成し遂げられなかった偉業である。だがそれを自分で破壊した。

第4章
クレムレナグラード

一五世紀のクレムリンには、自信に満ちたイタリア人たちがいた。モスクワの人々が地図の描き方を学んだのは、そのころかもしれない。[1]すべてが焼失してしまったので、裏付ける証拠はない。残っているのは一六〇〇年代の地図である。「クレムレナグラード」は、その中で最も美しい。[2]写しが現存する。オランダの東インド会社にいたヨアン・ブラウが制作、アムステルダムで一六六二年以降に発刊された。原本は時代をさらにさか上り、一六〇四年ごろのクレムリンが描かれている。ブラウの作図は北が上ではなく、西が上になっている。しかし、どの方角が上であろうと気にならないほど、見事なまでに当時のクレムリンを再現している。ガリバー旅行記に登場するリリパット人の国のようだ。見る者はたちまち引き込まれる。一つ一つの建物が、小さくても詳細に描かれている。屋根は水も漏らさず、室内の温もりを守っているように見える。[3]城壁を描く確かな線は、画面を縦横に走り、決して一カ所に視線を留め置かない。これこそが完璧にとらえられたクレムリンの姿である。組立模型にすれば、さぞかし子供が喜ぶだろう。

地図は制作者の世界観を反映する。ヨアン・ブラウはクレムリンを見た経験がなかったが、本質を良く理解していた。そして建物を正確に再現することに特に力を注いだ。四〇年に及ぶ地図作製の経験で得た技術を、すべてクレムレナグラードに注ぎ込んだ。彼はその三年前に、オランダのデルフトの美しい地図を完成させている。クレムレナグラードの城壁は正確を極め、デルフトの地図を蛇行する城壁に酷似している。どちらも、川の色は落ち着いた青である。ブラウの地図にはオランダ人の緻密さがよく表れているだけでなく、我々に多くのことを教えてくれる。彼が地図制作の土台とした原図の完成度も、相当に高かったに違いない。一六世紀と一七世紀の変わり目のクレムリンに、鋭い眼力と熟練の表現力を備えた人物がいたらしい。ブラウの地図には、建物の配置と建築様式の細部が、ほぼ完璧に写し取られている。現存する実物の様相とも一致する。クレムリンに関する文献を渉猟する学者も、史料の空白をブラウの地図で埋めるのが常である。

　文献を脇に置いて地図をじっと眺めているうちに、画面そのものが語り始める。クレムリンはイワン雷帝の死後、わずか二〇年に満たない間に大きく変貌した。火災で焼けた建物の多くが新築され、あるいは改修された。大貴族の屋敷も減りはしたが、ベルスキー邸、ムスチスラフスキー邸、シツキー邸、シェレメチェフ邸などは残った。ブラウは図上の建物に番号を付けて、それらが誰の屋敷であるのかを示す注釈を付けた。壁に囲まれた屋敷のつくりを見ると、大貴族の屋敷の一つ一つが小型のクレムリンの様相を呈している。パトリケイエフ邸、ホヴリン邸、その他の六棟ほどの屋敷は既にない。少なくとも三つの屋敷にゴドゥノフの名が付いている。単なる誤りではない。一族の支配者として複数の屋敷を随所に構えたボリス・ゴドゥノフの権勢を、明確に伝えているのだ。彼は大公の居所である宮殿を拡張した。大イワンの鐘楼に新たな層と丸屋根を加え、見事なつくりに変えた。直線的な外見から煉瓦造りと分かる別の建物は「プリカーズイ（諸官署）」と説明されている。幾多の変遷を経た官署の建物も、ようやくこのような姿に落ち着いたらしい。だがリゾポロジェーニエ教会の背後にある石造りの建物には、重大な変化が生じていた。主が府主教から総主教に代わり、ロシアの教会は世界において、従来とは異なる高い地位を占めるようになっていた。
絵図はすべてを忠実に再現しているようだが、ブラウでさえ見落とした点がある。彼が描いた建物は、穏やかで短い影を地上に投げかけている。だがイワン雷帝の死後に数十年続いた混乱がクレムリンに落とした暗い影は、このようなものではない。クレムレナグラードを語り尽くすためには、その暗黒の歴史を避けては通れない。ブラウはおそらく、ロシアの歴史にも欧州北西部の歴史にも疎かったのだろう。地図の製作者として、むしろ当時の新世界に気をとられていたのではないか。時代は欧州が新たな世界を求めて船出した黄金期だった。オランダ製の地図にも、アメリカ大陸や東アジアの海岸線が描かれるようになっていた。新世界には心を奪い畏怖の念を誘う魔力があった。水夫が語る目撃談は荒唐無稽だった。クレムレナグラードに描かれたクレムリンが、秩序と無謬と平穏の象徴であると語ることもまた、途方もない間違いなのだ。

イワン雷帝が一五八四年に死去すると、大貴族が再びモスクワの支配権を握った。彼らは猜疑心が深く傲慢だった。既に歴史上の存在であるとはいえ、決して好きにはなれない。フランス人傭兵のジャック・マルジェレという人物が当時いた。後にツァーリの外人部隊を率いる男である。皮肉屋だった。彼の目には大貴族がみな、ぶよぶよしたカブトムシの幼虫のように映った。「彼らは夏は馬の背に乗り、冬はそりに乗った。運動をしなかったので、まるまると太っていた」(4)。オランダの穀物商イサーク・マッサも、回想録で大貴族の生活を酷評している。フランス・ハルスが描いた二枚の肖像画を見ると、この商人もなかなか恰幅がよかった。

貴族たちはこの国で極めて不幸な日々を送っている。宮廷にいつも縛り付けられ、皇帝の前で毎日ずっと立っていなければならない。三日か四日のうち一日でも休めることはめったにない。地位が上がるほど、焦慮と恐怖で疲れが増すが、それでもさらに出世を狙うのである。(5)

大貴族のために付言すれば、彼らには選択肢がなかった。クレムリンという舞台から勝手に姿を消せなかった。由緒ある家柄に生まれた者は、宮廷への出仕を運命づけられ、生涯抜け出せなかった。庶民は彼らを嫌悪した。大貴族が慈悲深いツァーリを、民から隔離しているのだと考えた。大貴族は善かれ悪しかれ、一〇世代にもわたり君主のかたわらにあって、統治にかかわってきた。一七世紀の初め、力さえあれば大貴族もツァーリの座に就けるのかどうか、という問題にけりをつける局面が訪れた。

まだ名門の血筋がものを言う時代だった。低い家柄のボリス・ゴドゥノフの台頭は驚くべき出来事だった。ヨアン・ブラウの世界地図も、彼の存在を大きく扱っている。クレムリンに伺候していた大貴族のほとんどは、表向きは数世紀も続く家柄の出だった。婚姻関係や同盟関係が複雑に入り組んでいた。ロマノフ家はイワン・カリタの長子の時代から宮廷に仕えてきた。チェルカスキー家、シェレメチェフ家、シェストゥノフ家は分家筋に当たり、一五八〇年代には本家とほぼ変わらぬ権勢を誇るようになった。一六世紀末の大貴族、ニキータ・ロマノヴィチ・ユーリエフ＝ザハーリンは、ロマノフ一門の傑出した指導者だった。ロマノフ家は、ゴドゥノフ家を見下さずに縁戚関係を結んだ。(6)だが他の古い家柄の出身者たちは、新参者への不快感を隠さなかった。ゴドゥノフ家は決して高貴な血筋ではなかった。一五八〇年代になって急速に力を蓄えた。若く才能に恵まれた当主が輩出し、ごく短い間に成功を収めた。血統と伝統に照らし、自分たちこそクレムリンの主役であると自負する者たちは、いらだちを深めた。

ボリスはオプリーチニナの宮殿で育った。徳育という面では決して良い環境ではなかった。さらに父親が彼のために選んだマリーヤ・ゴドゥノワが、マクベス夫人のような女だった。彼女の父は、イワン雷帝の意を受けて蛮行を重ね、悪名を知られたマリュタ・スクラートフである。このような環境が若きボリスと妹イリーナを、早い段階で国政の舞台に登場せしめた。[7] 彼らは多くの対立も招いた。政敵は強い影響力を維持し続け、ゴドゥノフの悪評を後世に残した。この結果、まるで今でも善悪二人のゴドゥノフが存在したかのような印象を受ける。一人は博識で寛大なボリスであり、もう一人は人殺しであり、ムソルグスキーの歌劇に登場する腹黒い人物である。[8] だが彼が並外れた資産家であった事実に疑いの余地はない。二一世紀のクレムリンには、財閥（オリガルヒ）と呼ばれる人々が登場した。ゴドゥノフはその先駆けとも言えるが、知性や旺盛な仕事ぶりでは、はるかに後世の富豪たちを上回っていた。

ボリスは三三歳になった。洗練されて目端が利く名門の子息たちとは対照的だった。優雅さに欠けた。イサーク・マッサによると、ボリスは「背が低く、かなり太って丸顔だった」[9]。だが頭の回転は速かった。廷吏を容易に使いこなす術を心得ていた。損得勘定に長け、想像力が豊かだった。物事を細部まで記憶できた。[10] 彼ほどモスクワを神都とすることに、心を砕いた支配者はいなかった。ゴドゥノフ朝を開かんとする野心もあった。これらが一種の使命感となって、若いボリスを突き動かしていた。[11] ボリスは由緒ある貴族たちと同じ古い世界観を持っていた。それでも彼らから見下された。このような環境が結果的には好運を招いた。後世の独裁者にも、彼と同じような境遇から台頭した人物が何人かいる。[12]

イワン雷帝の統治末期に、ボリスの妹イリーナが、雷帝の次男フョードルと結婚した。もともと運の強いボリスだったが、これで決定的な展望が開けた。ただ妹の結婚相手は普通の男ではなかった。

フョードルは精神が不安定で、子供のように無知で頼りないと言われていた。その真偽は不明である。死を間近にしたツァーリはフョードルを補佐する四人の摂政を任命した。これがゴドゥノフ家に幸いした。摂政にはイワン・ムスティスラフスキー公、イワン・シュイスキー公に加え、ニキータ・ロマノヴィチ・ユーリエフ＝ザハーリンとボリス・ゴドゥノフが選ばれた。ニキータとボリスは協力関係にあった[13]。雷帝の遺体がまだ冷えきらないうちに、最初の試練が摂政に訪れた。雷帝の側近だったボグダン・ベルスキーが混乱に乗じて、権力の奪取を試みたのだ。皇位の継承者は決まっていなかった。状況は極度に緊迫した。モスクワがオプリーチニナになるという噂が流布した[14]。モスクワは疲弊し人口も減っていた。流血と暴虐への恐怖が人々を立ち上がらせた。真実を明らかにしようと激した一団が、槍、こん棒、剣など、手当たり次第に武器を取り、クレムリンに向かった。壕にかかる橋にさしかかると、巨大な門は既に閉ざされていた。彼らはとって返すと、市場や倉庫を荒し回った。記録によれば、少なくとも二〇人が死亡した。摂政団が実権を握った最初の一日は、このようにして暮れた[15]。

摂政団はクレムリンの扉を固く閉ざし、徹夜で協議を続けた。ベルスキーは流罪と決まった。それでも疑心暗鬼の暴徒が国内にあふれた。たとえ暗愚であろうと、フョードル皇太子のほかに切り札はなかった。民衆は死後間もないイワン雷帝を「真のツァーリ」と慕っていた。雷帝の跡継ぎであるフョードルの即位を、正常化の証しと考えた。だがそれは幻にすぎなかった。摂政たちは、あたふたと戴冠式の準備を整えた。一五八四年五月三一日、晴れがましい鐘の音に祝福され、銀貨の雨を浴びながら、フョードル・イワノヴィチは即位した。ボリス・ゴドゥノフは新たなツァーリの後見人として、コニューシー（宮廷の厩舎を司る職）に任命された。大貴族の最高位である[16]。

フョードルはモスクワに帝都を構えた大公ダニールの子孫としては、最後のツァーリとなる。彼は敬けんな生活を好んだ。瞑想にふける時間を大切にした。イリーナと一緒に熱心に祈りを捧げた。夫婦に悪意を抱く者はいなかった。ツァーリは自分の好きな世界に浸った。すきあらば獲物に襲いかかろうと宙を旋回する禿鷹のように、側近たちが自分を狙っている現実に気づかなかった。一五八〇年代、贅を尽くした城塞の外では、ただならぬ空気が漂っていた。モスクワには死者の亡霊が満ちていた。生き残った者も飢餓や火災、疫病に苦しんでいた。[17]「小氷期」が始まろうとしていた。農作物は、ことごとく枯れた。恐怖と病苦の歳月が終わらないうちに、飢えがロシアに追い打ちをかけた。異常気象はますます社会不安を募らせた。既にイワンの時代から、重税や強制労働に耐えきれず、家を捨て国境に近い僻地へ逃亡する農民が数千人も発生していた。返済できない借金を抱えて、奴隷に身を落とす悲劇も多かった。都市を一歩出れば、逃亡農民が何万人も街道にあふれていた。穀物は病気で収穫できず、債務と労役から逃れる道は逃亡しかなかった。多くは南の草原地帯やヴォルガ流域を目指した。ヴラジーミル、スーズダリ、モスクワを含む北東部の森林地帯では、一五六四年から一〇年の間に、九〇パーセントの耕作地が放棄されたという推計がある。[18]ノヴゴロドとその周辺は、無人の地と化したかのようだった。白夜の太陽が照らす地には、雑草しか生えていなかった。もはや盗まれる物もなかったが、よそ者がやってきては盗賊行為を働き、残った住民を悩ませた。

国民は階層を問わず苦難を強いられた。モスクワ大公国はイワン三世の時代から、隣国の侵略と買収によって領土を拡大してきた。今やその代償が社会全体にのしかかってきた。地方の経営や防衛は、地主であり士族であるポメーシチクに頼った。大公は新たに獲得した土地を、少しずつ切り分けてポメーシチクに与え、軍務に就かせた。愛国心に満ちた入植者のはしりが、既に一六世紀に存在したともいえるだろう。しかし彼らには、農地の開拓にいそしむ暇はなかった。[19]イワン雷帝の治世は、戦いに次ぐ戦いの時代だった。地方の士族にも安息の時はなかった。地主がいない間に、土地に縛り付けられた農民が土地を耕し、主人に収入をもたらすはずだった。だが収穫に失敗すると、すぐにさまざまな問題が起きた。農民は南を目指して逃亡した。穏やかに起伏する草原地帯こそ、耕作に値するのだと多くの農民が考えた。耕す者がいない農地は地主の重荷となった。主人の槍や斧を持ち去り、コサックとなる者も多かった。コサックは夜盗や追いはぎのような粗野な集団で、草原地帯を馬で自在に移動した。それでも国は地方の士族に救いの手を差し伸べようとはしなかった。軍務に就こうにも、武器や馬のみならず糧食にも事欠く士族が多かった。国境を守る士気は落ちた。時を同じくして無法者が治安を乱した。

外敵の脅威に対して、士族は頼りにならなかった。彼らの衰弱は、モスクワ大公国が欧州の軍事的革新から取り残された証左でもあった。世襲の銃兵隊はマスケット銃を備えた近代的な部隊だった。だが軍の全体からみればごくわずかで、マスケット銃自体もまだ信頼性に欠けた。値段だけはやたらに高く、士族は銃兵隊とともに戦う時でも弓矢が頼りだった。[20]ロシアの国境を脅かす外国の軍隊のほうが、装備では格段に優っていた。そして程度の差こそあれ、領土拡張の野心を抱いていた。北方ではスウェーデンが、バルト地方を切り取ろうとしていた。西ではポーランド・リトアニアが、国境地帯の川向こうにあるウクライナの諸都市を奪おうと狙っていた。脆弱な南部国境が侵されれば、モスクワも安泰ではなかった。一五九一年六月、カジ・ギレイが率いるタタール軍がモスクワ郊外まで迫った。[21]戦略的に重要なトゥーラ、リャザンなども、依然として不安定だった。ロシア南部では、数十年来の奴隷狩りがまだ横行していた。

国がどんなに困難な局面に陥ろうとも、大貴族は権力闘争をやめなかった。フョードルの生存中、ゴドゥノフ家とロマノフ家は、無二の盟友のごとく振る舞った。シュイスキー家とムスティスラフスキー家の当主たちは、ツァーリの頼りなさにつけ込んで、モスクワ大公国の実権を握ろうと考えていた[22]。一五八五年、最初に動いたのはムスティスラフスキーだった。企みが失敗し、敗北したムスティスラフスキーは僧職に追いやられた。その息子フョードルは結婚の資格を生涯奪われた[23]。それは過酷な刑罰だった。一四世紀のリトアニアに系譜をさかのぼる名家ムスティスラフスキー家は、政争の舞台に復帰することはおろか、家系の維持さえできなくなった。

一年も経たないうちに、今度はイワン・シュイスキー公が謀反を企んだ。彼は聖人に列せられたアレクサンドル・ネフスキーの末裔だった[24]。事は例によって流言飛語から始まった。シュイスキーは、ボリス・ゴドゥノフがツァーリを廃して自ら皇位に就こうと企てているとの噂を流した。一五八六年春、モスクワは大変な騒ぎとなった。クレムリンはまるで内戦前夜のような緊張に包まれた。チュードフ修道院の聖職者までが、武器を集めて事に備えた。シュイスキーはゴドゥノフを捕え、亡き者にしようとした。ゴドゥノフは身の危険を察し、密かに英国に亡命を打診した。英国はロシアの支配階級にとって、いざという場合の亡命先とみなされるようになっていた。イワン雷帝も一時は英国への亡命を考えた。結果的に逃亡の必要はなかった。しかし府主教ディオニーシーを味方につけたシュイスキーは、ゴドゥノフをもう一歩で権力の座から追い落とすところまで迫っていた[25]。

ゴドゥノフを最後の局面で救ったのは、ツァーリのフョードルだった。皇妃イリーナ・ゴドゥノワとの間には、まだ跡継ぎが生まれていなかった。シュイスキーは、ツァーリが彼女を離縁するよう画策した。反ゴドゥノフ陣営は勢力を増していた。フョードル・ムスティスラフスキーを説得して、彼の妹をツァーリに嫁がせようとした。生涯結婚を禁じられたフョードルが、起死回生の好機と喜んだのも無理はなかった。ゴドゥノフの命運は尽きたかに見えた。しかし若きツァーリは予想を裏切り、毅然とした態度を示した。誰もが驚いた。ツァーリは離婚を拒否した。謀反は失敗した。彼にとって皇妃は一番の遊び仲間であり、自分を守ってくれる最も大切な人物だった。ゴドゥノフと側近アンドレイ・シチェルカロフは反撃に出た。府主教ディオニーシーを解任し、彼の周囲にいた聖職者たちを追放した。裁判が始まった。主犯格の六人は斬首された。残りの共犯者は資産を没収され、クレムリンから地方に放逐された。(26)ニキータ・ユーリエフ＝ザハーリンは一五八六年四月に病没した。イワン雷帝が指名した四人の摂政で、ゴドゥノフだけが生き残り、権勢を振るうようになった。

ボリス・ゴドゥノフは、これで危険が去ったと考えるほど愚かではなかった。宮廷に陰謀が渦巻いている間は、摂政の地位は安泰ではない。国内では問題が山積し改革を妨げていた。(27)ゴドゥノフの政府は士族を助け、農民を士族の土地に縛り付ける様々な措置を導入した。税を増やし、喫緊の公共工事に人々を動員した。マッサが「謀略家で傲慢、口がうまく信用できない」と評したアンドレイ・シチェルカロフは、相手を選ばずカネを絞り上げた。クレムリンの聖職者も彼にとっては例外ではなかった。(28)しかし、いかに立派な仕事をしても、陰で他人にどのような脅しをかけても、主人への逆風を鎮めることはできなかった。教会にも不満が鬱積していた。府主教イーオフはゴドゥノフに忠実な人物で、争いに加わろうとはしなかった。彼はゴドゥノフ家と長い付き合いがあった。ゴドゥノフが次に打った一手には、起死回生の効果があった。

シュイスキーの謀反から二年が経過した一五八八年、コンスタンティノープル総主教エレミアスがモスクワにやってきた。資金援助を要請するためだった。トルコの支配下に置かれた東方正教会の指導者は、このような不本意な旅をしなければ、収入を確保できなくなっていた。エレミアスは七月に、ゴドゥノフ、書記官の地位にあったシチェルカロフと初めて会った。さらに会談を重ねる必要があった。だが総主教は秋の雨が激しくならないうちに、コンスタンティノープルに帰りたかった。ゴドゥノフは一行を丁重に扱いながらも、さらに一〇カ月にわたり事実上の軟禁状態に置いた。一行が出発の期日を決めると、そのたびに口実をつけて留め置いた。フョードルを補佐する体制（ゴドゥノフとシチェルカロフが代表だった）は、ある要求が満たされない限り、義援金を渡すつもりはなかった。一行は表向きは至極大切に扱われた。このようにして数カ月を異国に過ごすうちに、倦怠感が募ってきた。彼らが外出しようとすると、必ずクレムリンの衛兵が行く手を阻んだ。ロシアの現実を来客に見せない戦術は一定の効果を生んだ。エレミアスは一時、クレムリンの豪華なたたずまいに幻惑され、自分が総主教座とともにコンスタンティノープルからモスクワに移住して、トルコの支配から逃れることさえ考えた。

だがゴドゥノフの目的は別にあった。それを総主教らに分からせるためには、手段を選ばなかった。シチェルカロフは随員の一人をモスクワ川に放り込むと脅した。[29] エレミアスはついに屈した。一五八九年、東方キリスト教会総本山の認可を受けて、モスクワ府主教座は総主教座に正式に格上げされた。イーオフの着座式は、クレムリンのウスペンスキー大聖堂でとり行われた。そこには髭のないツァーリ、フョードルの姿もあった。栄光はまたも彼のものだった。モスクワに第三のローマを名乗る資格——そして責任——があるとすれば、まさにこの日の出来事に根拠を帰すべきだろう。[30] 総主教座の獲得によって、遠隔の地からクレムリンを訪れる者が増えた。精神世界の一大中心地、文化の中心として、クレムリンが覇を唱える時代がついに幕を開けた。

この勝利はゴドゥノフの権威をさらに高めた。彼は別の分野でも遺憾なく手腕を発揮した。大規模な建築工事を統括する才能もあった。一五八六年から二〇年の歳月を費やし、配下の建築家たちを使い、様々な工事に数千人の市民を動員した。経済危機の時代だったので、人々は食うや食わずの状態で働いた。モスクワから遠く離れた現場もあった。何もなかった野原に、煉瓦と石の建物が出現した。しかし、ゴドゥノフの関心が、クレムリンから離れたわけではなかった。彼は生涯の最後に、クレムリンを正教世界の永遠の総本山にふさわしい場とする仕事に力を注いだ。

工事に使う人足を集めるのは、クレムリンの仕事だった。イワン雷帝の時代に、建設事業を管轄する「石造りの官署」ができていた。モスクワは当時、半ば破壊された状態にあった。この官署は手慣れた人足を集めるのが仕事だった。かつて工事を始める時は、現場監督がツァーリの名において人足を徴集してきた。官署はそれを公の仕事として組織的に遂行した。ゴドゥノフはこの役所を最大限に活用した。ゴドゥノフの意を受けて、クレムリンは人足を集め働かせる雇用主の機能を果たすようになった。人々は国家の徒弟と化し、クレムリンが年季奉公を管理した。二〇を超える地方から、世襲の職人を呼び寄せた。石工や煉瓦職人、炉の専門家や採石職人らが必要だった。場合によっては官署が地方に職員を派遣して、強引に職人をモスクワに連行した。クレムリンはモスクワにいったん集めた職人たちを、必要に応じて地方都市や、砦を造る遠方の現場に送り込んだ。大工事が増えるにつれて、モスクワは磁石のように労働者を引き寄せるようになった。春になるとクレムリンの周囲には、人足が住む急増の小屋が無数に出現し、寒気の訪れとともに消えた。[31]

人足たちはもともと貧しかった上に、ろくに賃金をもらえなかったので、衣食にも事欠くありさまだった。だが税だけは免除された。夏期に徴用するので、土地の耕作ができない事情が考慮された。免税の特権は銃兵隊など特別の職能集団も享受した。[32] 人足たちは税を払わないで済むと分かると、宿舎の周囲に畑をつくり、仕事の合間に食物をつくった。彼らは私設の市場を設け、にわか商売も始めた。それは税金を払っている地元の商人の利益を損なった。トゥーラでは壺を、ヴラジーミルでは履き物を売った。スーズダリでは毛皮の外套を金に換えた。靴や羊皮の修理で稼ぐ者もいた。イコンを描き、道具を修理し、家具を作った。仕事を頼もうと思えば、彼らを見つけるのは簡単だった。人足の集落は、周辺の地面を白い石灰が覆っていたので、すぐに分かった。[33] モスクワでは一五八六年の夏、石灰の粉が随所に散乱していたに違いない。ボリス・ゴドゥノフの命令で、新たな防壁の造築が進んでいた。

大規模な工事により、全長一〇キロに及ぶ石造りの防壁が、五平方キロ超の市街地を囲い込もうとしていた。防壁はトヴェーリに向かう街道の高みを起点としていた。戦闘の際に拠点となる二七以上の塔、一〇の門を数珠つなぎにしていた。工事を任されたのは、フョードル・コーニである。彼は当初、ロシアの石工の多くと同様に、修道院から頼まれた仕事をしていた。[34] だが大がかりな公共工事のほうが、彼には向いていた。採石の場となったミャチコヴォの農民はすぐに悲鳴をあげた。石工たちは、家畜が草を食む草地の下にある岩床を、荷車で運び去った。一帯は数キロにわたり、石灰の粉で土地が荒廃した。[35] 新たな防壁はこのようにして完成した。モスクワは三つの同心円が、内から外へと連なる要塞都市となった。ゴドゥノフが造った「白い町」が、クレムリンとキタイゴロドを囲み、さらに外郭の数キロを土塁が守っていた。コーニはまだモスクワ全体を木造の壁で囲む仕事を残していた。[36] クレムリンは威容を新たにした。幾重にも張り巡らされた壁や防塁は、入れ子に秘密を隠したからくり箱の構造に似ていた。[37] モスクワ全体の要塞化は歴史的な大事業だった。だがスモレンスクの壮大な要塞には及ばなかった。スモレンスクはドニエプル川流域にあって国境を守る戦略都市であり、当時の世界でも最大級の工事が進んでいた。

モスクワ大公国は一五一四年から、スモレンスクを支配下に置いていた。スモレンスクは豊かで華やかな都市だった。以前にこの地を支配していたポーランド＝リトアニアが、奪還の機会をうかがっていた。ゴドゥノフはスモレンスクを長さ六・五キロ、厚さ五メートルの壁で囲むようコーニに命じた。モスクワ・クレムリンの煉瓦造りには、既に一世紀の経験が蓄積していた。この間に攻囲戦の技術も火器も、めまぐるしい進化を遂げた。スモレンスクの防壁はモスクワの防壁に比べ、優雅さでは劣るものの頑健さで優り、十分な威圧感があった。土台を据えるための掘削は一五九六年に始まり、一六〇二年にすべてが完成した。この間に建設官署は数万人の労働力を動員した。人足は砂の山を、少なくとも一〇〇〇万回は積み上げただろう。鍛冶職人は文字通り、一〇〇〇万本の釘を鋳造したに違いない。フィオラヴァンティがモスクワでやったように、コーニも現場に工房を設け、煉瓦を作らせた。一億五〇〇〇万個の煉瓦が必要だった。しかも大きさや形は均等でなければならない。釜の燃料を得るため森がいくつも消え、何キロも続く不毛の荒野が残った[38]。地元の住民は工事のために、道具や資材の供出を強いられた。ドニエプル川が流れる深い渓谷に槌音が響き、煉瓦を運ぶ荷車が行き交った。七回の夏が過ぎた。数世紀を経てスモレンスクは、ナポレオンが率いる大軍やヒトラーのドイツ国防軍を、数カ月にわたり苦しめた。ナポレオンもヒトラーも容赦なく街を破壊した。だがコーニがつくった防壁の一部は、ストーンヘンジのサルセン石の遺跡のように、現在も姿をとどめている。

ゴドゥノフは様々な事業に取り組みながら、クレムリンにも細かく気を配った。一五九〇年代になると彼は、ツァーリであるフョードルと同等の宮殿を構えるようになった。ツァーリの廷臣の位階を模した序列を家来にもつけた[39]。彼は広場を隔てて位置するグラノヴィータヤ宮殿も放置しなかった。クレムリンが抱える最良の画工を動員して内装を塗り替えた。五〇人を超える熟練のイコン画家が制作に励み、大量の絵画が持ち込まれた[40]。宮殿の内装は後年、再び一新された。ウシャコフは壁のフレスコ画が失われる前に、精密な模写と覚え書きを残した。彼のおかげで壁画はかつて、リューリク朝をローマ皇帝アウグストゥスの系譜に連なる家柄として描いていた事実が今に伝わる。王朝絵図の終章は、時代の現実を反映していた。ウシャコフの記述を引く。「全ロシアの支配者「フョードル」が玉座に腰掛けている。頭上の帝冠には高価な宝石や真珠が散りばめられ……玉座の右に摂政ボリス・

ゴドゥノフが立っている」[41]。多くの大貴族も左右に列を成して侍しているが、ゴドゥノフは最も背が高く、威厳を放つ存在として描かれていた。

ゴドゥノフは常に別格扱いだった。イワン雷帝の恐怖支配は、クレムリンを悪意の世界に変えていた。不幸なのはツァーリのフョードルだけではなかった。先代の末子ドミートリーもまた、危険極まりないゲームの人質だった。彼は雷帝の最後の妻マリーヤ・ナガーヤの遺児である。雷帝の死から間もない一五八四年、摂政団は幼いドミートリーを母とともにウグリチに追いやった。権威が備わらないフョードルを守るためだった。少なくとも表向きは、そのように説明した。ドミートリーは七年後に九歳で没した。不慮の事故のためと公表された。ゴドゥノフは死因の調査を命じ、陰謀の証拠はないと結論づけた。ドミートリーはナイフをもてあそんでいるうちに、自らのどを切ったとの説明がなされた。驚くことに、歴史家たちはこの説を信じる傾向がある。フョードルが健在で（おそらく密かな助けを借りれば）後継者の誕生も期待できるのに、ドミートリーを殺してもゴドゥノフの得にはならないというのだ[42]。当時の人々のほうがはるかに疑い深かった。多くの人々が暗殺説を信じた。ドミートリーの母ナガーヤの実家は、ゴドゥノフがドミートリーの毒殺を企てたが果たせず、ついに刺客を放ってナイフで殺したのだと批判した。これは数年後にイサーク・マッサが聞いた話である。ドミートリーの死から二日後、モスクワを大火が焼き尽くした。人々は悪魔の仕業と噂し合い、ドミートリーの死が事故ではなく暗殺であることの証しと考えた[43]。

イリーナは一五九二年、フョードルの子フェオドシアを生んだ。幼児は一五九四年に死亡した。ゴドゥノフ一門の将来に影を落とす出来事だった[44]。市場の群衆は、イリーナが力を失い、彼女の兄も間もなく捕らわれるだろうと噂話を交わした。ゴドゥノフはそれを打ち消すように、多くの工事を発注した。またわざわざ拷問のために人を雇い、彼らの仕事を通じて自分の健在を世間に示そうとした。

クレムリンでは、権力を目に見える形で誇示しなければならなかった。ゴドゥノフはクレムリンのほぼ中央に大聖堂を建て、ヴォズネセンスキー尼僧院に贈る計画を明らかにした。それはゴドゥノフの信仰の証とされた。有力者が宗教施設の建築を命じるのは特に珍しくはない。大貴族による前例も多い。ただゴドゥノフの大聖堂には、歴代のモスクワ大公妃の墓所という格別の意義があった。

建物の大きさは、施主の財力を反映する。ゴドゥノフの大聖堂も例外ではなかった。木製の足場に囲まれていた大聖堂の壁や丸屋根がその姿を現すにつれ、ゴドゥノフがこの建物に込めた特別な意図も次第に明瞭になっていった。聖堂広場の南の入り口には、アルハンゲリスキー大聖堂が位置していた。一五〇八年に奉献されたあでやかな建物で、歴代ツァーリの墓所である。[45]ゴドゥノフには自らの大聖堂を、アルハンゲリスキー大聖堂に対置させる明確な意図があった。彼の計画は決して偶然の所産ではなかった。ゴドゥノフは新たな大聖堂を、ロシアの皇統に連なる女性の墓所として、さらには女系の権利と地位を象徴する建物として構想した。ツァーリの墓所と呼応し、しかも引けを取らない威厳が必要だった。[46]モスクワ大公国に君臨した女性は、まだ一人もいなかった。エレーナ・グリンスカヤが支配的な力を持った例はあるが、彼女とて大公ではなかった。だが欧州では既に女性の君主は珍しくなかった。ゴドゥノフは女性が君主になってもおかしくはないと考えた。ロシアの皇位に最も近いところに位置するのは、ほかならぬ彼の妹だった。

ツァーリのフョードルは一五九八年一月に死去した。跡継ぎの男子を残さなかったので、彼の死はモスクワ大公国の開祖の血統が途絶えることを意味した。ゴドゥノフは妹に「真のツァーリ」の系譜を継ぎ、皇位に就くよう説得したと伝えられる。しかしイリーナは皇后のローブを修道服に替え、夫の冥福を祈りながら暮らすと決めた。賢明な選択だった。ゴドゥノフはノヴォジェーヴィチー尼僧院に妹を送り届け、そこに引きこもった。彼は深い悲しみを抱いて、慣習である四〇日の喪に服すと思われた。だが野望は捨てていなかった。皇位の空白が危ぶまれた。二月二一日、修道院の前に人々が詰めかけ、ゴドゥノフの復帰を願った。聖職者の姿もあった。彼は群衆の求めに応じる形で自ら皇位に就いた。玉座に実際に腰掛け、ロシアの支配者であることを誇示したが戴冠式は急がなかった。彼はお気に入りの評議室を出て、夏の一時期を軍隊とともに過ごした。表向きはカジ・ギレイの襲来に備えるためと説明した。だが実際は広く庶民の人気を集め、武威を身につける思惑があった。[47]彼は一五九八年の九月になってようやく即位した。今や総主教となった盟友のイーオフがウスペンスキー大聖堂で式を司った。

イサーク・マッサは「大変に荘厳な式典だった」と伝えている。それは府主教マカーリーが仕切り、語り草となっていた前例を凌駕した。式典はロシアの伝統に則り挙行された。だが今や総主教座となったモスクワのツァーリには、ビザンティンの栄光を身にまとう権利があった。[48]マッサは以下のように描写している。

その名を聖母に由来する聖堂で、総主教が「ゴドゥノフの」頭に帝冠を乗せた。周りには主教や府主教らが立ち並び、お決まりの祈りを唱え祝辞を述べ、香の煙が漂った。聖堂から要塞の頂にある宮殿まで、ツァーリが歩む道には深紅の布を敷き、その上には黄金を散りばめてあった。行列の行く手には金貨を振りまき、後から群衆が殺到して拾った……

八日間に及んだ祝賀の間、群衆を引き寄せたのは金貨だけではなかった。マッサによれば「蜂蜜酒やビールの大樽が要塞の随所に置かれ、飲み放題だった……ツァーリは役人の報酬を三倍に上げた……国中が喜びに湧き、祝賀の雰囲気に包まれた。このような君主を帝国に与えたもうた神に誰もが感謝した」(49)。

このような歓喜もあながち的外れではなかった。ゴドゥノフは歴代のロシアの支配者の中で、最も有能な人物の一人だった。彼は自分を正統な統治者と認めさせようと工夫をこらした。公共工事に力を入れ、あるいは恐怖の力で人々を服従させもした。しかし、それはツァーリにあらずとも、書記官でもできることだった。彼はツァーリにふさわしい権威を必要とした。そのためにクレムリンを利用した。新たに帝冠をあつらえ、宝石をちりばめた。ハプスブルク家のルドルフ二世の工房で制作された笏杖も届いた。豪華な玉座はイスファハンからの贈り物だった(50)。だがイワン雷帝の黄金の間に優る舞台仕掛けが欠けていた。そこには宮廷政治の歴史が渦巻いていた。かつて臣下でありながら帝位に就いた男が一六〇〇年、ポーランドのレフ・サピエハを引見した時の様子を、ジャック・マルジェレが子細に書き残している。

［ゴドゥノフは］帝冠を頭に乗せ、帝国の玉座に腰掛けていた。黄金の玉が自分の前に来るように笏杖を握っていた。彼の左側に息子が座していた。貴族会議の面々やオコーリニチー［御前侍官］が、ずらりと座していた。彼らは高価な布地を黄金で縁取り、真珠を散りばめたローブをまとっていた。そしてクロギツネの毛皮でできた丈高い帽子をかぶっていた。皇帝の左右に、若い貴族が二人ずつ立っていた。彼らは厚さが一五センチほどもあるオコジョの毛皮で縁をあしらった白いビロードの服を着ていた。白くて高い帽子をかぶり、なめらかに加工した黄金の十字架を二つ、首に［そして胸にも］下げていた。ダマスカス鉄の高価な斧を肩に担いでいる。いつでも振り下ろせるような構えで、陛下の偉大さを誇示しているのだった(51)。

典礼も装飾も息を飲むほど見事だった。しかし、ゴドゥノフは宮廷を一歩出れば、謀略と噂が渦巻いていることを熟知していたに違いない。彼はツァーリとはいえ、大貴族の成り上がりだった。周囲には危険が満ちていた。貴族は彼に好感を抱いていなかった。ゴドゥノフは我が身を守るために、密告者と間諜による情報網を張りめぐらせた。監獄は捕らわれた者で一杯になった。権勢ある者は、いつ連行されるか分からない恐怖感を味わった。従者は主人の動向について密告を奨励された。奴隷による密告さえ受け入れたのだから、いつどこで誰が罪を着せられるか分かったものではなかった。ツァーリはますます奥の院に引きこもるようになった。おじのセミョーン・ゴドゥノフに情報の収集をまかせ、その意見に頼るようになった。セミョーンは拷問のほかに能のない男だった。彼の残虐さがツァーリの敵を増やした。[52] クレムリンは蛇の巣窟と化した。それでも国家の中核であり、宗教の聖地であることに変わりはなかった。大貴族上がりのゴドゥノフは、クレムリンを一門の支配下に組み入れねばならないという強迫観念にとらわれていた。一二世紀にわたりロシアを支配した王朝の栄光を、ゴドゥノフ家もまとう必要性があった。

精緻なクレムレナグラードが作成されたのは、まさにこのような時期である。正確さを追求するために、荷車や足場、煉瓦の山まで描写している。図上の建物に、ツァーリのすさまじい野心を見ることができる。ゴドゥノフは一六〇〇年、聖堂広場の東側にある鐘楼に、さらに二つの階段を設置する命令を出した。鐘楼があまりに高いので、木材で足場を組むのに当初は苦労した。だが石工たちの仕事は間もなく軌道に乗った。煉瓦を運び、石灰を階段に敷き詰めた。ロシアの地でまだ誰も経験したことがない高い場所での作業だった。ボン・フリャーズィンによる大イワンの鐘楼は、増築を経て一〇〇メートルを超える高さになった。[53] 鐘楼は五〇キロ遠方からも見えた。数世紀の間、モスクワで最も高い建造物の地位を保った。イワン雷帝の「堀の上の聖母庇護大聖堂」(聖ワシーリー大聖堂)と比べると地味ではあったが、高さではしのいだ。ゴドゥノフは自らの命で完成した鐘楼に、文字の装飾を施した。それは世界に向けての宣明だった。金色の大文字の帯は、最も高い丸屋根の下に今も残っている。

聖なる三位一体の御心により、偉大なる君主、ツァーリ、大公、全ロシアの支配者たるボリス・フョードロヴィチの命により、信心深い偉大なる皇帝、全ロシアの大公の皇子たるフョードル・ボリソヴィチの命により、彼らが統治の二年目にして、この聖堂は完成し、黄金の装いを施されたり

イサーク・マッサは「ボリスの究極の願いは、神の怒りを鎮めることにあった」と述べている。[54] 二〇世紀の指導者が追求した個人崇拝を連想する向きもあろう。だがゴドゥノフには、そのような長期的展望はなかった。彼は神になるつもりはなかった。単に現世で最も高い建造物を実現しようとしたにすぎない。より重要な意味は、羨望と陰謀にあった。ゴドゥノフはツァーリの地位を使い、新たな創造力を発揮した。諸官署を改築して洗練された外観を整え、外堀に沿ってクレムリンを囲む城壁の上部に胸壁を増設して、しゃれた形の銃眼を彫った。ヨアン・ブラウの地図が、これらを描いている。だが彼の地図には、後にクレムリンの中核を成すはずだった重要な建物が欠けている。この建物はついに計画倒れに終わった。それは増改築された大イワンの鐘楼の隣に出現するはずだった。残っていればクレムリンの心臓部として、城塞の地図を一変させていただろう。イワン三世はイタリアに先進技術を求めたが、ゴドゥノフはイングランド王ジェームズ一世に使いを送った。ロシアにはない

技術を持つ者を招くためだった。彼の計画には新しい技術がどうしても必要だった。事はうまく運び、英国でも高名な二人の建築家が一六〇四年にモスクワを訪れた。[55] ゴドゥノフはクレムリンにも例がない大聖堂を造ろうとしていた。数千人を収容し、全正教世界の代表を招いて、正教会におけるロシアの優越を誇示する場とするつもりだった。普通のモスクワ市民も詰めかけ、クレムリンを人の海で満たすはずだった。

ゴドゥノフはモスクワを、エルサレムのような聖都にしようと考えていた。彼は聖堂に「至聖」の名称を冠するつもりだった。専門家の見方によれば、それはエルサレムの聖墳墓教会を模していた。聖堂を皇族の巡礼の地とし、ゴドゥノフの帝位を確立する事業とする思惑だった。ウスペンスキー大聖堂など歴代のモスクワ公が奉献した聖堂はすべて、その価値を減ずるほどの偉業になると思われた。ゴドゥノフが死去した一六〇五年、既に設計は概ね終わり、現場では人足が石材や石灰、木材の山を築いていた。[56] ゴドゥノフは至聖所を飾る豪華な彫刻も発注していた。聖墳墓教会と同じように、聖遺物を納める箱も必要だった。クレムリンの工匠たちは、聖遺物を左右から守る二人の黄金天使の像も用意していた。天使像は等身大だった。後世の人々が好んで語った伝説によれば、恨みを残すゴドゥノフの霊が、現世を徘徊するようになったので、天使像の一つを棺に納めたともいう。[57]

クレムレナグラードが描かれた時代を、このような高揚感が包んでいた。様々な可能性が開けていた。だが潮目が変わると、クレムリンは鉄の扉を再び固く閉ざしてしまった。巨大な聖堂の建設計画は雲散霧消した。クレムリンでは常に過去を神聖視する。だがゴドゥノフ一族が明るい夢を託した至聖大聖堂については、全く記録が残っていない。クレムリン建築調査の泰斗アンドレイ・バターロフは、ゴドゥノフ時代に特に詳しい。彼でさえ大聖堂の完成予想図を思い描けずにいる。クレムレナグラードはクレムリンのすみずみまで案内してくれる。ページをめくるたびに馴染み深い建物が目に留まるので興味は尽きない。しかし楽しい絵図とは異なり、現実は過酷だった。クレムリンは再び恐怖が支配する場へ回帰しようとしていた。

イサーク・マッサによると、ゴドゥノフは戴冠式の際に、五年間はモスクワで血を流さないと誓ったという。オランダ人のマッサは皮肉を込めて、誓いは守られたと述べている。政敵は絞殺したり溺死させたりしたからだ。あるいは修道院に幽閉した。[58] ゴドゥノフが最も警戒したのは、先代ツァーリのフョードルと親しかった貴公子フョードル・ニキーティチ・ロマノフだった。彼の父はゴドゥノフとともに、かつて摂政の一人として重きを成した人物だった。家柄で優るロマノフ家とゴドゥノフ家の闘争は、ツァーリのフョードルが死去した時に終わった。ゴドゥノフの手先は一六〇〇年、ロマノフ家が毒ではなく魔術でツァーリ一家を亡き者にしようと企んでいると言い触らした。ゴドゥノフは家来に命じ、モスクワにあるロマノフ本家の屋敷を焼き払った。貴族会議を廃し、四五歳のフョードル・ニキーティチを修道院に追いやった。フィラレートと改名させ、還俗の道を断った。[59] ロマノフ家がいくらあがいても、既に皇位をうかがう力は失われたはずだった。

競争相手は消えた。手練れのゴドゥノフは、揺るぎない統治体制を完成したとは言えないものの、少なくとも支配の力を強めた。一六〇一年の夏は涼しく湿気が高かった。天候に左右されにくいライ麦でさえ出来が悪い凶作となった。冬の寒さは例年になく厳しく、長引いた。一六〇二年の夏には、季節はずれの霜と雪に見舞われた。飢えた人々は収穫という最後の望みを断たれた。[60] 飢饉は未曾有の厳しさだった。ツァーリのゴドゥノフにも、農地の緑をよみがえらせる術はなかった。マッサの証言がある。

そのころモスクワ大公国はどこでも、史上に例がない欠乏と飢饉に苦しんでいた。……我が子を食らう母親さえいた。地方では農民や住民が、牛、馬、羊など家畜をすべて食べ尽くし、断食の期間であるにもかかわらず、きのこの類を求めて森をさまよった。小麦の殻や犬猫までむさぼった。やがて腹部が膨らみ、牛のように体がむくみ、激しい苦悶のうちに、あっけなく息を引き取った。人々は冬になると失神の発作に襲われた。身を二つに折って地に倒れた。狼、犬、あらゆる野生の動物が、道にあふれる人間の死体を食い荒らした。(61)

地方は荒廃が進み、モスクワの路上には乞食や流浪者が満ちた。マッサは愕然として「荷車やそりで死体を集めねばならなかった」と述べている。

死体は郊外に運び、野原に掘った大きな穴に捨てた。土塊や家から出るごみのように放り込まれ、積み重なっていた。……ある日、私は自宅の前に座り込んでいる若い男に、何か食物を与えようと真剣に考えた。彼は四日前から干し草の上で餓死を待っていた。しかし私は思いとどまった。誰かに見られて襲われるのを恐れたのだ。(62)

マッサの記述には驚きと怒りが読みとれる。だがゴドゥノフが少なくともモスクワと他の大都市においては、災厄の拡大をくい止めようと決然と行動し、多額の財貨を投入したのは事実である。飢饉が始まった一六〇一年、彼はパンの値段を凍結する法律を制定した。飢えた民に食物と金を与えるよう役人に指示した。モスクワでは一日に七万人が施しを受けた。ゴドゥノフは個人の資産と穀物を使って、人々の命を救おうとした。死者の弔いにかかる費用も負担した。一六〇二年の夏は雪が降った。飢餓難民がモスクワに殺到し、軍隊でも押しとどめるのは無理だった。モスクワに行けば、ただで食物がもらえるとの噂が広がっていた。マッサは「貧民、足萎え、盲人、聾者たち……彼らは畜生のように路上で死んだ」と書き残している。最も強欲なのはツァーリに仕える役人たちだった。「私の目の前で、至極立派に着飾った高官たちが、群がる物乞いの手の間をすり抜けて行った」。モスクワは無政府状態に近かった。飢餓のどん底に突き落とされた人々は、正統な血筋を引かない男をツァーリに戴いた罪に神が怒り、罰を下したのではないかと疑った。

人々はやがて凶兆を見るようになった。マッサによると「そのころモスクワでは、恐ろしい現象が生じ、幻影が現れた。それは決まったように夜間で、現場はツァーリの宮殿のあたりだった」という。マッサは以下のような衛兵の証言も残している。「六頭立ての馬車が空を走り、宮殿の上に鞭音が響いた。馬車を駆るポーランド人が、それは恐ろしい声でわめいたので、おびえて兵舎に逃げ込む衛兵が何人もいた」。ポーランドはゴドゥノフにとって、命取りになりかねない存在だった。戦争が迫っていた。マッサは（著書を売るために）「この世が始まって以来の不思議な出来事」[63]と述べている。

ゴドゥノフは公の場に姿を見せなくなった。緊張が彼の健康を損なった。クレムリンの奥に引きこもっても、亡霊たちが彼を責め立てた。ウグリチで命を落としたドミートリーの亡霊が、とりわけゴドゥノフを苦しめた。市民は噂をささやき交わした。ゴドゥノフは当初、市中に密偵を放ち、噂話をした者を罰するにとどめていた。だが事態は急転し、放置できなくなった。イワン雷帝の末子ドミートリーを僭称する人物が現れたのだ。ツァーリの純血を受け継ぐ唯一の皇子が、実は生きていたという話は大衆を喜ばせた。偽ドミートリーはポーランドからロシア南西部に入り、付き従う勢力を増やしていった。偽ドミートリーは素性は怪しげだが、亡霊ではなく生身の人間だった。偽ドミートリーがポーランド・リトアニア連合国の支援を得て兵を挙げ、国境を既に越えたとの知らせは、一六〇四年までにゴドゥノフの耳にも届いていた。彼は政敵が流すかく乱情報と主張した。ポーランドがロシアを困らせるために、猿のような小僧を使っているのだと言って、動揺を鎮めようとした。だが数カ月も経たないうちに、ドミートリー・イワノヴィチを僭称する男は、ロシアで王朝樹立を宣言してしまった。ゴドゥノフの軍は一六〇四年末、偽ドミートリーの軍に初めて手痛い敗北を喫した。偽ドミートリーはモスクワへ針路を定めた。ツァーリの座を奪うためだった。

偽ドミートリーの正体については、今も定説がない。ロシア人の成人であったことは、間違いがないようだ。クレムリンの実態と権力構造を熟知していた。自分が真の皇子であると本気で信じていたという見方もある。歴史家チェスター・ダニングは最近、ドミートリーが偽の皇子ではなく、イワン雷帝の真の末子であった可能性を指摘する新説を唱えた。皇子は一五九一年に暗殺を逃れてウグリチを去り、モスクワの手が届かない遠方で密かに成長したのかもしれないという。(64) だがゴドゥノフ側が主張したように、偽者説のほうが現在でも広く信じられている。ドミートリーを僭称したのは、グリゴーリー・オトレピエフという人物とも言われる。彼は父によって強引に修道院に入れられたが、逃げ出したとの説がある。クレムリンのチュードフ修道院に、確かにオトレピエフという修道士が一六〇二年までいた。偽ドミートリーが彼であるなら、宮廷の日常について熟知していても不思議ではない。(65) 正体が誰であれ、ドミートリーは駆け引きに長じ、真のツァーリのように振る舞えた。戦場では勇敢な武人であり、武器や戦術の知識も備えていた。用兵にも才覚を発揮し、やがてロシアの民衆を引きつけるようになった。このような資質に加え、ロシア国民が感じていた不満がドミートリーの人気を高めた。彼のもとに集まった軍勢や刺客も、それなりの役割を果たした。ドミートリーは一六〇四年の冬を、反ゴドゥノフ派の勢力が以前から強いロシア南部で過ごした。一六〇五年になると、モスクワへ本格的な進軍を再開した。

ゴドゥノフはドミートリーの名を口にした者を死刑に処すとの触れを出し、国民を恫喝した。南部の戦いで勝利したと言って、モスクワで祝賀の行進を催した。実際は小競り合いで優ったにすぎなかった。だまされる市民も既にいなかった。[66]ツァーリへの信頼は、かえって損なわれた。ゴドゥノフの家来はドミートリーとの戦いで最初に捕えた敵兵を、なぶり殺しにした。生きたまま火でゆっくりあぶり、あるいは凍結した川に漬けて殺した。人心はさらにゴドゥノフから離れた。不気味な凶事も止まらなかった。一六〇五年一月の寒い夜、狼の群がモスクワに現れた。クレムリンの墓地を狐の群が荒らした。[67]ゴドゥノフの軍は敗北を重ねていた。捕虜をいくら拷問しても、ドミートリーの正体を暴けなかった。イワン雷帝の最後の妻であるドミートリー皇子の実母は、マルファと名を変え修道女として暮らしていた。ゴドゥノフは冬の夜に、彼女をクレムリンに呼び出した。ゴドゥノフの妻マリーヤは、マルファの眼にろうそくの炎を突きつけたと伝えられる。それでもマルファは、攻め寄せてくるドミートリーが偽者だと言わなかった。一六〇五年四月、二人の英国人医師の努力もむなしく、ゴドゥノフは息を引き取った。毒殺説が流れたのは当然だった。だが出血が止まらず死去したとの見方が支配的だ。不安のために神経が休まらなかったとみられる。

ゴドゥノフは跡継ぎの男子を残した。クレムリンで主要な立場にあった大貴族たちは当初、一六歳の遺児フョードル・ボリソヴィチを即位させツァーリ不在の事態を回避しようと考えていた。もともとツァーリの家柄ではないフョードルの皇位継承は、正統性に難があった。廷臣の多くはフョードルを支持しなかった。彼らには父親のゴドゥノフから、ひどい目にあったという恨みもあった。クレムリンの外では、疲れ果てた民衆がゴドゥノフの息子に向ける視線は、いっそう冷たかった。農民は暖炉の前で、草原のコサックはかがり火の周りで、昔は良かったと語り合った。だが郷愁の輪郭や細部は曖昧模糊としており、話は取り留めがなかった。ただ正統性に疑いがない真のツァーリが必要だという点で、意見は一致していた。真のツァーリは物語の世界から帰って来るかのようだった。それは暗黒の寓話の世界かもしれなかった。なぜなら皇統の根拠は、イワン雷帝の血筋に求めるしかなかったからだ。このような民衆心理は、偽ドミートリーに極めて都合が良かった。一六〇五年六月一日、事態は急変した。偽ドミートリー側に付いた役人たちが、クレムリンの城壁の下に集まり、皇子の布告を読み上げた。それはモスクワ大公国のすべての国民に対し、流血の闘争をやめ、真の君主に速やかに忠誠を誓うよう求めていた。そして「真の太陽がロシアの上に昇ることを神は認め給うた」と宣明していた[68]。

モスクワ市民は行き場を失い、飢餓に苦しみ恐怖感にとらわれ、見せしめの拷問が流す血に疲れ果てていた。布告はたちまち効果を上げた。彼らにとってクレムリンは、自分たちを苦しめた輩の巣窟だった。日の長い夏の一日は、絶好の機会と思われた。一〇〇〇人を越す暴徒が、門から中へなだれ込んだ。彼らはゴドゥノフの宮廷を目指した。一団は未亡人と息子、側近たちを捕らえた。別の一群は手当たり次第に略奪を繰り広げた。彼らはやがて酒樽に殺到した。酒を帽子に受けて飲み干す者もいた。クレムリンの酒庫で、少なくとも五〇人が泥酔して命を落とした[69]。財宝や調度、食料や武器も争って奪った。その場で踏みにじり、あるいは持ち去った。相当量の金塊をいったん土中に埋めたが、数カ月の間に持ち去った。このようにして一日が過ぎ、偽ドミートリーの治世が幕を開けた。騒乱のまったただ中のクレムリンで、皇位継承が宣言された。エルサレムをモスクワに再現しようとしたゴドゥノフの夢は無に帰した。

総主教イーオフは退位の末に追放された。フョードルと彼の母は絞殺された。政敵を排除する役割を担い、憎悪の的となっていたセミョーン・ゴドゥノフは捕らえられ、辱めを受けた上で拘禁されて餓死した。ボリス・ゴドゥノフは、リューリク朝の墓所であるアルハンゲリスキー大聖堂で、六週間前に永遠の眠りについたばかりだった。棺は大聖堂から引きずり出された。彼の墓は現在、聖三位一体セルギエフ修道院の敷地で、聖堂の外にある。正しい皇統が蘇り、クレムリンもようやく正常化するかに思われた。だが万人が認めるツァーリさえいれば、殺し合いはなくなると考えたのは間違いだった。皇位が安定するまで、ロシアはさらに数年間の内乱に苦しまねばならなかった。

偽ドミートリーの入城は、クレムリンにとって国際的にも新たな時代を画する出来事だった。共通の皇位を戴き、モスクワとポーランドを統合するべきだという考え方は、既に数世紀もの歴史を有していた。両国による連合あるいは同盟には明確な根拠があった。二つのスラヴ国家は共通の歴史を育んできた。ロシアのいにしえの都キエフは、ポーランド＝リトアニアの領内にあった。両国の王朝にも姻戚関係があった。だが国家統合論を隠れ蓑に、さらに大きな外交上の駆け引きが常に展開されてきた。バチカンの手先は注意深く事態を見守っていた。ロシアもポーランドも国境地帯では、互いの領土を切り取ろうと機会をうかがっていた。イワン雷帝もかつて息子のフョードルを、ポーランド＝リトアニアの皇位に付けようと申し出た。だが自分がリヴォニア戦争を始めたために、この企ては実現しなかった。今度はポーランド＝リトアニアの新たな王、ジグムント三世のもとで、新たな統合の試みが始まろうとしていた。

ポーランドにとって偽ドミートリーは都合の良い存在だった。偽ドミートリーはポーランド貴族から武器の提供を受けて、初期の戦闘で勝利を収めた。彼は終始一貫して、ポーランドの傀儡であったという見方や、彼がカトリック教徒だったという説もある。服装も異教徒のように見えたし、髭も剃っていた。モスクワの聖職者の長い祈禱には、不快感を隠さなかった。ポーランドとロシアの国家連合について、十分に実現可能であると考えていたふしもある。(70)ローマではカトリックの異端審問官が、彼の動向を注視していた。ロシアの帝室の周辺（あるいは皇帝自身）と手を組めれば、品行に多少の問題があっても大目に見るつもりだった。(71)偽ドミートリーの宮廷には、ポーランドの回し者が数多くいた。彼らは当初から、クレムリンの内部に住居を構えた。

偽ドミートリーのそばに侍る異邦人は、モスクワ生え抜きの廷臣を警戒させた。偽ドミートリーは断食や祈禱など正教の流儀を軽視した。モスクワ人はそれだけでも眉をひそめたが、聖なるクレムリンをカトリック教徒が闊歩する光景だけは、どうしても我慢できなかった。偽ドミートリーを玉座に押し上げた民衆は、彼が連れてきた取り巻きの顔ぶれを知って幻滅感を味わった。宮廷と国民の相互不信は強まるばかりだった。溝の深さは、カトリック教徒の士官であるジャック・マルジェレが、偽ドミートリー批判の高まりにうんざりして吐いた言葉にもうかがわれる。「［偽ドミートリーが］ロシアの慣習をないがしろにしたり、不作法かつ野蛮で文明のかけらもない連中だと分かるからだ。ロシアはほら吹きと不忠者の国で、法律も道義もない。男色、はかりしれない悪徳、そして残虐行為が横行為し、腐敗している(72)」。

偽ドミートリーの評価は、証言者によってかなり異なる。ジャック・マルジェレは、「賢明な人物で、評議の場で学校の教師のように振る舞えた(73)」と述べている。マルジェレは偽ドミートリーの宮廷で警備の責任者となった人物だったので、話は客観性に欠ける。彼は一方で、偽ドミートリーが粗野で淫乱であったとも書いている。宮廷で（特に浴室で）若い女と快楽に溺れ、クレムリンの尼僧やボリス・ゴドゥノフの娘クセーニヤと戯れたという。(74)偽ドミートリーは暇ができると、御所の背後に設けた一画で、熊と犬を戦わせて楽しんだ。彼は犬を人間にけしかけることもあった[75]。偽ドミートリーは脚が短かったので、イワン雷帝の玉座に座ると、足が床まで届かなかったという説もある[76]。彼はツァーリとして次々と命令を出した。深く考えもせずに「ポーランド様式の」新宮殿を造らせた。それはクレムリンの城壁の上から、モスクワ川を見下ろす位置にあったはずだ。記録がほとんど残っていないが、釘やちょうつがいまで金箔で覆う贅の尽くしようだった。暖炉はマッサの目に、見事な芸術品に映った。マッサによれば、新たなツァーリは「豪華な浴場と素晴らしい塔も造った」という。だが暗雲が既に立ちこめていた。「宮殿には馬屋があるのに、彼は新たな御所の近くに特別な馬屋を建てさせた。彼がつくった新しい建物には、多くの隠し扉と秘密の通路があった。彼が歴代の暴君の歩んだ道を歩み、際限ない恐怖感にとらわれている証拠だった[77]」。

偽ドミートリーの治世は一年も続かなかった。后の選択が致命傷となった。彼は一六〇三年、ポーランドの貴族イェジ・ムニシェクの支援を得るために、その娘マリーナを妻に迎える約束をした。一六〇六年、ムニシェクは約束の履行を求めた。偽ドミートリーがロシア人の妻を迎え、ツァーリの正統な系譜に自らを組み込む態度を見せていたら、モスクワの廷臣たちも、リューリク朝の子孫を自称するこの男の周囲に寄り添い、従来のように特権層が跋扈する体制が再現していただろう[78]。一六〇六年五月、マリーナはポーランドから家来を引き連れ、仰々しくモスクワに輿入れした。婚礼の式典に参列する多くの賓客も一緒だった。彼らはロシアで異質の存在だった。

花嫁の行列は絢爛豪華だった。馬車は金箔を張り巡らせ、召し使いは制服を着ていた。一行は莫大な価値の宝石類を携えていた。モスクワの人々は馬の姿に目を見張った。赤やオレンジ、黄色に毛を染めた馬が幾頭かいた。花嫁を乗せた馬車は一〇頭立てで、馬には「「虎や豹のような」黒いまだら模様があった。どの馬もよく似ていて、区別ができないほどであった[79]」。馬だけではない。フルート、トランペット、ケトルドラムなど各種の楽器が音楽を奏でていた。なにもかもが、ソフィア・パレオローグがイワン三世に嫁いだ時以来の豪華さだった。その騒々しさが正教の祈りを妨げると考えた。音曲や尊大な態度は、まだ序の口だった。だがロシア人は、ポーランド人は長期滞在の構えを見せた。客人たちはモスクワの資産家の邸宅に泊まることになった。拒絶はできなかった。客人の部屋に運び込まれる荷物の中には、日常品と一緒に鈍い光を放つ武器の束があった。家人は驚きとともに見守った。(80)

その後の数日で事態はさらに悪化した。ポーランド人はいつも酔っていた（ロシア人がそれを批判する権利があるだろうか?）。正教の聖職者やイコンに敬意を示さなかった。それがツァーリの婚礼を控えた時期と重なったために、反感は高まるばかりだった。長いローブを引きずり、見苦しいズボンと長靴で街を闊歩する男たちの姿が市民を驚かせた。婚礼の日が来た。市民は中に入れないと知りつつも、クレムリンの前に集まっていた。カトリック教徒がウスペンスキー大聖堂の上席を占めたと聞いて、群衆は愕然とした。イサーク・マッサによると、凶兆の暗雲がこの時、ポーランドの方角から現れ空を覆った。数夜を経て月が血のように赤く染まった。(81)

当時のロシアでは事を決するために人を殺すのは、ごく当たり前の方法だった。偽ドミートリーはまだ、シュイスキー家の忠誠を勝ち得ていなかった。ワシーリー・イワノヴィチ・シュイスキー公を当主に、彼の三人の兄弟がシュイスキー家のかなめを成していた。(82)シュイスキー家は同盟関係を結んで久しいゴリーツィン家とともに、幾たびか偽ドミートリー暗殺を企てたが、いずれも成功しなかった。五月一五日から一六日にかけての夜、彼らが放った六人の刺客がクレムリンに侵入した。警備の責任者であるジャック・マルジェレは、病の床に就いていた。毒を盛られたとの見方もある。だが今回の暗殺計画も、これまでと同様に失敗した。五月一七日に再び決行することになった。今度はシュイスキー、ゴリーツィン両家の顔を知られた人物が直接赴いたので、クレムリンの衛兵も気を許して門を開けた。彼らは外部から邪魔が入らないように城門を閉じ、偽ドミートリーの寝所がある建物へ向かった。その時、異常を察知した歩哨が鳴らす警鐘がモスクワ市民の眠りを破り、「ポーランド人」が、ツァーリを殺すためにクレムリンに侵入したと告げた。あつかましい客人への怒りを何週間も募らせていたモスクワ市民は、鐘の音で遂に堪忍袋の緒が切れた。大虐殺が始まった。ポーランド人に限らず、少なくとも五〇〇〇人の外国人が殺された(83)。

侵入者によって外部との連絡が断たれたクレムリンでは、偽ドミートリーに危険が迫っていた。偽ドミートリーは状況を知るために、側近のバスマノフを放った。バスマノフは刺客と遭遇して、すぐに殺された。偽ドミートリーは逃げようとしたが、既に刺客が居室の扉を破ろうとしていた。彼は高窓から外に飛び降りた。宮殿の周囲は迷路のようになっていたので、そこに逃げ込もうとしたに違いない。だが慌てていたので、着地の際に足をくじいてしまった。銃兵が何人かツァーリを救おうとした。だが刺客のほうが数が多かった。偽ドミートリーは懇願したが、その場で射殺された。彼とバスマノフの裸体は小さな机に乗せられ、クレムリンの堀の岸でさらしものにされた。モスクワじゅうの人々が、ツァーリを名乗った男の姿を、自分の目で確かめた。イサーク・マッサも「大いに興味をそそられて」その場に赴いた。

私の前に横たわっている人物は、確かに何回も目にしたツァーリに違いなかった。この人物が一年にわたり統治者だったのだ……私は遺体の傷を数えた。二一の傷があった。頭頂部が砕かれて、脳が遺体の横にあった(84)。

細部に及ぶ証言は、偽ドミートリーの死が動かしがたい事実であることを裏付けている。だが遺体にまだ意思が宿っているかのような錯覚が人々をとらえた。モスクワの広場に妖しい人形《ひとがた》の炎が現れたという噂が流れた。次に季節はずれの霜が野を覆った。人々はツァーリを殺した罰ではないかと恐れた。大貴族のワシーリー・シュイスキーは、もう自分がツァーリになったような気持ちだった。彼は偽ドミートリーが妖術を使っているとの噂に立腹した。遺体は貧民の墓地に移され、これ見よがしに焼却された。シュイスキーは九歳で死去した皇子ドミートリーの遺体を、礼を尽くしてウグリチからモスクワに運んだ。本物のドミートリーを生まれ故郷に戻し、彼を幼くして殺した人物の罪をつぐなうためだった。皇子の遺骨は祖先とともに眠る結果となった。それは皇子の名を盗んだ男を弾劾する儀式でもあった。

シュイスキーは皇子ドミートリーの遺骨を持ち帰るために、修道士フィラレートとなっていたフョードル・ロマノフを派遣した。新たなツァーリが空席の総主教に、都合のよい人物を据えるために、有力な聖職者をモスクワから遠ざける必要があった[85]。フィラレートはそれを知ってか知らずか、自らの任務を粛々と果たした。彼は殉教したドミートリー（実際はシュイスキーの手の者が身代わりに殺した子供だったかもしれない）の遺体は、一五年が経っても生前のままでかぐわしい香りを放っていたと証言した。皇子の手は、殺された時に食べていた木の実を、しっかりと握ったままだった。遺体は聖なる存在となった。棺は行列に守られてモスクワへ向かい、クレムリンの表門に予定通り到着した。着飾った主教や廷臣たちが棺の周囲に集まり、驚きとともに祈りを捧げた。病み傷ついた巡礼者たちが棺に招き寄せられた。彼らは病と傷が癒えたと喜んだ。クレムリンの鐘が奇跡を称えるように鳴り響いた。

奇跡を信じない人々もいた。ジャック・マルジェレもその一人だった。彼は「奇跡」はでっち上げで、遺体はすぐに朽ち果て、悪臭を「豊かな芳香」と言い張ることはできなかったと記述している。神の恩寵の証はどこにもなく「野暮な見せ物」があるだけだったという。イワン雷帝の末子の遺骸は、悪臭を放ちながらも、国家の神殿に納められた。彼は歴代ツァーリが眠る地下墓地に埋葬された。聖人となったドミートリーが、ロシア国民の心の絆となることを疑う者は、当時も後の世にもいなかった。彼の聖体は今も、アルハンゲリスキー大聖堂で特別な位置に安置されている。

ロシアで一七世紀の動乱を経験した兵士の出自は、あらゆる地域のすべての階層を網羅していた。農民が貴族に挑み、都市の住民が地方の民を脅かす単純な階級闘争の構図ではなかった。むしろ合理性と正義をめぐり対立する勢力が、各種各階層を巻き込んで急速に再編される過程で起きた闘争だった。クレムリンの内部でさえ、ツァーリとなったワシーリー・シュイスキーを支持する廷臣と、時勢に応じ皇位を狙う諸公に鞍替えをしたり、ポーランド王になびいたりした勢力が割拠していた。フィラレート自身も反乱軍に捕らえられ、暫定的な新ツァーリに仕えるよう説得を受けた。だがもともと政治家だった彼は、ポーランドのジグムント三世に運命を託した。首都を除けば、困窮する地方貴族、農民、コサック、土地を持たない貧民は、モスクワの大貴族と距離を置いていた。だがこれらの勢力も、中央に抗して一枚岩の陣営を形成しているわけではなかった。正義に裏打ちされた秩序と自由、食料を求めて、ごく普通の民やコサックが、一六〇六年から一二年の間に登場した少なくとも八人のツァーリの側に立って戦った。ツァーリと言っても、自ら「真のツァーリ」を名乗ったにすぎない人物ばかりだった。時には二人のツァーリのために戦う局面もあった[86]。

最初の反乱は一六〇六年の夏に起きた。反乱軍は主に南部で次々と都市を攻略した。虚栄心が強く肥満した大貴族に忠誠を誓う者はいなかった。辛辣な近代の歴史家に言わせれば、シュイスキーも

「背が低く、ずんぐりして頭髪が薄く、魅力は感じさせない……ぼんやりして滑稽[87]」だった。偽ドミートリー亡き後の権力の空白を埋めるために、この見込みのないツァーリは、クレムリンに自分のための宮殿を建てさせた。実際に住んだのは、彼のあやうい統治と同様にごく短期間だった[88]。一六〇六年七月、彼はクレムリンに籠城を強いられた。備え付けの大砲が初めて、目下の市民を攻撃した。堀をまたいでクレムリンとモスクワ市街を結ぶ橋のうち、少なくとも二つを攻囲戦に備えて破壊した。反乱軍は秋までに、モスクワを完全に取り囲んだ。深刻な食糧難が迫っていた[89]。シュイスキーは人々に、反乱軍の計画では女子供も含めモスクワ市民は皆殺しになると吹き込み、何とか秋まで持ちこたえた。追いつめられたシュイスキーは、クレムリンの伝説的な宝物を売り始めた。イサーク・マッサによると、シュイスキーは自ら宝物庫に行き、黄金や毛皮を持ち出し、配下の将兵に与えて支持をつなぎ止めようとした[90]。だが彼でさえ宝物を払底させることはできなかった。その特権は後継者たちに残された。

反乱軍がモスクワを囲み始めたのは、一六〇六年一〇月下旬である。事の重大さをさとった人々は、シュイスキーに批判の矛先を向けた。七六歳の総主教ゲルモゲーンは、ツァーリの数少ない味方だった。古代のゼロテ党を思わせる狂信的な人物が、思いがけず国民の英雄となった。彼は司祭となった時、既に若くはなかった。異教徒や融和主義者、外国人との妥協は、どのようなものでもかたくなに拒む一徹者だった。反乱軍は彼の価値観に照らせば悪魔の使徒だった。一方で新たなツァーリによる数カ月の統治に対する審判でもあった。シュイスキーは珍しく賢明な判断をした。才覚に優れたおいのミハイル・スコピン＝シュイスキーに、軍事的な指揮権を集中した。一六〇六年一二月に反乱軍は敗北し、指導者たちは互いに離反した。シュイスキーはモスクワで、大量の処刑を執行することにした。商人も事務員も死の光景には、一様にうんざりしていた。彼らの目の前で一万五〇〇〇人ものコサックが惨殺された。反乱の首謀者たちは、民衆の前で突き殺された(91)。

ワシーリー・シュイスキーには真の友人がいなかった。有力な門閥が幾つもツァーリの座を狙っていた。特にゴリーツィン家には勢いがあった。だが大部分の廷臣は、誰もが受け入れられるツァーリを戴き、以前のような安定した地位と権力を回復したいと願っていた。玉座を狙う者は一人ではなかった。それぞれの根拠地とクレムリンの間を、密使がさかんに往来した。二人目の「偽ドミートリー」が、モスクワに近いトゥシノに陣取り、野心ある者を周囲に集めていた。彼は正教徒のロシア人(従って愛国者)でもあった。ところが首都を目指す各種勢力を統合できなかった。シュイスキーはモスクワ大公国の分裂をくい止めるため、スウェーデンに援助を求めた。クレムリンが約束した「永遠の友情」(それはポーランドとの永遠の敵対を意味した)と引き替えに、スウェーデンはシュイスキーに支援を約束し、反乱軍のコサックとツァーリの座を狙う者どもを駆逐すると請け合った。スウェーデン軍は一六〇九年、取り決めに従ってバルト地方から南下した。ノヴゴロドが最初の攻撃目標だった。

ロシアの支配権をめぐる争いでは、ポーランドも依然として主要な役割を果たそうとしていた。ジグムント三世が息子ウワディスワフをツァーリにしようと企んだ時、最初は誰も本気で取り合わなかった。結果として、それは誤りだった。ポーランドと手を組めば、モスクワ大公国に和平を取り戻す可能性が開けていただろう。ポーランドは強力な軍隊を派遣して、新ツァーリを支えたはずである。シュイスキーさえ排除すれば、ウワディスワフは大貴族の家柄から妻を迎え、ロシアの血筋を守る王朝を立ち上げることもできた。極秘の交渉が続いた。この計画を熱心に進める一派は、ジグムント三世から密約を取り付けたと主張した。狂信的なカトリック教徒であるポーランド王が、ウワディスワフをロシアのツァーリとする譲歩と引き替えに、息子を正教徒にすると約束したというのだ。だがジグムント三世は一六〇九年夏、別の動きに出た。彼はクレムリンや、トゥシノの偽ドミートリーの軍勢に密偵を放ち情勢を探っていたが、遂に自ら兵を率いてロシアに介入した。スモレンスクを迅速に奪い、勢いを駆ってモスクワへ進撃するつもりだった。ボリス・ゴドゥノフが築いた堅固な要塞がなかったら、勝敗は簡単に決していたに違いない。実際は二年間の長期戦となった。市民数千人の命を奪った果てに、ポーランド軍はようやくスモレンスクを攻略した。[92] その後五〇年近く、ロシアはこの都市を奪還できなかった。

ボリス・ゴドゥノフの統治に始まるいわゆる「動乱の時代」は、破壊と殺りく、裏切りの叙事詩である。クレムリンを舞台とする最終章は、最も陰惨な物語となった。一六一〇年七月、大貴族の一団は教会指導部とごく一部の市民の支持を取り付け、ワシーリーを無理矢理に退位させた。ワシーリーは修道士となる誓いを強要され、チュードフ修道院に事実上軟禁された。七人の大貴族が七卿政府を組織し、表向きはウワディスワフの即位を準備する名目で、暫定的な権限を手中にした。[93] 市民代表の長老たちは、しぶしぶ容認した。

指導権を握った大貴族たちは、ロシアで最も富と知恵に恵まれた人材であるはずだった。しかし、七卿政府はクレムリンの罠にはまり短命に終わった。クレムリンの高い壁の内側で、永年仕掛けられてきた「慣習」という罠に捕われてしまったのだ。モスクワ郊外では至る所で、コサックや無法者、逃亡農奴の集団が略奪をほしいままにしていた。七人の大貴族は、慣習に従う以外に知恵を持ち合わせていなかった。多くの国民はロシアで生まれ育ったツァーリを欲していた。トゥシノは既に陥落したが「ドミートリー」は一六一〇年一二月まで、その地にとどまっていた。七卿政府は誰をツァーリの座に据えるか決めかねていた。ツァーリ以外の統治権力を構想する頭脳もなかった。彼らはウワディスワフ・ジグムントヴィチをツァーリに指名した。国民を幻惑する先人の伝統を踏襲した。王家の血を引くウワディスワフなら、秘密と特権が支配する世界を築き上げてくれると期待した。そのような体制を欲していた七卿政府は、ウワディスワフを招くというより、彼に即位を懇願した。クレムリンの財宝（そして料理）の目録まで作成して提示した。モスクワ大公国の支配の象徴である笏杖や、宝石をちりばめた首飾り、モノマフの帽子、カリタの帝冠、ゴドゥノフの帝冠などが列挙されていた。ウワディスワフが招請を受諾すれば、黄金のローブ、毛皮で縁取りし真珠をあしらったビロードのマントを贈ると申し出た。金銀の皿や杯、石細工、サーベル、そして多額の現金もウワディスワフの所有に帰すはずだった[94]。

だがクレムリンでは、ウワディスワフ歓迎の準備どころではなかった。傭兵のために冬の宿舎を用意しなければならなかった。大貴族の集団指導体制は自国民を恐れて、外国人の傭兵を雇うようになっていた。傭兵はクレムリンの城内にも駐留していた。その中にはマルジェレが雇った兵士たちもいた。一六一〇年の晩夏にクレムリンの指導部は、ポーランド士官でヘトマン（コサックの頭領）のスタニスワフ・ジュウキエフスキに、モスクワ駐留ポーランド軍を増強する許可を与えた。治安維持が目的だった。市民は反発して一時は蜂起しかねない有様だった。ジュウキエフスキは何とか部隊の一部を、キタイゴロドの城壁の内部と「白い町」に宿営させた。最後に自ら別の部隊を率いてクレムリンに入城した[95]。

ジュウキエフスキは、ポーランド軍が規律を守ったと主張する。だが別の証言によれば、彼らは傲慢かつ強欲で、数千人を動員しなければできないような無理難題を押しつけた[96]。総主教ゲルモゲーンはポーランド軍に公然と不満を唱えた。ウワディスワフのモスクワ入りは数カ月遅延した。クレムリンの内外を問わず反ポーランドの気運が高まり、ゲルモゲーンの周囲に人々が結集し始めた。国民の自尊心は傷つき、ロシアの文化が破壊されると危惧した。ゲルモゲーンの訴えを受けて、地方で正教徒による抵抗運動が起きた。やがてジグムント三世は息子ではなく、自分がロシアの支配者になるつもりだという噂が広がった。噂を流したのは、ウスペンスキー大聖堂にいるゲルモゲーンだった。彼はカトリック教徒による支配を嫌い、公然と警告を発した。ジュウキエフスキには外交的な感覚もあったので、いったんクレムリンを退去した。ジグムント三世の指示で、クレムリンに入った部隊の指揮はアレクサンドル・ゴシエフスキという粗野な士官に委ねられた。彼は公共秩序の維持を名目に、聖枝祭の行列を廃止しようとしたが失敗した。(97) 彼は数千人の市民殺害にも関わっていたが、聖枝祭を愚弄したことで、ついにロシア正教徒の逆鱗に触れた。

ポーランド軍がいくらロシアの救世主(そもそもあり得ない話だった)を装っても、一六一一年の春に起きた一連の出来事で、化けの皮がはがれてしまった。ポーランド軍に守られている一部の貴族を除き、誰もがモスクワに駐留する部隊を、敵対する占領者とみなした。クレムリンの外の世界、特にモスクワを離れた地方では、疲弊した民衆が抵抗を始めた。目的は災厄の根源であるカトリック教徒の排除であり、クレムリンを含むロシアの聖地の奪還だった。様々な抵抗勢力が乱立し連携に欠けたが、首都の解放を優先することで一部が結束した。一六一一年三月、復活祭が終わって間もないモスクワに、リャザンの反乱軍が突入した。クレムリンを警備するカトリック教徒の部隊を排除するためだった。反乱軍にモスクワ大公国の正規軍が合流した。ゴシエフスキの対応は過酷を極めた。クレムリンから獰猛な部隊がモスクワに繰り出した。ジャック・マルジェレの回想記は、この事態について詳細を伝えていない。だが外国人たちの証言によれば、反乱軍部隊と戦ったフランス人の指揮官が部下とともにクレムリンに戻って来た時、彼らの服は返り血に染まり、まるで屠畜人のようであったという。(98)

ゴシエフスキは敵方の人間が隠れていそうな場所は、ことごとく破壊を命じた。大貴族たちを脅して同意を取り付け、モスクワの一部を焼き払った。「それだけでは済まなかった」と、ドイツの外交官アダム・オレアリウスが記述している。彼は当時の目撃者から二〇年後に話を聞いた。「巨大な炎が襲ってきた。偉大なモスクワはクレムリンと石造建築を残して、二日間ですべて灰燼に帰した」(99)。壊れた煙突が何本も、まるで罪を指弾するように突き出て、大火がなめ尽くす前にどこに建物があったかを示していた。ゲルモゲーンはポーランド批判の説教を止めなかったので、チュードフ修道院に幽閉された。焼け跡は数日間で徹底的に略奪された。盗む物がなくなると、傭兵たちはクレムリンに立てこもり、黒煙に燻された城壁の中でジグムント三世の到来を待つ態勢を整えた。同じクレムリンにあって、チュードフ修道院の修道士たちは、断食と祈りに日々を過ごしていた。広場を隔てたところに、ゴドゥノフが完成させた鐘楼が光をまとい、そびえ立っていた。近くの官署では、政府を担う大貴族たちが、大量の居候を抱え途方に暮れた家主のように、わずかに残った役人たちと身を寄せ合っていた。

一六一一年、モスクワ大公国は消滅した。合法的な政府も統治者もなく、首都は外国軍の占領下にあった。スモレンスクはポーランド軍の手に落ちた。地方では豊かな耕作地のほとんどが放棄された。あるいは戦いで踏み荒らされた。国土の分割を最後の局面で救ったのは、ツァーリでもなければ、クレムリンの神秘力でもなく、国民自身だった。ゲルモゲーンは僧坊に閉じこめられ、餓死に追いやられつつあった。それでも最後の力を振り絞り、次々と檄文をつづった。檄文は修道院の外に密かに持ち出された。彼の命がけの訴えは、各地の聖職者、ヴォルガ川流域や南西部の人々に届いた。ゲルモゲーンが鼓舞した正教精神は、様々な価値観が混在する体系だった。罪や羞恥の観念と一体化した敬虔な信条、悪魔や異邦人に向けた怒り、祖国と聖人にそそぐ愛情が一体となり、強い力を生んだ。ヴォルガ川の都市ニージニーノヴゴロドの商人クズィマ・ミーニンも、ロシア人解放の呼びかけを受け止めた数千人の一人だった。彼は義勇軍の創設に尽力し、武人のドミートリー・ポジャルスキー公を指揮官に戴いた。一六一二年になると、ポーランド軍はこの義勇軍を最も恐れるようになっていた。ほかにも民族主義者ドミートリー・トルベツコイ公が率いる軍団などが組織された。ポジャルスキーの義勇軍が、これらの軍団と手を組めば、広大なロシアに独立国を別途樹立することもできただろう。だが彼らは一路クレムリンを目指した。ロシアには城塞がいくらでもあった。だが神の威光が宿るのはクレムリンだけだった。

外国人の傭兵は徐々に数を減らしながらも、なお一年半にわたりクレムリンを死守し続けた。クレムリンは従来と同様に、それ自体で完結する小宇宙だった。モスクワは荒廃した。食料の供給は乏しく、未来への展望も開けなかった。クレムリンの傭兵も報酬が滞ると、とたんに怒りを募らせた。軍隊の通弊が露呈した。大貴族の政府には独自の資金源がなかったので、宝物に手を付けた。最初は政府としての体面もまだあったので、イコンの下にろうそくを立てる金銀の受け皿を溶かす程度だった。一六一一年に鋳造した硬貨には、ウワディスワフの名がツァーリの称号とともに刻まれた。人間は財宝の魔力に抗することはできなかった。ゴシエフスキやロシアの指導者たちは、数百本ものサーベルを束ねて持ち去り、装飾の宝石を取り外した。ビロードや黄金色の式服まで盗むようになった。[100]大量に出回る黄金や財宝の価値は、相対的に下がった。金の鎖でキャベツ一個がようやく買えたが、パンの塊はもっと値が張った。機転が利く者は、城壁から外へ抜ける通路を見つけ、クレムリンから逃げ出すようになった。

ゴシエフスキでさえ最後まで踏みとどまりはしなかった。一六一二年春に退去する前、彼と側近たちは、ツァーリの王冠から金目のものをすべて取り去ってしまった。記章をはじめ、リューリク朝全盛時の貴重な品々も着服した。「ゴドゥノフの帽子」として知られる冠には、スリランカに産する大粒のサファイアが二つはめ込まれていた。これらは最も高価な略奪品だった。[101] 傭兵たちは偽ドミートリー一世のために作製された帝冠や、宝石で装飾した笏杖も持ち去った。イワン・カリタの黄金の帽子も消えた。イコンや衣服、宝石や毛皮もなくなった。[102] 盗品の一部は海外に流出した。宝石を散りばめた二つの祭具、イコンと聖遺物箱は、一六一四年にミュンヘンに持ち出され、現在もミュンヘン・レジデンツの宝物庫に保管されている。[103] だが多くは海外に出る前に、コサックの荒くれ者が、西へ向かう旅人から奪い取ってしまった。盗人が誰であろうと、ロシアが貧しくなった事実に変わりはなかった。海外に持ち出された宝石もあれば、国内に隠匿された富もあった。現代ならスイスの銀行に預けるところだが、一六一二年当時の盗人たちは金塊を国外に持ち出せず、土中に埋めて秘匿した。オレアリウスは「信じがたい富だった。金銀、宝石、その他の貴重な品々が奪われ、ポーランドへ送られた」と述べている。「兵士たちは大粒の真珠を銃に込め、空へ放って気晴らしをした」。

ゴシエフスキが去って数カ月は敗残兵の姿が消えなかったが、一六一二年の夏にはモスクワの大部分がロシア国民の名において解放された。それでもクレムリンとキタイゴロドは依然として、大貴族とポーランド軍の支配下にあった。外部から物資の供給を絶たれたため、クレムリンは兵士がたむろするスラムから、死体置き場へと変貌した。九月には一部が飢餓状態に陥った。ある外国の商人はウスペンスキー大聖堂を訪れた際、壁際に浅く掘った墓穴に、人間の頭や足が入ったずだ袋を見たと証言している。モスクワ市民も飢えてはいたが、外出を控えるようになった。夜になるとポーランド軍が人肉を求めて、獲物を追いかけ回すという噂が流れた。クレムリンは恐怖の砦となった。城壁の内側では、傭兵たちが死んだ同僚の人骨を奪い合った。カラスを撃ち、ネズミの死骸をめぐり争った。[104]
クレムリンの籠城兵は約三〇〇〇人から一五〇〇人ほどに減った。一〇月になって義勇軍が突入した時、城内は既に死体の山だった。

いかなる聖地も無事ではなかった。[105] 人々はあまりに膨大な人命が失われた事実に呆然とし、貴重な文献や書籍の焼失を嘆く心のゆとりはなかった。そこに記されていた歴史は永遠に失われてしまった。[106] ロシアの愛国主義を再生させる絶好の機会が訪れたと思えるのは、傍観者だけであっただろう。人々は祖国を破滅の危機から救った。ツァーリを失ったが、今や新たな指導者たちが登場した。議会に類する統治形態さえ夢ではなかった。明るい未来が万民に開けるかもしれなかった。ロシアの民衆が、国の統治に意見を反映させる可能性が現実味を帯びた。しかし時代の振り子は、またしても保守反動に振れた。まだ各地では外国との戦争が続いていた。スウェーデンとポーランドが領土の一部を占領していた。クレムリンは空虚な陥穽だった。古い時代のエリートである偉大な大貴族たちを頼る者は既にいなかった。それでも過去は霞とおぼろの彼方から、郷愁とともに立ち現れて来るのだった。未知の道を選んで対立を招くより、もと来た道を引き返すほうが安穏なのだと思われた。一六一二年の略奪と破壊は甚大な被害を与えた。だが人々に最も深い喪失感を覚えさせたのは、高価な皿の数々でもなければ、サファイアを散りばめたゴドゥノフの帝冠でもなかった。ロシア人がクレムリンの再建に着手しながら真に追い求めていたのは、ユニコーンの魔法の角から彫琢したというイワン雷帝の過酷な笏杖だった。[107]

第5章
永遠なるモスクワ

ロシアの動乱が鎮まって四〇年ほど経ったころ、一人のシリア人聖職者がモスクワを訪れた。彼の父はアンティオキア総主教だったので、その助けを借りての旅だった。息子はアレッポのパウロとして、欧州に名を知られた人物である。モスクワ紀行で文筆家として名を成した。優れた観察力の持ち主だった。主教の法衣を飾る真珠やビーズに目を留め、男たちが吐く息に生肉の臭いをかぎ取った。分別を貴ぶ現代の基準に照らせば、彼の証言は過度の悪意に満ちている。若いパウロはロシアに滞在しながら、宗教においては、いかなる妥協も許さない現実を幾度も体験した。入浴しない修道士の体臭が不快だった。際限なく続く祈禱にも幻滅した。足と背中の痛みを訴えずに一日を終えることは、ほとんどなかった。厳しい寒さは耐え難かった。幾度も「手足と鼻が、ちぎれそうになった」。最初の試練は一六五五年一月の初めに訪れた。神現祭の儀式が戸外であった。式が終わるころ、パウロと父は「寒さに凍えてしまい、聖堂の中に入っても礼拝ができなかった」と書き残している。

舞台は凍結したモスクワ川の氷上だった。パウロのペンは最初の一行から、奇妙な雰囲気を醸し出している。

毎年一月になると「彼らは［モスクワ］川の上に、柵で広い囲いをつくった。川は皇帝の宮殿の近くを流れていた。総主教は上から下まであらゆる階層の聖職者や尼僧たちを伴っていた。彼らはローブをまとい、二列になって歩を進めた。荘厳な行列は水門に向かった。皇帝は冠をかぶり、大官たちを従え、自ら歩いて後に続いた。祈禱が始まると皇帝は冠をはずし、儀式が終わるまで、再びかぶらなかった。すべてが恐ろしい寒気の中で執り行われた。

たまたま一六五五年の一月は、アレクセイ・ミハイロヴィチ・ロマノフ（在位一六四五―七六年）が、モスクワを留守にしていたはずだ。だが廷臣が見守る中で、冷たい川の水を浴びる儀式は、ツァーリの年中行事として定着していた。氷上の儀式が終わると、定められた手順に従い「陛下は橇に乗って宮廷に戻った。金銀の鋲で留めた赤いビロードが宮廷を覆っていた。馬衣はクロテンの毛皮だった[1]」。

英国人のジェンキンソンらがモスクワ大公国の神現祭を最初に目撃してから、既に一世紀の歳月が流れていた。ビロードや黄金、廷臣の群れ、着飾った聖職者たちの姿は変わっていなかった。だが四三年前の一六一二年、国民軍が首都をポーランド軍から解放した時に、宮廷が専用の橇をあつらえ後ろの席にツァーリが座る光景など、いったい誰が思い描けただろう。当時はそもそも、ツァーリ自体が不在だった。かつて廷臣がまとった豪華なローブはともかく、代々継承された帝冠が再び宝物庫の所蔵に帰するかどうかも怪しい時勢だった。パウロ父子は一六五五年にツァーリに拝謁した。一世紀前のジェンキンソンやチャンセラーと同様に、長く厄介な準備を強いられた。父子が足を踏み入れたのは、ツァーリが支配し「黄金や真珠、宝石を衣装にあしらった大官が居並ぶ」宮殿だった。アレクセイの冠は「高いカルパック〔トルコなどで男性がかぶる帽子〕に似ていた」。そして「大粒の真珠と価値のはかり知れない宝石に覆われていた」。錦織を、金やレース、色鮮やかな宝石で縁取りした黄色いマントは「目もくらむばかりだった」[2]。グラノヴィータヤ宮殿に豪華な料理が並び、「威厳を備えた皇帝が中央に座し」「大きなテーブルは全面的に銀で覆われていた」[3]。

動乱の時代を知る者の目には、様変わりの光景であっただろう。激動期の西欧に対比させれば、過去にまどろむモスクワは、まさに異様な世界だった。革命の嵐が吹き荒れた英国ほどではなかったにしても、アレッポのパウロの時代になると、欧州のほぼ全域で伝統的権威が挑戦を受けていた。ガリレオやデカルトのような人物が登場して、宗教が規定した従来の世界観が崩れようとしていた。一七世紀前半は冒険の時代でもあった。ピルグリム・ファーザーズがメイフラワー号でアメリカに渡り、オランダ人がコネティカットを探検、ハーヴァード大学で最初の学生が学んだ。探検家たちは北のバッフィン湾に到達した。または南から東に進んでタスマニアに足跡をしるした。ロンドンやパリで、コーヒーという新しい飲み物が（必ずしも成功したわけではなかったが）大衆向けに売り出された。特筆すべきは科学の発展が、優れた兵器を生んだ変化である。欧州では戦争が絶えなかったので、それは当然の帰結とも言えた。銃器の精度は向上し、戦闘で大量の死者が出るようになった。兵士は専門の訓練を受け、教練の方法は進化し、厳格な規律が導入された。大規模な変革の結果、近代初期の欧州は富と軍事力で、世界の他の地域をしのぐようになった。欧州は雄飛の時を迎えていたが、ロシアの宮廷はまだ堅い殻の内に閉じこもっていた。

クレムリンが外国人に与えた印象は、入念な作為の所産だった。式服も黄金のローブも、パウロが描写した儀式も、すべて偽物だった。一七世紀初頭のロシアには停滞の余裕すらなかった。安定のないところに停滞はあり得ない。旧体制は崩壊し、古い景色は様変わりした。ツァーリ一家が祖父の時代の安定さえ取り戻せれば十分と考えたのは、このような時代背景と無関係ではなかった。内戦は一六一二年に終結した。革命は起きなかった。新たなツァーリ誕生は、体制転換の結果ではなかった。クレムリンを覆っていた戦火の煙が消えた一六一二年末のロシアでは、宮廷の内外を問わず、新たな思想が招き寄せる世界が、信心深かった昔より良い世界とは考えられなかった。(4) 真のツァーリが玉座にあり、後光を放っていた黄金時代の再来を誰もが願った。それが戦乱の教訓だった。

支配層は以降の半世紀にわたり、復古主義に傾倒し続けた。ロシアの政府を構成する人材は交代した。だが当初の段階では、古い家柄の出身者が指導的な役割を果たした。秩序は回復したが脆弱だった。名門の新世代（前世代の生き残りもいた）は、優越の証として過去の象徴や祈り、儀式に固執した。自分たちに都合の良いツァーリが見つかれば、それに優る安定の保証はなかった。ゲルモゲーンが権威を確立した教会が舞台仕掛けを整え、鐘の音で祝福した。(5) 政府の役人も、あらゆる手段で皇統の正統性を演出した。一六一三年になると、役人は貴族だけではなかった。官署ではモスクワに限らず、ゴドゥノフ時代に奉職した者が半数以上を占めた。役人は概ね世襲の職業となっていた。(6) モスクワ大公国には、そもそも学校がなかった。ましてや専門職を育てる機関もなかった。限られた役職に就かせるために、父が子供を教育した。国は疲弊し財政は苦しかった。彼らは記憶に忠実に過去を再現しようとした。

新ツァーリが決まり、ロシアは反動の方向に針路を定めた。クレムリンは柔軟性を失い、機能が麻痺状態に陥った。少しでも弱みを見せたり疑いを招いたりすれば、国民の反感を買うのだと半ば本気で恐れた。廷臣や使用人は身内で固めた。聖職者は古来の祈禱を長々と唱え、揺るぎない信仰をロシア人に強要した。メスニーチェストヴォ〔門地制度〕や階級制が、過去の栄光を帯びて蘇った。教会と国家の指導者は変革を望まず、権力と富にしがみついた。だが世界と絶縁することはできなかった。隣国の革新と発展は不快であり、脅威でもあった。クレムリンは心ならずも、根本的な選択を迫られた。破滅的な動乱の時代を再現しないために、蝕まれた過去の栄光に閉じこもるか、いかなる危険をおかしても欧州の一員としての地位を確保するか、二つに一つだった。どちらも相当の代償を伴うと想定された。

一七世紀のクレムリンを支配する者たちは、妥協の道を選んだ。危険を避けて、郷愁のベールを蜘蛛の巣のように張り巡らせた。埃をかぶった衣を着慣れた制服のようにまとう者もいれば、たちまち嫌悪感を催す者もいた。時代錯誤の選択であることは間違いがなかった。ほころびを繕う度に（あわてて法律を制定したり、軍隊の近代化に必死に取り組んだりした）、その衣は破れやすくなるのだった。やがて破綻が訪れた。クレムリンは一七世紀末、欧州で太陽王ルイ一四世が導入した絶対君主制を取り入れた。[7] 貴族会議に新たな顔ぶれが加わり、外国人の将軍が新編成の軍を率いた。領土は急速に拡大したので、そこから異文化が流入した。廷臣たちは、イワン雷帝が君臨した栄光の日々と、きらびやかな宮殿の復活を望んでいた。だが彼らの願いとは裏腹に、クレムリンは全く異なる容貌を備える結果となった。

それでも国民はこぞって、一つの熱い夢を見ていた。ある書記官が眠れない夜に、モスクワ大公国の永遠なる王朝の威光が、クレムリンの壁を越えて下々の民まで届いているかどうかを自問したとしよう。彼はアレッポのパウロの旅行記を、かいま見ただけで満足したに違いない。一六五五年当時、アラビア語を訳せる官吏を見つけるのは簡単だった。連綿と続く聖なる系譜の栄光が現世を照らす様が、ページを連ねて記述されている。「歴史の真実を調べた者たちがいて、彼らはモスクワ大公国の王朝が、ローマの血を引くのだと信じている」。「この尊い家系が、かの時代から今日に至るまで、いかに断絶することなく受け継がれてきたか、思いを馳せるがよい」[8]。クレムリンがいかに変わろうと、城壁の外の世界ではこのような賛嘆の声が、その後も何十年あるいは数世紀の間、消えることはなかった。

一六一二年から翌一三年にかけての冬、いくら皇統の一貫性について思いをめぐらせたところで、骨身が凍てつく寒さがやわらぐわけではなかった。国家は新たな主権のあり方を模索していた。影響力のある人物たちを集めて知恵を出し合うことになった。全国会議の召集である。ポジャルスキー公とドミートリー・トルベツコイが一六一二年、全国会議の開催を呼びかけた。ポジャルスキーの味方で支持者であった市民のクズィマ・ミーニンは、このような場合には発言力がなかった。会議は当初の予定から数週間遅れ、一六一三年一月に開催された。数百人の代表たちが荒れ果てたクレムリンに集まった。彼らを乗せた橇は放置された墓の上を滑り、一路モスクワを目指した。真っ白い雪景色に、わずかに生気を点じているのは、旋回するカラスの群だけだった。通過する町や村は、半ば打ち捨てられていた。かろうじて生き残った住民からは、絶望的な話ばかりを聞かされた。モスクワに行ったところで、彼らを救えるとは到底思えなかった。モスクワも焼け野原と化していた。食物も乏しく、砲弾が穿った穴だらけの荒れ地となっていた。全国の代表たちはモスクワ川を望むクレムリンの宮殿に集まった。応急修理を施して、ようやく全員を収容できる唯一の建物だった。代表の地位にあった貴族や聖職者、体制派のコサックたちは、沈鬱な気分に沈んでいた。ロシアが存続するために彼ら自身が、既に甚大な犠牲を払っていた。そして今、荒廃した国土を駆け抜けて首都に参集したが、宿泊の場さえおぼつかないのだ。市街地には身を寄せる施設もなかった。彼らはクレムリンに放置された古い宮殿や屋敷で、ろくに暖も取れずに夜を過ごした。

全国会議の主要議題は、新たなツァーリの選出だった。議会による統治（三〇年後にイングランドで国王軍と議会軍の内戦が起きた時でさえ、それは驚くべき考えだった）は考慮の対象にならなかった。元首の選出は喫緊の課題だった。同時に正当な統治体制を子孫に残すために、ロシア国民が一定の責任を果たすべきだとの考え方があった。[9] 最も有力な候補はポジャルスキー公だった。国民を救える人物は、彼しかいないとの見方が大勢だった。だが家格が低かったので、伝統的な貴族は彼の推戴を渋った。伝統貴族はウワディスワフ・ジグムントを推した。ハプスブルク家の出身者という選択肢もあった。家柄がさほど高くない出席者たちは、外国人候補の除外を主張した。[10] 武人のドミートリー・トルベツコイなら血筋にも問題はないと思われた。しかし、腐敗した親ポーランド派大貴族と関係が強いと批判された。会議の大勢は、家柄や名声より最大多数の支持が得られる人物へと収れんしていった。フィラレート・ロマノフの一六歳の息子が、ツァーリ候補として浮上した。傑物として知られるフィラレートがモスクワにいれば、彼自身が息子より強力な候補となっただろう。フィラレートは一六一〇年にポーランド軍に捕らわれ、モスクワに帰る途上にあった。若いミハイル・ロマノフは父の庇護を欠いたために、誰にも害を及ぼさない（しかし血筋という点では難がない）選択肢となり得た。

全国会議は断を下した。ミハイルは母親とともにコストラマに難を逃れていた。代表団がコストラマに向かった。彼らは優柔不断で青ざめた青年を見た。恐怖感に捕らわれている様子だった。はかばかしくない幕開けだった。ミハイル・ロマノフは即位の後も、変わり映えがしなかった。一六一三年から四五年の在位を通じ、独断では事を運べなかった。当初は親族が決定に関与したが、後にはポーランドから戻った父フィラレートに実権が移った。フィラレート・ロマノフは一六一九年にモスクワ総主教に着座し、一六三三年に死去するまで、夢にまで見たクレムリンの実権を握り続けた。[11] ミハイルは父に「大君」の称号を贈り、ツァーリに優る権力を認めた。それは形式ではなく実態の反映だった。父と子はあらゆる面で対照的だった。フィラレートは強靱な人物で肉体的にも頑健だったが、ミハイルは弱々しかった。イサーク・マッサによれば、ミハイルは「若いころから足が弱く、左目がけいれんしていた」。「彼は自分では書くことができなかった。文字を読めたかどうかさえ分からない[12]」。取り柄は穏やかな性格だった。少なくとも遠目にはそう見えた。ミハイルの子供を診た英国人医師サミュエル・コリンズは、ミハイルについて、「平和を愛し、キリスト教国のあらゆる王と融和を保った」、「外国人に親切で、とても信心深かった」との証言を残している[13]。

ロシアはツァーリの慈悲があまねく届くような状態にはなかった。いくつもの国と戦争をしていたし、内乱も収まってはいなかった。ミハイルがツァーリの座に就けたのは、ポーランド軍を駆逐したコサックなど下層階級の力があったからだ。だが宮廷には富や権限を、国民と分かち合う気持ちなどなかった。ロシア解放に力を尽くした農民で、豊かになった者はまれだった。農奴の身分から解放された者もいなかった。緊張が国家を包んでいた。廷臣たちは常に疑心暗鬼の心理にとらわれていた。ゴドゥノフやシュイスキーの流儀に慣れていた彼らは、意見や利害の相違を弾圧で始末する癖が抜けなかった。大部分の国民は新しいツァーリを受け入れた。しかし疑義を唱える者は暗い牢獄で、自らの骨が砕ける音を聞きながら沈黙を強いられた。新たな歴史観が浸透するには時間が必要だった。若いミハイルが全国会議で選ばれた経緯さえ、公にされなかった。ツァーリは天与の地位であるという寓話と矛盾するためだった[14]。神ではなく会議がツァーリを選んだ事実が疑問を招いてはならなかった。ロマノフ朝が続く限り、神がかったツァーリの地位に影が差すような禍根を残すべきではなかった。「至る所に皇帝の密偵がいた」。一六六〇年代にコリンズ医師は述べている。「宴会や公の集まり、葬儀や結婚式で、誰が何をしたか、何を語ったか、すべて皇帝の耳に届いた」。一方でクレムリンは、自らの秘密は外に漏れないように注意を払った。「ツァーリの宮殿で交わされる話の内容を漏らせば死が待っていた。……宮廷で何が起きているのか、一言でも口外する者はいなかった[15]」。

ロマノフ朝は伝統を装いつつ、全く新しい流儀も取り入れた。一六一三年にミハイルがツァーリに推戴された時、王権を象徴する品々が必要となった。幸いボリス・ゴドゥノフへの捧げ物が、略奪を逃れて残っていた。だが戴冠式が近づくにつれ、足りない物が判明し、最初から作り直す事態となった。命を受けた工匠は、クレムリンの宝物庫から黄金がほぼ消え失せていることに愕然とした。彼らは必要な素材を、地方の商人から買い漁った。[16] ミハイル・ロマノフの戴冠式では、皇統の継続性が強調された。ウスペンスキー大聖堂で儀式を終えたツァーリは慣例に従い、アルハンゲリスキー大聖堂に安置されたリューリク朝歴代ツァーリの棺に拝礼した。ロマノフ朝は、偽者と疑われたドミートリーも含め、リューリク朝ツァーリのすべての遺体を、形式的に祖先と公認した。[17] ミハイルは一六二四年に后を迎えた。最初の妻が死去すると一六二六年に新たな后を得た。二回の結婚式にも、戴冠式と同様の配慮が払われた。式典の準備を統括したイワン・グラモティンは、大公の結婚式の詳細を知るために、宮廷に残る古来の記録を渉猟した。彼は資料の中から最も効果的な演出ばかりを抽出しようと努めた。その上で、計算ずくの改訂を加えた。一連の儀式において、ロマノフ一家が大衆の面前で果たす役割に重きを置き、市民の祝日も新たに設けた。演出は細部に及んだ。すべてはロマノフ朝をリューリク朝と同様に、正統かつ恒久的な支配者として全面的に認めさせる工夫だった。[18]

一六一三年に不足していたのは黄金だけではなかった。木材も略奪の末に灰と化し、宮廷に君臨するツァーリにふさわしい玉座もなかった。[19] クレムリンの広場は瓦礫の山だった。城壁には煤と灰がこびり付き、障害物が堆積して行き来ができない通路もあった。官署の建物は兵舎に使われたので、攻略軍が足を踏み入れた時は、守備兵の死体に膝下まで埋まるほどだった。[20] 聖なるクレムリンは恐怖と汚辱の場と化していた。不安は募るばかりだった。警備も不十分だった。城門は満足に閉まらず、煉瓦は盗まれ、白い礎石も元の位置からずれていた。クレムリンと市民が集う広場を隔てる堀は、瓦礫と腐乱した死体が埋めていた[21]。モスクワ大公国とツァーリの威光を取り戻すのは難事だった。足場の定まらない新体制には途方もない試練となった[22]。ロマノフ体制が発足して数カ月間で税は七倍に増えた。応急修理の費用に充てるためだった[23]。

作業はすぐに始まった。グラノヴィータヤ宮殿は、ミハイルの戴冠式に間に合うように改修を急いだ。破損箇所を糊塗するだけで精一杯だった。全体の改修にはさらに時間を要した。ツァーリが君臨する場にふさわしい荘厳な雰囲気を再現するのは至難の業だった。クレムリンは過去に幾度も大火に見舞われてきたので、修復作業も途切れることは稀だった。モスクワの職人はかつて、あらかじめ木材に組立のための加工を施しておいて、大きな建物でも数時間で一挙に立ち上げる技術を修得していた。だが一六一三年のモスクワには、そのような技術を身につけた職人も既にいなかった。材木をはじめ建築資材も払底していた。以前にワシーリー・シュイスキーが住んだ屋敷から梁や戸を持ち去り、ミハイルの住居に取り付けた。皇帝の御所は一六一六年に一応整った。だが中古の素材で建てたので見栄えがしなかった。そうこうするうちに一六一九年、またも火災がクレムリンを襲った。一六二六年にはさらに大きな火災が起きた[24]。資金と建築資材の欠乏は極めて深刻だった。手練れの職人もいなかった。ミャチコヴォの採石場では依然、モスクワで工事に使う石材のほとんどを産出していたが、そこでも人夫の数が足りなかった[25]。

ミハイル・ロマノフの側近たちは、活路は国外にあると思い至った。外国に専門家を求め、やがて才能豊かな芸術家や、技量に優れた工匠たちがロシアを訪れるようになった。その数は数百人に達した。多くは報酬が目当てだった。十分な賃金と住居、食料が保証され、毛皮や生地など高価なボーナスもあった。モスクワで入手した毛皮をいくつか鞄に詰め込んで帰国すれば高く売れた。ロシア行きには冒険旅行の魅力もあった[26]。祖国での難を逃れるために、やって来る者たちもいた。モスクワは三〇年戦争（一六一八―四八年）に疲弊した欧州の疎開地でもあった。ドイツの有能な技術者にとっては、本国で殺戮の恐怖に脅えて隠遁するより、ロシアのツァーリに雇われ、世界から集った人材とともに、創造的で生気にあふれた仕事をするほうが幸福だった。ロシアの最良の芸術家や、ペルシアやカフカスの同業者とも交わりを結べた。法の裁きを受けないためにロシアを選んだ外国人の中に、オックスフォードの宝石商がいた。父（ということになっている）が一六〇八年に偽物を扱った罪で逮捕されたので、息子である自分に罰が及ぶ事態を恐れ祖国を捨てたのだった。[27] 最良の職人、建築士、技術者たちにとって、クレムリンは住む場所ではなく仕事の舞台だった。外国人の医師も活躍した。彼らは最高の待遇を受けた。クレムリンが世界的な芸術革新の中心地となる最初で最後の時代が訪れようとしていた。ロシアは外国に門戸を開き、必要とする優れた技術や新たな様式を導入し始めた。

建設の分野で最も有力な助っ人は英国、あるいは英国諸島の出身者であったに違いない。ジェームズ一世はゴドゥノフと交渉して果たせなかったロシアとの交易拡大に、強い意欲を抱いていた。彼は自分の意思が変わらないことを示すために、陸路の安全が確保されるとすぐに、建設の専門家をミハイルのもとへ派遣した。最初の一団は一六一五年にモスクワに到着した。アルハンゲリスク経由の交易路を使ったとみられる。一六二〇年代の初めには、多くの「英国の異邦人」がクレムリンで働いていた。ジョン・ターラーとスコットランド人クリストファー・ギャロウェイの名が、特に知られている。[28] だが、その仕事に関する記録は、残念ながら非常に少ない。彼らが三角定規や物差しを取り出す様子を、ロシアの書記官や工匠は固唾を呑んで見守ったに違いない。宮廷の通訳が強いられた苦労のほどがしのばれる。わずかに現存する賃金帳簿を除けば、名匠たちが造った建築物だけが、彼らの業績を今に伝えている。

最初の仕事を発注したのは、ツァーリの父フィラレートだった。彼は建築事業により、総主教としての存在を主張しようとした。政敵だったボリス・ゴドゥノフは数十年前に、鐘楼を金箔で飾りたてた。フィラレートはこの鐘楼の周囲に建物を増築した。教会への寄進はすべて神への奉仕とみなされた。約三〇〇〇ルーブルという巨額の資金が集まった。だがフィラレートの鐘楼もまた、はかない意趣返しにすぎなかった。彼の鐘楼は現存していない。記録によるとイワンの鐘楼と同様に、尊大な碑文の装飾があった。ゴドゥノフが碑文によって、自らの功績と息子の栄光を不朽たらしめようとしたように、フィラレートもまたツァーリのミハイルとその父である自分の存在を、誇らしげに賛美した。当時のロシアでは、おびただしい数の建物が新設あるいは再現された。だがフィラレートの鐘楼は、施主の意思による派手な演出や装飾より、建築様式の分野でとりわけ大きな影響を残した。大きな鐘を一つだけ収納する設計（ジョン・ターラーによるとみられる）は画期的だった[29]。どっしりと雄大な構造がテント型の頂上部を支え、天へ伸びていた。やがてモスクワのみならず数キロ離れた郊外にあっても、同様のシルエットがいくつも空を切り取るようになった。

ロマノフ朝は伝統を尊重しつつも時代の趨勢に応じ、ロシアの文明と独自性を変革する役割を担ったと言えよう。歴代のツァーリ一家は木造の広間を寝室としてきた[30]。だがミハイルの場合は、煉瓦で同様の寝室を新築した。クレムリン様式は一六三〇年代後期に、さらに独自の発展を遂げた。ツァーリの居城であるテレムノイ宮殿（テレムは望楼を意味する。複数形はテレマー）は、イワンとワシーリー三世に仕えたイタリア人たちが、一五世紀末から一六世紀初頭に建てた建物の上に増設した。過去にとらわれない斬新な様式を採用した。バジェン・オグルツォフ、トレフィル・シャルティン、アンティプ・コンスタンティノフら、ロシア人主体の集団が建築に携わった。謎が多いジョン・ターラーも参加した。複雑な装飾を自由奔放に取り入れた。テレムノイ宮殿は色彩に富み、西欧人がオリエント世界の異国情緒を表現したような外観を呈した。屋根は金箔で覆い、まばゆい色ガラスを窓にはめ込んだ。入り口やアーキトレーヴ（台輪）はすべて、しなやかな曲線を描いた。石材のほとんどに、青、赤、黄、緑、白の極彩色で繊細な模様を施した[31]。内装で最も見応えがあったのは、ドイツ製の皮に金銀をあしらった天井だった。完成はミハイルの息子、アレクセイ・ミハイロヴィチの時代である。一六六〇年代には、数々の扉にも皮の上に金箔を張った意匠を施した。天井にも銀箔を張った[32]。ロシアの建築家集団は宮殿の内部に、異国情緒が漂う丸天井の教会を幾つもつくった。そのうち重要なものは、二〇世紀最後の四半期に復元された。宮殿を訪れる者は現在、二匹の獅子が守る石造りの階段の向こうに、これらの教会を展望できる。だが教会の内部は派手な黄金の格子に隠れ、工匠が心血を注いだ精華は見えない。静寂が周囲を支配し、教会に通じる扉はいつも閉ざされたままである。

ミハイルの時代の宮廷には活気があり、欧州の機械職人を厚遇した。一六三三年、時計職人で技術者のクリストファー・ギャロウェイが、城壁の一角を占めるスヴィブロワ塔の下に機械式ポンプを設置し、モスクワ川の水を汲み上げるようにした。以前はクレムリンで使用する水は、すべて人力で汲み上げていたが、これをきっかけに機械化が進んだ。アレッポのパウロが数年後に、驚嘆とともに書き残している。「大きな穴を四つか五つ掘り、その上にアーチと中が空洞になった柱や管を設置すると、［ギャロウェイは］鉄のハンドルを取り付けた。いつ、どのような目的で水が必要になっても、ハンドルを片手で回すだけで、水はふんだんにあふれ出た」[33]。宮殿のバルコニーに吊し花壇を設けたり、高台の庭園に池をつくることができるようになった。後の皇帝、ピョートル大帝がおもちゃの船を浮かべたのは、当時できた池の一つだったと伝えられる。

新たな建物が次々にできた。最も目立ったのは、一六二五年に拡張工事を終え、装いも新たにしたスパスカヤ塔だった。塔は従来より大きくなった。ギャロウェイが設計した大時計を設置するためには、内部に相当の空間が必要だった。大きな文字盤も、高い位置になければ意味がなかった。[34] 実務的な理由による改修ではあったが、モスクワの再生と繁栄を祝福する意匠も施した。上層部に置いた裸体の人物像は浮ついた印象を与え、極めて評判が悪かったので、あわてて布のカフタン〔ロシア風のシャツ〕を着せた。[35] スパスカヤ塔の洗練された姿は模倣が相次いだので、裸体像の醜聞も些細な出来事として忘れ去られた。クレムリンの城壁は塔をいくつも数珠繋ぎにしている。だが鋭い直線を主調とするのは、スパスカヤ塔が初めてだった。その後しばらくの間は、この様式を採り入れた塔はクレムリンには出現しなかった。スパスカヤ塔はすぐにモスクワの象徴となった。ミハイルの時代から、この塔を題材に数え切れないほどの絵画や絵葉書が製作された。モスクワを代表する景観として、世界中のテレビが頻繁に紹介してきた。一九五〇年代には「スターリンのゴシック建築」として知られるモスクワの高層住宅にも影響を与えた。[36]

ほとんどの教科書はスパスカヤ塔の設計者を、バジェン・オグルツォフと紹介している。スコットランド人クリストファー・ギャロウェイの技術的貢献は、添え物のように散見する程度である。ところが近年になって、スパスカヤ塔と西欧の隠れた絆に関心が払われるようになった。定説を覆すほどではないが、トゥルネイやヘント、さらに遠隔のアバディーンに、スパスカヤ塔の起源を探る研究が現れた。[37] はるか昔に失われた古文書が、もしも誰かの手によって発掘されれば、スパスカヤ塔の生みの親は、オグルツォフやギャロウェイとは別の人物だったという話になるかもしれない。本当の設計者は、ロシアの史料にヴィリム・グラフという名を残した謎の人物との見方もある。彼はミハイルが即位したころ「英国から来た外国人」の一人だった。グラフの名を記した文書は、今も行方が分からない。現代ロシアの国粋主義者たちには、そのほうが都合がよいだろう。おそらく二〇世紀初頭に歴史文書を移管した際、不注意のために失われたとみられる[38]。

ギャロウェイは時計の製作に没頭し、ロシアに幾つもの作品を残した。ミハイル・ロマノフは物への執着が強い人物だった。ギャロウェイはテレムノイ宮殿のためにも、少なくとも二つの時計を作った。重要な発注を受けると、手腕はいっそう冴えた。クレムリンのスパスカヤ塔の大時計は、その見事な結晶である。彼が最初の設計図を書き上げた時、一トンもの重さがあった従来の大時計は、ヤロスラヴリの修道院に四八ルーブルで売却された。鐘づくりの名人と言われたキリール・サモイロフの監督下に、熟練の鐘職人が粘土の鋳型を整え、一三個の鐘を製作した[39]。新しい大時計は一六二六年一月に完成した。ツァーリと父フィラレートは大いに喜び、ギャロウェイに幾振りものサーベル、テンの毛皮、銀の酒杯、繻子やダマスク織りの反物を数メートル贈った。大時計は二年後の火災で損傷したが、ギャロウェイの手で修復され再び鐘の音を奏でた。このときもツァーリは高価な報償を彼に与えた。

大時計はその後、またも火災に見舞われ、名高い文字盤は失われてしまった。一六五〇年代の記録や、一六八〇年代にモスクワを訪れたオーガスティン・メイエルベルグという旅行者が残したスケッチ画によると、文字盤は大きな円形で、色は青空のようだった。表面には銀の星をまんべんなく散りばめ、円の上の方には黄金の太陽と月が輝いていた[40]。プラハやヴェネツィアの天文時計を連想させた。それだけなら欧州の人間にとっては、格別の新味はなかったかもしれない。だがギャロウェイの精妙な機械仕掛けには、外国人も驚嘆しただろう。一日の時間を日の出から日没まで、一二等分する代わりに一七等分した。冬季は実態として八等分以下になった。ロシアでは今でも午前零時からの一時間を「最初の一時間」と表現する。北緯五五度（エディンバラと同じ緯度で、アラスカのジュノーより二度南）に位置するモスクワでは、一年を通じて日照時間が大きく異なる。このため当時は時刻の数も増減した。ギャロウェイの大時計は一七世紀、時計番が一日に二回、太陽の動きに合わせて進み具合を調整していた[41]。英国ブレーントリー出身のサミュエル・コリンズの証言によれば、大時計の時針は一本だった。そして時針ではなく文字盤自体が回転する仕組みだった。「我々が知っている時計では、時針が動いて時刻を示す数字を指す」。「ロシアでは逆に、時針は動かず数字が動く。ホロウェイ［「ギャロウェイの誤り」］という非常に器用な人物が、このような文字盤を最初に考案した。普通とは逆のことをする人々の流儀に合わせたのだ[42]」。

大時計の金属加工は、概ねクレムリンの内部で完結した。イワン雷帝のころにできたクレムリンの工房は、ロマノフ朝の歴代ツァーリの庇護下に、幾度かの停滞期はあったものの、概ね活気に満ちた黄金時代を迎えた。これらの工房は一五世紀、宮廷の命で武器を製造する場所だった。一六五〇年には金銀の細工師、宝石職人、彫刻家、刺繍作家、馬具職人、皮細工師の仕事場となっていた。あらゆる分野の芸術家、武器の製造や修復に携わる専門家もいた。一七世紀になると、軍隊には莫大な費用がかかるようになっていた。クレムリンを一歩出れば、国民は重税にあえいでいたが、クレムリンの工房は着実な発展を遂げた。

工房で使う原材料の金属は、ほとんどを輸入か再利用に頼った。ロシアで銀の採掘が始まったのは一七世紀後半である。職人は材料が手に入ると懸命に働いた。クレムリンの工房は王冠から金の刺繍がある式服まで、あらゆる品を製作した。完成品の保管場所がすぐに足りなくなるほどだった。だが製作のための場所が足りないほうが問題だった。テレムノイ宮殿の裏に位置し、トロイツカヤ塔に近い三階建の大きな建物が、武器庫の敷地の主要な部分を占めていた。工房はそれだけでは足りずに、宮殿の周囲に散在していた。ツァーリ一族の女性が住む宮殿の近くでは、刺繍職人が仕事をした。大砲や鐘など大がかりな鋳造に携わる職人は、クレムリンの城壁の外に出て、ネグリンナヤの広い川原で働いた[43]。馬や馬車にかかわる製作は、ボロヴィツカヤ塔の横の宮殿を使った。そこには金細工師、仕立て屋、鞍やあぶみ、靴や鞭を作る職人がいて、馬事官署の一部を成していた。馬事官署は一六七三年までに八人の獣医を雇い、やがて時計塔を戴く最も洗練された欧州様式の門楼に入った[44]。

イコンの工房は武器庫にあり、フロアの全面を占めていた。塗料を混ぜる貝殻が散在し、製作の活気に包まれていたに違いない。ここで働く者は、家具や宮廷の内壁の塗装、建築に必要なスケッチなどもこなした。彼らは戦争で使う地図も作成したので、ツァーリの遠征に従軍する機会もあった。一六六四年から八六年まで武器庫の工房を統括していたシモン・ウシャコフは、ポーランド支配下のウクライナを訪れ、カトリック芸術に接した[45]。主題は何と言っても宗教にあった。クレムリンの美術品収蔵庫には、歴代ツァーリが蓄積したイコンが数千枚も保管されていた。画工たちは丹念にそれらを調べた。相当に古い作品もあったが、彼らは過去の名作に必ずしもとらわれなかった。一七世紀の初め、ロシアの絵画芸術に新たな色彩と形象が出現し始めた。革新の機運は衰えなかった。イワン・パイセインが率いる一団は、ウスペンスキー大聖堂、アルハンゲリスキー大聖堂のフレスコ画を修復する命令を受けた。彼らは独自の解釈を加えて、痛んだ壁画を再現した[46]。全国から集められた画工たちの才能は、クレムリンの壁画に開花した[47]。彼らの一部は既に一六四〇年代、欧州の傑作についても、マテウス・メリアン、ヨハン・ピスカートアによる絵入り聖書を主な頼りに研究していた[48]。彼らが描くイコンの画像は、次第に生身の人間に近づいた。無表情な顔に感情が生まれ、時には欲望さえ現れるようになった。ごく一部の例外を除き、画工のパトロンたちもこの傾向を容認した[49]。

変化を促した最も大きな要因は、軍隊の急速な拡張だった。クレムリンの武器庫は、剣や短刀、斧、兜、甲冑、弓矢、銃器を豊富に所蔵し、その数は数千点にも上った。戦場で使う武器とはいえ、多くはツァーリのために製作された芸術品でもあった。剣や弓矢の数が他を圧していたが、一六六〇年代になると実戦には役に立たず、埃をかぶったままだった。マスケット銃やカービン銃、短銃や大砲が、武器の主流を占めるようになった。ツァーリの工房はこれらの火器を何百個も製作した。[50]武器は大量につくるだけでなく、一七世紀の戦場で効果的に使用しなければ意味がない。ロシア人はこの教訓を、スウェーデンやポーランドに攻め込まれた「動乱の時代」にようやく学んだ。欧州の本格的な軍隊と相まみえるのは初めての体験だった。ロシアの銃兵隊や民兵は、自分たちの戦法がいかに時代遅れであるかを知って愕然とした。外国人嫌いの流儀を押し通す余裕はなかった。ミハイル・ロマノフも、アレクセイ・ロマノフも欧州から軍事顧問を招かざるを得なかった。

外国から最初の軍事顧問が到着したのは一六三〇年代である。ロシアの使節団は、祖国の常備軍を訓練してくれる軍事の専門家を求めて、オランダ、英国、ドイツを訪問した。騎兵や銃兵隊の時代は幕を閉じようとしていた。銃兵隊はツァーリの工事現場で働き、終身雇用の義務を果たす有様だった。[51]外国人顧問はすぐに仕事に取りかかった。出身国から高い報酬で連れてきた傭兵（主にドイツ人だがスコットランド人もいた）を交えて、六万人を超える軍隊を編成した。[52]装備にかかる費用のほとんどをツァーリが出し、配備する武器の多くをクレムリンの武器庫で製作した。[53]一七世紀半ばのロシア軍にかかる費用は、控えめに見積もっても国家資産の八分の一に達していた。[54]

投資の甲斐があって、アレクセイ・ミハイロヴィチは一六五四年に、ポーランドが一六一〇年以来占拠していたスモレンスクを奪還した。アレクセイの父ミハイル・ロマノフが死去して九年が経過していた。この勝利は、黄金のローブと瞑想する聖人の姿に象徴される古めかしい世界が放った最後の輝きでもあった。アレクセイが率いる軍隊は、民衆の賛美の的となった。[55]軍事の門外漢にとっては、兵隊の練度など現実的な問題は、あまり大切ではなかった。アレクセイの凱旋は、神への感謝と帰依の覚悟を高揚させる宗教的な祝祭だった。アレッポのパウロによる証言がある。

二つの太鼓を打ち鳴らしながら、まず軍旗がやってきた。三種類に分けた部隊がその後に続いた。互いに地位は平等で、三位一体を連想させる構成だった。

隊旗が白なら兵隊の制服も白、隊旗が青なら兵隊の制服も青だった。このように、赤、緑、ピンクなど、あらゆる色の隊旗と制服が対になっていた。規律正しく整然とした様は、まことに賞賛に値した。歩兵も騎兵も三位一体の威光の下に行進している。どの旗も新しかった。皇帝［つまりクレムリンの工房］が、遠征を前に新しくあつらえたのだ。いずれも大きくて立派である。美しさ、描かれた人物の出来映え、まばゆい輝きが見る者を魅了した。(56)

以上はスモレンスクを陥落させて凱旋した時の様子である。この勝利によってモスクワは、キエフの実権を取り戻す交渉基盤を獲得した。当初はキエフの暫定支配にとどまったが、やがて今日のウクライナ領の全域、さらにベロルシア（現在のベラルーシの領土にほぼ相当する）の一部に影響力を拡大した。大公国の遠征は一六三七年には太平洋岸にも達した。欧州部での勝利には、大陸国家としての地位を固める重要な意義があった。当時の支配領域は現在も、旧ロシア世界として欧州に接している。ロシアの宮廷において、欧州は永遠に抜き差しならない存在となった。将来性と富に引きつけられて、職人や学者がキエフや南西ロシアの旧ルーシからモスクワへ移動した。知識や芸術の潮流が、新たな舞台を求めて動き出した。英国やドイツの専門家とは異なり、多くが定住を考えていた。正教という共通の宗教的価値観も理由の一つだった。新たな移民が及ぼした影響は計り知れない。彼らは異教徒ではなく同胞だった。だが教養や世界観の本質は、欧州に根ざしていた。やがて事態は、誰も予想できなかった展開を見せる。一六五五年に聖なる宮廷が轟かせた太鼓の音は、やがて絶え間ない変革の喧噪に打ち消されてしまう。

クレムリンは一見、安定を勝ち得たように見えたが、難題は山積していた。ミハイル時代の末期にあるスウェーデン外交官は、モスクワで近く何らかの形で蜂起が発生するだろうと予測した。[57] 若いアレクセイ・ミハイロヴィチが即位して間もなく、予測は現実となった。一六四八年に暴動が起きた。もめ事が絶えなかったので、国民は玉座の周辺をむしばむ不公正と腐敗に不満を募らせていた。ミハイルが老いて死去すると、緊張が表面化した。アレクセイが即位して数年間は、ボリス・モロゾフという有力者に不満が集中した。彼はアレクセイの家庭教師の地位を利用して成り上がった男だった。ミハイルが一六四五年に死去すると、モロゾフはツァーリの遺体が冷え切るのも待たず、財務官署や他の有力官署の長を名乗った。モロゾフは婚姻関係を通じて、アレクセイとの絆をさらに強めた。アレクセイとモロゾフは、貴族イリヤー・ミロスラフスキーの二人の娘と、それぞれ結婚した。[58] この縁を喜んだアレクセイは、モロゾフの結婚祝いに銀の馬車を贈った。馬車の内外には黄金の錦織と、高価なクロテンの毛皮があしらわれていた。モロゾフは間もなく、クレムリンの敷地に邸宅を建てて妻を住まわせた。また味方を要職に就けた。側近のレヴォンティー・プレシチェイエフ、ピョートル・トラハニオトフは義理の兄弟だった。商人のナザリー・チーストゥイは役人の地位も手に入れた。保守的なモスクワ市民は彼らを嫌悪した。チーストゥイは悪名高い塩税の導入でも反感を買った。四人ともよそ者のいかさま師として、伝統的なロシアの王道を汚す人物とみなされた。[59]

一六四八年六月一日、ついに火花が散った。巡礼のためにクレムリンを発ったツァーリと家来は、誓願のために人々が集まっているのを見て馬を止めた。人々は伝統に則りパンと塩を供する歓迎の儀式でアレクセイを迎え、「耐え難い重税と貢ぎ物にあえいでいる」と窮状を訴えた。またプレシチェイエフへの不満を列挙した。アレクセイは驚いて聴いていたが、考慮を約束してクレムリンに引き返した。随行の大貴族や衛兵は、いったんツァーリに従うと見せかけてとって返し、人々から請願書を取り上げ、その場で破り捨てた。ツァーリに直訴した人々を打ち据え、主だった者を捕らえた。

アレクセイが翌日、礼拝のために宮殿を出ると、眼下の広場に昨日より多くの民衆が集まり、怒りの声を上げていた。彼らは憎悪の的であるプレシチェイエフを裁判にかけ、捕らえられた誓願者を釈放するよう求めていた。アレクセイは宮殿に戻った。広場を埋めているのは、商店主や零細な商人、職人たちだった。モロゾフの行為が彼らの怒りの炎に油を注いだ。モロゾフは事態を鎮めるため、ならず者を追い出し城門を閉ざすよう銃兵隊に命令した。だが世襲制の銃兵隊は軍隊の近代化の対象から外され、かつての頼れる精鋭ではなかった。彼らは宮殿を守るどころか、財務官署の長として自分たちの給料を下げた男を敵と見定めた。氏名不詳のスウェーデン人作家が残した記述によると「彼らの一部はツァーリのもとへ向かい、陛下は喜んで守るが、圧制者や裏切り者のために民衆を敵に回すつもりはないと告げた[60]」。銃兵隊は民衆に、クレムリンから追い払う意思はないと伝えた。銃兵隊については、別の外国人も証言を残している。「銃兵隊は給与の削減や地位の低下があまりにひどく、生活にも窮する有様だったので大衆の側についた[61]」。

クレムリンは磁石のように、抗議の群衆を吸い寄せた。ツァーリは姿を二回見せ、直接説得を試みたが、まったく効果がなかった。暴徒と化した人々はモロゾフの屋敷になだれ込み、邸内の財宝を見て激怒した。銀の馬車を含むすべてが、重税でまかなわれたのだと考えた。

彼らは立派で貴重な品を見つけると、金敷や斧で形をとどめないほどに叩き壊した。金銀の皿は叩いてぺしゃんこにした。高価な真珠や宝石は砕いて粉々にした。さらに足で踏みつけ、窓から捨てた。何も持ち出さずに〝ト・ナーシー・クロフィ〟つまり〝これは俺たちの血だ〟と叫んだ[62]。

この日、本物の血も大量に流れた。モロゾフは辛くも難を逃れた。側近のナザリー・チーストゥイが略奪に巻き込まれて命を落とした。彼は騎乗中に受けた傷が完治せず寝台に身を横たえていた。何とか隠れたものの、暴徒に見つかり殴り殺された。ドイツの外交官で旅行家でもあったアダム・オレアリウスは、冷静に突き放した筆でこの場面を描写している。チーストゥイはオレアリウスにも多額の賄賂を強要していた。チーストゥイの顔は「損傷がひどく、もはや誰とも判別がつかなかった。それから彼は肥溜めに投げ込まれた。箱や鞄がその上に放り込まれた[63]」。ツァーリは我を失い、プレシチェイエフを引き渡した。民衆は哀れなプレシチェイエフを、スパスキエ門から外に連れ出した。首切り役がいかにも切れそうな斧を携えて従った。死刑宣告もしないうちに、群衆はプレシチェイエフに襲いかかり、棍棒で撃ち殺してしまった。オレアリウスは「激しい殴打で頭が割れ、脳漿が顔面に飛び散った」と証言している。「衣服は引き裂かれ、泥濘の中を裸体で引きずり回された[64]」。その後で一人の修道士が遺体から首を切り取った。修道士はプレシチェイエフに棍棒で叩かれたことがあるとつぶやいた。

群衆の怒りの矛先は、大貴族や役人、ごく少数の大金持ちに向かった。酒ばかり探している一団もいた。この日の午後、略奪者の一部はモロゾフが貯蔵していたワインに膝まで浸かっていた。酔った末に溺死した者も出た。街はようやく静かになろうとしていた。だが一日の最後に、新たな悲劇が待っていた。日没になってモスクワの五カ所から火の手が上がった。太陽に焼かれた街路を炎が走り、数百人、あるいは数千人の市民を飲み込んだ。ある記録によると、一万五〇〇〇戸の家屋が焼けた。街の半分が消えたことは、誰の目にも明らかだった。(65) モロゾフが逃亡のために放火したという噂が流れた。火災は天罰という人々もいた。彼らはプレシチェイエフの血まみれの遺体を焼いて、神の怒りを鎮めようと思いついた。首のない遺体をウォッカに十分に浸し、残り火にさらした。「遺体が焼け始めるとすぐに火災は鎮まり、そのまま消えた。人々は驚愕の目でその様子を見守った」(66)。

アレクセイは鎮火を見届け、総主教と二人の高名な大貴族を、群衆との交渉に差し向けた。トラハニオトフはモスクワから逃げていたが、捕らえられて処刑のために連れ戻された。アレクセイはモロゾフの命を助けるよう要求した。キリール・ベロオーゼロ修道院に「永遠に」住まわせることで妥協が成立した。民衆はいったんは勝利を収めた。金銭を得たし、税は軽減された。モロゾフの一派は去り、新たな側近がツァーリを補佐した。ツァーリのおじで穏健な人柄を知られたニキータ・ロマノフも、その一人だった。事態を観察していた外国人は、政府の顔ぶれが大幅に変わったと報告している。だが改革は長続きしなかった。モロゾフは一〇月末にモスクワへ戻り、仲間とともに再び権勢を回復した。(67)

反乱は地方都市でも頻発していた。だが民衆にもツァーリ本人まで代える気持ちはなかった。アレクセイは一六四九年、全国会議の召集により、毅然とした姿勢を示した。法令を定め社会階層の秩序を整え、国家に充満する不満を、一部でも取り除くためだった。民は正義を求め、ツァーリは法をもって応じる姿勢を示した。成立した法令集は、農奴の統制強化が特徴だった。農奴には従来、地主の支配を逃れるわずかな余地が残っていた。法令はその権利を完全に奪い、農奴を土地に縛り付けた。(68) 困窮していた地方の士族を救う方策だった。社会の階層を固定化し、変革の芽を事前に摘み取る効果に、より重要な意味があった。混乱は簡単に収まらなかった。銃兵隊は望みもしない刷新を強要され、都市の労働者は今までより高い税に苦しみ、正教会も内部に巣くう一部特権層のおかげで批判にさらされた。多くの矛盾が、いつ、どこで暴発を誘引するか分からなかった。モスクワに渦巻く不安と怒りの声は、クレムリンの城壁が見おろす巷でくすぶり、世紀末まで消えなかった。

人間の力が及ばない災厄ほど恐ろしいものはない。一六五四年、モスクワに疫病が蔓延した。アレッポのパウロによると、約五〇万人が死んだ。「多くの街路から住民の姿が消えた」という。犬や豚が人間の遺体を喰い漁る光景を彼は見た。「教会には僧侶もいなかった」。モスクワの市街に出入りする門は「守備兵も不在で、静まりかえっていた」。道路は「不気味なほど荒廃していた」[69]。クレムリンは門を閉ざし、アレクセイの宮殿は感染を防ぐために、扉や窓をすべて煉瓦で塞いだ。それでも病魔は侵入した。クレムリンでも八〇―九五パーセントの修道士や居住者が死亡した[70]。ツァーリは遠征に出ていたので幸い無事だった。その家族もモスクワを出て難を逃れた。疫病の流行が収まった時、ツァーリの宮廷には一五人の使用人しか残らなかった。アレクセイの補佐役であるミハイル・プロンスキーも一六五四年九月に他界した。恐怖に満ちた報告書をツァーリに提出した直後だった[71]。

疫病のために導入された規則もあった。モスクワでは遺体を埋葬してはならない聖堂や教会を定めた。クレムリンにおいては、アルハンゲリスキー大聖堂を除き、ほぼすべての聖堂が規制の対象となった。この規制は現在でも有効である。一六五五年以来、クレムリンの内部に埋葬された人物はいない[72]。ツァーリは病への恐怖感に我を失っていた。様々な薬草や魔術に頼り、家来を辺境に送って疫病の特効薬を探させた。彼は一六五五年、広く特効薬と信じられていた一角獣の角を、三本調達せよという常軌を逸した命令を出した。うち二本は最高級でなければならず、残り一本は女性のためなので、やや質が落ちてもやむをえないと指示した。大きな角は一本五〇〇〇ルーブルの値段が付いた。総主教フィラレートが建てたぜいたくな塔でさえ、工費は三〇〇〇ルーブルだった。南方の部族民は、一日に何回も角を水に浸さねばならないと説明した。[73] モスクワ大公国の特産品であるダイオウの薬草酒も、疫病に効くと考えられていたので常用した。ツァーリはクレムリンの城壁の脇に設けた薬草園の植物が、他人に盗まれないように細心の注意を払った。

疫病の流行は天罰とも考えられた。不安が時代を覆っていた。神の怒りを恐れる気持ちが、いつも人々をとらえていた。ロシアの教会にも、一七世紀は厳しい試練の時だった。一六五〇年代の危機は、半ば定着していたモスクワの神政主義を揺るがし、クレムリン中枢に深い亀裂を走らせた。正教会はささやかな変化も拒絶し、かえって深刻な結果を招いた。

一五八九年に設けられたモスクワ総主教座は、イスラムの支配下にある世界を除けば、唯一の総主教座となっていた。宗教界も世界的な変動期を迎えていた。だがロシア正教会の頑迷な指導部は旧習を墨守した。オックスフォード、ボローニャ、クラコウでは、哲学の熱気が大学を席巻していた。だがモスクワ大公国ではまだ、ギャロウェイの時計や水揚げポンプに驚嘆するばかりで、日進月歩の世界から隔絶されていた。唯一の知識層である聖職者や修道士は、むしろそれを望んでいた。時代から取り残されても、彼らが責任を問われるわけではなかった。この世の始まりが、彼らにとって時間の流れの起点だった。ギャロウェイがスコットランドを発ったのは一六二〇年だったとみられる。彼は不思議の国のモスクワで、ウサギの穴に落ちたアリスのような存在だった。モスクワは一六二〇年ではなく、まさに七一二八年の時を刻んでいた。ヨハネ黙示録の数霊術が支配する世界だった。だが欧州の合理的な数学者の眼には、それは黒魔術の幻覚でしかなかった。

新しい思想の流入を防ぐために、ツァーリは外国人に払う報酬を抑制した。だが外国人でも正教徒は例外扱いだった。教会は異教徒に疑いの眼を向けた。フィラレートは特にルター派を嫌悪した。異教徒は享楽のために酒を好み、たばこを吸い、あろうことか受難節にも肉を食べるのだと言われた。外国人が力仕事や家事のためにロシア人を雇えば、異教徒が正教徒に従属を強要し、けがらわしい悪習に染めているとみられた。ミハイル・ロマノフの時代を通じ、教会の指導者たちは、ロシア人が安易に外国人と接することを批判した。だが法律に携わる者には、外国人から受ける恩恵が大きかったので、教会の言いなりにはならなかった。それはツァーリも同様だった。外国人に対する税の免除を問題視するようになったのは、一六四八年の暴動の後である。外国人の権利を制限せよとの声が高まった。[74] 教会はすぐに反応し、外国人の特権を奪おうとした。一六五二年、モスクワに住む欧州の人間には不愉快な制令が導入された。高級邸宅に住む外国人は、四週間以内の退去を命じられた。邸宅をとんでもない安値で売らねばならない者もいた。「ドイツ人」は以後、制令の定めにより、ヤウザ川対岸の特別区域にしか住めなくなった。自由に語り、たばこを吹い、髭を剃り、ロシアの魂を汚すとされた独自の教会を建てることは、そこでしか許されなかった。

正教会が外部の人間を嫌う閉鎖性は、ロシア人の悪習が聖職者に感染する事態を恐れる気持ちとも関係があった。修道院の壁がいくら高くても、クリスマスに群衆が見せる淫らな行為を、修道士の目から覆い隠せはしなかった。冬の暗闇にまぎれて繰り広げられる性的な戯れを、かいま見る機会もあっただろう。アダム・オレアリウスが書いている。「彼らの踊りは淫らな体の動きを伴った。聞くところによれば、旅の芸人は尻をさらけ出している。見せるモノは、ほかにもあった」。クリスマスの祭り騒ぎでは、自制心のたがが外れた。若い男は獣のマスクをかぶり、性的な衝動に身をまかせた。オレアリウスの描写は続く。「このようにして彼らは肉欲に溺れた」。「ある者は……男色にふけった。相手は少年に限らず、馬でもよかった[75]」。開明派は民衆の熱気に気圧されながらも、際限のない痴態に憂慮を深めた。一六五〇年代の初頭には、深酒からバグパイプ演奏、ダンス、田舎の聖職者の規律の乱れまで、ことごとく糾弾の的となった[76]。だが現実は変わらなかった。

　教会の指導者たちは、民俗宗教にも厳しい態度をとった。邪教を容認すれば、自らの信仰の道を踏み外す罪を犯すと畏怖した。ロシアの主教たちは、ウクライナや白ロシアの聖職者と接触した途端に、不快な違和感を感じた。異なる宗教上の慣習が、双方の聖職者のみならず民衆にも定着していた。ロシアでは三本指ではなく二本指で十字を切るが、それは真実の歪曲であり、使徒伝来の「ギリシア」正教の規律に背く行為と批判を受けた。モスクワが慣れ親しんできた聖典の翻訳にも誤りがあると指摘された。モスクワは世界に君臨する宗教的権威を希求しつつも、正統な規範について教えを仰がねばならない事実に困惑した。アンティオキア総主教が一六五五年、伝統規範の指南役としてモスクワに滞在している。大都市であるキエフがモスクワ大公国の一部となったことも、新たな問題を生んだ。キエフには聖職者が運営する学術組織があり、顕著な役割を果たしていた。地方都市が帝都と肩を並べる現実は、モスクワには許し難かった。

　モスクワ総主教のニーコンは、ロシアの正教会の優位と教義の完成を求める熱意で際だっていた。彼は一六五二年に着座した。歴代で最も野心的な総主教だった。従来の総主教にも野心家はいたが彼には及ばない。身長は一八〇センチ余りあった。知性を誇り、尊大だった。ツァーリのアレクセイは当初、ニーコンの決断に快く従った。ニーコンは学者でもあった。蔵書の数はロシア随一と噂された。彼は総主教フィラレートが享受した宗教界の「大君」の地位を強く欲した。ニーコンは着座式の際、ツァーリのアレクセイに「宗教の領域では従属」するように求めた。まるで世俗の権限まで手中にする野望の表明ともみられた。ある外国使節は興奮した筆致で「彼の願いは全てかなえられた」と記録している[77]。

　ニーコンは周囲を威圧する芝居に長けていた。手先が器用な修道女らを使って式服を整えた。一六五五年の復活祭の日曜日、彼は黄金や宝石を縫いつけた衣装で姿を見せた。値段にして三万ルーブルはするだろうという装いだった。アレッポのパウロによれば「ニーコン本人でさえ、衣装が重すぎると感じるほどだった」という。[78] ニーコンはわき役の使い方も心得ていた。多くの信者を祝福する場には、七五人の聖職者を従えて登場した。彼は一六五三年、敬虔なツァーリのように、またツァーリに匹敵する財を投じて、ノヴゴロドに近いワルダイの丘に修道院を建てた。モスクワの西方六五キロを流れるイストラ川を臨むヴォスクレセンスコエ村にも修道院を建てた。この修道院は、エルサレムの聖墳墓教会の模型を基に造られた。アレッポのパウロはニーコンの性癖について、「建物や記念碑と献金集めが大好きである」と見抜いた。[79]

それでもニーコンの本拠地は、やはりクレムリンだった。建物が増えたため空いた敷地は少なくなっていたが、アレクセイはニーコンにウスペンスキー大聖堂の北にある区域を与えた。ニーコンは城壁の内側に正教世界の聖都を創造しようとした。住居の宮殿をつくる資金もツァーリから下賜された。ニーコンは自らの宮殿に、多くの人を集める広間や教会をいくつも設けた。一二使徒に捧げた教会が最も有名である。百万枚を超える煉瓦を、期日を定めて焼き上げた。ドイツ人の建築家が仕事に加わり、アレクセイは後に銃兵隊も工事に動員した。[80] アレッポのパウロが建設現場を訪れたのは、工事も終わりに近づいた一六五五年のことだ。「七つの大広間があった。パン焼き場と広い厨房で使う火の熱は、階上にも伝わるほどだった。……最上階には国土を見下ろす謁見室があった。そこは皇后の宮殿と通路でつながっていた。内々の話をするためだった」。広間の一つは特に大きく、タイル張りの床は「湖のようだった」という。どの部屋にも豪華な内装が施されていた。パウロは「これらの建築群には誰もが驚愕した。肩を並べる宮殿が周辺になかったからだ」[81]と述べている。

石工の槌の音が鎮まり、総主教が入居した。郊外に三万五〇〇〇人の農奴を有する人物は、どのような贅沢でもできた。ニーコンの食事はパンも種類が多く、絶妙の味がするロシア風パイがふんだんにあった。クワスやビールは自家製だった。剃髪した聖職者は獣肉を食べてはならなかった。総主教は宮殿の池に魚を飼い、食料庫には魚肉を蓄えていた。驚くことに料理人は、魚の肉を挽き、羊やガチョウの肉のような形にして、珍しい貝に盛りつけた。小魚も同じ方法で大魚の姿につくり直した。そして金銀の大きな一枚皿に全てを盛りつけた(82)。モスクワを囲む壁のすぐ外に設けた自家菜園から、新鮮な野菜を取り寄せた。クレムリンの中にもニーコン専用の菜園があった。主に輸入植物を育てるためだった。彼は教会の資金を惜しげなくチューリップの栽培にそそぎ込んだ(83)。多くの祈禱を終えて一日を終えると、ロシア正教会の最高指導者は、毛皮を敷き詰めた寝室に入り、ガチョウの羽毛を詰めた布団にくるまって眠った。いつも一人寝とは限らないとの噂が流れた。相手は若くて美しい修道女だと囁かれた(84)。

自分のふしだらは棚に上げて、ニーコンは他人には厳格な宗教規律を強要した。私室で重い祭服を脱いだという理由で、アンティオキア総主教マカリウスを難詰したことさえある。道徳に反した信者は厳しく罰した。どの修道院にも牢獄があった。パウロたちは「罪を犯したとされる」修道士で一杯になった牢獄を見て驚いた。「彼らは重い鎖につながれ、首と足に木のかせをはめられていた」。ロシアでおそらく最も権威がある聖三位一体セルギエフ修道院の院長まで、金持ちから賄賂を取った罪を背負い、流刑地でトウモロコシをすりつぶす仕事に従事しなければならなかった(85)。ニーコンは規律を厳格に維持するため、あらゆる修道院に番人を立たせた。番人は「扉の隙間から中をのぞき、修道士が敬虔な信仰生活を送っているか、断食を守っているか、祈禱に励んでいるか、あるいは飲酒にふけり、気晴らしにうつつをぬかしていないか監視した(86)」。俗世からさらに遠いクレムリンの尼僧院では、高貴な女性たちが蜂蜜酒の杯を口に運びつつ、恐怖に震えていたに違いない。

ニーコンは次に、ロシアに定着していた典礼の改革に手を付けた。改革に権威を備えるために、ウクライナ、ベロルシア、オスマン・トルコ支配下の総主教座から専門家をモスクワに集めた。彼らはニーコンの宮殿で数週間にわたり熱心に議論を重ねた。その場から毎日のように改革案が生まれた。聖職者の祭服が変わり、ギリシア式の頭巾や冠が導入された。祈禱書も新しくなった。ウクライナとベロルシアから来た学者たちは、聖書の新たな全訳に取りかかった。十字を切る指は「ギリシア式」に三本と決めた。建築の分野においては、塔のような聖堂は建てないように命じた。この様式はワシーリー三世の時代に導入され、聖ワシーリー大聖堂の中核を成す塔が代表格である。ニーコンは教会の丸屋根の塔の仕様を布告で定め、塔の数も一ないし三か五と限定した。一連の改革は（祈禱書や祭服の刷新は言うに及ばず）ロシアが幾世紀もかけて育んできた伝統を覆す行為だった。その多くは最後の真のツァーリとされるイワン雷帝の時代に定着したものだった。いわゆる古儀式派は「新しい」信仰に反発し、抵抗は後世も続いた。[87] 彼らは歴史に育まれたロシアの典礼と慣行を覆すのは、キリストに背く行為であると主張し続けた。

信仰の世界では感情が先鋭化する。ニーコンの独断は多くの敵をつくった。最も知られるのは長司祭アヴァクームである。彼はロシア宗教界の大御所を、大いかさま師、売春婦のせがれと罵倒した。[88] ニーコンはワルダイやヴォスクレセンスコエの工事に必要な資材を、既存の教会の建物から没収した。抑圧され軽んじられた者はニーコンを恨んだ。彼の豊かな資産も嫉妬の対象だった。個人的な感情のもつれが、深い亀裂を宗教界に走らせた。それはクレムリン周辺のみならず辺境の信徒にまで及んだ。理由は何であれ、いったん分裂が生じると、教会は清浄な使命を守れる存在ではなくなった。古儀式派の反抗は一六六〇年代にますます強まった。憤怒はやがて政府への疑念とないまぜとなり、この国のごく一部にしぶとく沈殿していた反逆の遺伝子を刺激するようになった。[89]

クレムリンではニーコンとアレクセイの間で、教権と俗権の力関係をめぐる別の対立が生まれつつあった。二人を友情が結んでいた時期もあった。頻繁に食事をともにとり、ニーコンはアレクセイにとっておじのような存在だった。二人の宮殿をつなぐ通路には、人通りが絶えなかった。アレクセイは敬虔な信者だった。内輪では「若き修道士」とさえ呼ばれた。受難節を迎えるとアレクセイは毎日、聖堂で五時間も六時間も過ごした。断食に入った善良なロシア人の目の前で、千回以上も頭を垂れて拝礼する姿が見られた。[90] 聖職者であるアレッポのパウロでさえ、さすがに辟易としたようだ。「[ロシア人は] 慣れているので平気だった。だが我々は緊張を強いられ、かつ疑念も感じた。あまり長く立っていたので、教会を出る時には足がよろめいた。……怒りと苦痛は押し隠して平気を装った」。[91] ある歴史家によれば、アレクセイの宮廷は「悪夢のような敬虔さ」に包まれていた。[92]

アレクセイが遠征で宮殿をたびたび留守にした事情もあって、ニーコンとの関係は数年の間、円満に推移した。だがニーコンの独断的な性格が、結局は政治的な権力を失う結果を招いた。彼はクレムリンを東方のバチカンに変え、国際的な宗教の中心地にしようともくろんでいた。そこでは国家より教会が、統治の主役でなければならなかった。[93] だがアレクセイの権力基盤は堅固だった。ツァーリの宮廷には伝統の力があった。二人が仲違いした真のきっかけは結局分からない。主教の任命をめぐりニーコンがアレクセイの要請を拒絶したためとの説もある。一六五八年になると、二人はもう同じ食卓に座らないようになっていた。アレクセイはニーコンが「大君」の称号を使わないよう命じた。ニーコンはウスペンスキー大聖堂で説教に立ち、ツァーリは誠実ではないと批判した。その数週間後、ニーコンは宮殿を出てモスクワを離れた。一六五八年夏のことだ。だがしたたかなニーコンは、総主教の地位は捨てなかった。イストラの新エルサレム修道院を拠点に、ロシアの正教会の最高指導者として布告を出し続けた。[94] 噂が流布した。ニーコンは体を重い鎖につなぎ、総主教の館を捨てる罪を犯した自分を罰している、無能なツァーリが彼に罰を与えなかったからだ、というのだ。ニーコンが自分で流した噂だった。[95]

二人の闘争はさらに六年続いた。一六六四年一二月一八日の夜明け前、モスクワ郊外からクレムリンへ向かう一台の橇があった。着膨れた一団と、わずかな道先案内人が乗っていた。モスクワに入る門を守っていた衛兵は誰も、老いたニーコンに気がつかなかった。彼はまんまと不意打ちに成功した。ニーコンは祭服に身を包み、真珠を散りばめた十字架のペンダントを下げた姿でウスペンスキー大聖堂に入った。そして今まで、由緒あるその場を一度も離れなかったような態度で捧神礼を進めた。[96]それはツァーリと教会への挑戦にほかならなかった。従来通り総主教の責務を果たす態度を示すことで、反逆ののろしを上げたのだ。アレクセイはすぐに、ニーコンの罪を問う裁判を召集した。ツァーリの相談役を務める大貴族や、六五人の教会幹部、アレクサンドリアとアンティオキアの総主教（マカリウスとパウルのモスクワ訪問は二回目だった）が出席した。時は一六六六年一二月、場所は晩餐会を催す宮殿の大広間だった。結論は最初から出ていた。特に外国からの参加者はモスクワの資金援助を必要としていたので、どのような裁定を支持するべきかよく承知していた。ニーコンはロシアの教会を「主なき」状態に陥れた罪で、生涯を流刑地で過ごす刑を受けた。ニーコンは出発の前、チュードフ修道院に幽閉された。そこで髭を切られ、輝きを放つ祭服を背後からはぎ取られた。首にかけた十字架のペンダントも奪われた。[97]正教会が国家を支配する彼の野望は潰え去った。この時に総主教の権威に刻まれた傷は、決して癒えない痛手となった。一方でクレムリンは、聖地としての権威も備えつつ、世俗世界を支配する場として揺るぎない地位を固めた。

その後も変動はめまぐるしかった。だがクレムリンは伝統の仮面をかぶり続けた。一六六〇年代にツァーリの宮廷は豪勢を極めた。帝国の領土は大陸でさらに拡張していたので、宮廷の富も豊かになった。アレクセイがヴィルノ遠征から戻って何をしたか、英国人の宮廷医師サミュエル・コリンズが証言を残している。

陛下はポーランドで諸公の宮殿を見て、君主の暮らし向きに注意を向けるようになった。いろいろと考えた末に、自らの宮殿や屋敷を改築して、もっと立派にすることにした。自分が使う部屋にはタペストリーを飾り、戸外に娯楽室を設けた。[98]

アレクセイは一六六〇年代後半、築三〇年を経たテレムノイ宮殿の大改修を命じた。家族の居室は特に念入りに手を入れた。欧州の椅子や食器棚、ベッドなどは、ロシアではまだ珍しかった。[99]彼はすべてを新しくしようと考えた。居間は壁を塗り替え、壁は宗教画から植物画や天体図に換えた。ツァーリと同じ名をもつアレクセイ皇太子（彼は短命だった）の部屋は、外国から取り寄せた青と黄色の絹やビロードで装飾を施した。机と椅子、陳列棚、本棚も新調した。ただツァーリ自身は「シャツとズボン下となり、一枚の敷布の上で、クロテンの毛布をかけて寝た[100]」。

アレクセイは家具や調度品の収集に熱を入れるようになった。当時、欧州の資産家は異国趣味を好んだ。アレクセイにも同様の指向があった。彼は自分が欲しい品々を側近に口述して目録をつくり、外国の代理人に発注させた。間もなく生まれつき体が小人のような人々を連れてきて、お仕着せの制服を着せた。南国の貝や高価な動物の牙を埋め込んだ新しい家具が納入された。書架には欧州の科学書が並んだ。宗教に関係がない書物を、守旧派は「くそ」とけなした。[101]アレクセイはサミュエル・コリンズの助けを借りて、科学や錬金術の実験に取り組んだ。実験に必要なフラスコ、金属、レンズ、計測機などはドイツから取り寄せた。もの珍しい器材は、ロシア語ではなくドイツ語で呼んだ。科学の分野では、ドイツ語の名称が数多くロシア語に混入するようになった(102)。

アレクセイはクレムリンの息苦しい制約を超えた世界に、楽しみを見いだそうとしていた。コリンズはそれを見抜いていた。内装や調度を変えたところで、古い要塞が開放的になるわけではなかった。アレクセイは一六六〇年代、グラノヴィータヤ宮殿などクレムリンの中核を成すいくつかの建物については、内装の改修を断念した。彼はその代わりに、クレムリンの外に目を向けた(103)。彼は鷹狩りが好きだった。クレムリンの北東八キロに位置するイズマイロヴォの領地は当初、狩猟の場として整備された。一六六〇年代には宮殿や教会も建てた。農業試験場や小さな動物園もできて、アレクセイはライオン、虎、北極熊を輸入した。アメリカ・ヤマアラシの雌雄も取り寄せた(104)。プレオブラジェンスコエの近くにも離宮があった。周囲にはうっそうと樹木が繁り、アレクセイは新鮮な空気を吸いながら狩りを楽しんだ。狩猟場はクレムリンの南西、モスクワ川に面するコロメンスコエにもあった。彼はここにも宮殿を建て、最も野心的な事業を推進した。

コロメンスコエは第二の王宮として構想され、最新の流行を採り入れた。フランスでは既にベルサイユ宮殿の増改築が進んでいた。アレクセイの命を受けた建築家たちは、ベルサイユ宮殿には及ばないまでも、コロメンスコエの離宮に、考えが及ぶ限りの贅を尽くした。中核を成す建物は一六六七年に完成した。すべて木造で屋根は単層の切り妻造りだった。窓には複雑な装飾を施し、建物の外に大きな階段があった。玉座がある広間は、いにしえのビザンティン様式を模し、豪華を極めた。銅で骨組みをつくり羊の皮で覆った獅子を、一頭ずつ玉座の左右に据えた。獅子は機械仕掛けだった。秘密の取手を引くと、目玉を回して本物のように咆こうした(105)。

クレムリンの呪縛から解き放たれたいと願い、新時代の建築空間にあこがれたのは、ツァーリだけではなかった。一六六〇年代の役人たちも、古めかしい官署の建物にうんざりしていた。大イワンの鐘楼を見上げる広場が、誓願書を受け付ける場所だった。危機が訪れる度に、群衆はクレムリンに押し寄せ、宮殿へと迫った。ミハイル・ロマノフが即位して以来、官署は急速に増えた。息子のアレクセイは、さらに種類を増やし、個々の官署の人員規模も膨張した。[106] 官署の建物は動乱の時代に疲弊したままだった。一六七〇年代になると、一部は危険を伴う状態に陥った。廷臣たちは、役人が働く事務所と誓願を受け付ける場を、「白い町」とキタイゴロドに移転して拡張する計画を立てた。[107] 官署が建物も人員も増やしたことにより初めて進んだ改革もあった。

地政学的な環境に応じ、クレムリンにも変革の波が押し寄せていた。ロシアの権力構造を支えてきた一団も、従来のままの地位を維持できなくなった。一六六〇年代にクレムリンを去った大貴族は、概ねアレクセイに追い出された者たちだった。アレクセイは彼らが出た後の屋敷を、ことごとく没収した。だが主要な館は、数世紀にも及ぶ古い家柄が占拠したままだった。アレクセイは誰はばかることなく、新参者を次々に高い地位に就けたので、廷臣団の規模はたちまち膨張した。新しい貴族が増えたために、従来の古い屋敷だけでは住居が足りなくなった。[108] 肩書きが立派な高貴な人物が、「白い町」に邸宅を求めるようになった。最新流行の様式を採り入れた屋敷や宮殿が立ち並んだ。高官たちは宝石の輝きに身を包み、クレムリンの催しに出かけた。

身なりが立派な者が、必ずしも宮廷の実力者というわけではなかった。廷臣の数は増えたが、アレクセイの腹心と言える者はごくわずかだった。その他の多くの廷臣は、互いに反目し分裂していた。[109] 政治の権限はツァーリ側近に集中したが、富はモスクワの至るところに拡散した。一六五二年にできた外国人居住区には、豪邸が立ち並んでいた。正教世界のただ中に、西欧の小窓が開いたようだった。教会の保守的な指導者は、有害な科学思想や不浄な食べ物を忌み嫌った。西欧を実際に訪問できるのは、富に恵まれたロシア人だけだった。先進的な文物が、磁石のように彼らを引き寄せた。進取の気性に満ちた人材が、一六八〇年以降に輩出した。代表格が後のピョートル大帝である。モスクワの中心部は新たな城壁で囲まれた。その内側にあって、大金持ちの廷臣たちはツァーリにならって、豪華な自室を地球儀や絵画、バルト海の琥珀、欧州の書籍、実験器具で飾りたてた。[110]

やがて宮廷全体が、富をつぎ込み贅沢を楽しむようになった。正教会の厳粛な規律に従いつつ、俗世の快楽にも心を動かすようになった。アレクセイは一六七一年に再婚し、一九歳のナターリヤ・ナルイシキナを妻に迎えた。ナターリヤの若さと楽観的な気性が、宮廷の雰囲気をさらに明るくした。アレクセイがロシアで最初の劇場を設立しようと試みたのも、ナターリヤの影響かもしれない。彼は一六七二年にドイツの劇団を招き、プレオブラジェンスコエの離宮に小さな舞台を造った。こけら落としの演目は、深刻で重々しい「アハシュエロスとエステルの悲喜劇」だった。一〇時間に及ぶ舞台だったが、アレクセイは食い入るように見入った。[111] クレムリンにミロスラフ館という邸宅があった。アレクセイが一六七〇年代に没収し、相当な数に達したツァーリ家の女性たちを住まわせていた。アレクセイは数年後、この館を劇場に改修し、ポテーシヌイ宮殿（娯楽の宮殿）と名付けた。一九二〇年代にはスターリンの住居となった。

アレクセイの皇子たちは英明で、将来が期待できた。皇子たちの養育係であるセミョーン・ポロツキーは、西欧の教養があるベロルシア出身の聖職者だった。彼は詩人でもあり、キエフのアカデミーを卒業していた。ロシアは一六八五年、独自の高等教育機関としてスラヴ・ギリシア・ラテン・アカデミーを、クレムリンの城壁のすぐ外にある修道院に開設した。ポロツキーが皇子たちにラテン語を教え、しきたりを破りカトリック世界の文学を読ませたという説には疑問もある。[112] だが音楽や詩、宗教文献の書写や精読に力を入れたのは事実である。アレクセイの死後、後継者のフョードル・アレクセイエヴィチ（在位一六七六―八二年）が改革を推進した。彼は進歩的な思考能力を十分に備えていた。側近はフョードルに、牢獄での拷問を止めるよう進言した。またローブを短くすることを勧めた。教会の規範によれば、短いローブは下品で醜い服装だった。封建的な階級を官職の基準とするメスニーチェストヴォ（門地制）も廃止された。フョードルの改革で最も特筆すべきは、クレムリンの先例集の廃棄である。廷臣も軍人の人事も、慣例より実力と有用性に重きを置くようになった。反動的な思考としきたりの象徴である先例集は焼却された。

ロシアの歴史家の言葉を借りれば「一七世紀はロシア文化の原則そのものが急速に変容した時代」[113]だった。変革はすべてモスクワで起きた。クレムリンはその震源だったが、正体の知れない双頭の鷲のように、未来の顔のみならず過去の顔も同時に持ち合わせていた。古今の改革は一般に、教育がある都市部の職能集団や商工団体が主な担い手となった。だが、そのような集団がロシアにはなかった。人々は変化を嫌い、神とツァーリが定めた正義に固執した。そして上層部で進む改革を危険視した。一七世紀後半になると、改革をめぐる軋轢はますます強まり、異文化を排除する気運が高まった。[114]当時の記録によると、たばこや印刷本に至るまで、舶来の品を拒絶する人々が増えた。特に古儀式派は、彼らが背教、退廃とみなす開化趣味が、宮廷に蔓延する状態に怒りを募らせた。数十年くすぶり続けた不満の炎は、具体的なはけ口を見いだすと一気に燃え上がった。世襲制の銃兵隊は、古儀式派の堅固な基盤だった。一六八二年、新旧世界の対立は流血の衝突に発展した。

アレクセイの後を継いだフョードルが死去し、時を同じくして反乱が起きた。若きツァーリは病に伏した後に没した。毒殺の噂も流れた。貴族たちはモスクワのごく限られた代議員を召集した。貴族とモスクワの一部有力者がツァーリ選出のために集まり、異例の選択をした。順当なら皇位はフョードルの弟イワン・アレクセイエヴィチ（一六六六―九六）が継ぐべきだった。彼はまだ十代だった。敬虔で礼儀正しかったが、重い障害があり病弱だった。一方アレクセイが二度目の結婚でもうけたピョートル・アレクセイエヴィチは、誰にも強い印象を与える人物だった。一六八二年にまだ一〇歳だったが、会議は全会一致でツァーリに選んだ。

妥当な人選だった。しかし真の皇位継承権はイワンにあると主張する勢力もあった。伝統主義者の眼には、ピョートルの母の実家であるナルイシキンの一族が、ツァーリの座を狙っていると映った。不満を鬱積させていた銃兵隊も、同じように考えた。そして自分たちを酷使する士官のふるまいや、祈禱書の「ラテン式」改ざん、反キリスト的行為の横行、薄給への怒りの矛先を、かねてから敵視していた大貴族の一団に向けた。数週間が経過した。五月一五日、イワン皇子がクレムリンの悪党どもに殺されたという噂が、どこからともなく流れた。奇しくもウグリチでドミートリー皇子が謎の死を遂げたのが、一五九一年の同じ日だった。偶然の一致とは思えなかった。銃兵隊はクレムリンに詰めかけ、事を詳らかにするよう要求した。イワンとの謁見を許されたが、怒りは鎮まらなかった。彼らは銃兵隊を管轄する官署の長官であるYu・A・ドルゴルーキーらを血祭りに上げた。銃兵隊は日頃から、ドルゴルーキーに恨みを抱いていた。反乱兵は皇位「簒奪者」ピョートルの支持者や縁戚も敵とみなした。ピョートルのおじであるイワン・ナルイシキンを、ツァーリの座を狙った罪で殺した。数人の外国人医師や運の悪い人々も、魔術を使った罪や毒殺の罪を着せられて命を落とした。銃兵隊は伝統主義者らしく、犠牲者の遺体を自らの手で、ばらばらに切り裂いた(115)。

ツァーリとなるピョートル・アレクセイエヴィチも、怒り狂う者たちの前に引き出された。母后と有力な縁者アラタモン・マトヴェイエフが一緒だった。マトヴェイエフは宮殿の広場で、鋭い刃物で切り裂かれて息絶えた。この時の恐怖がピョートルに生涯付きまとったという説もある。彼の病的なまなざしと、けいれんする筋肉は、謁見する外国人に恐怖感を与えた。[116]ピョートルは殺されずにすんだ。宮廷は殺気だった議論の末に、二人の少年をツァーリに認定した。クレムリンの工房は二脚の玉座を作製した。二人のうち一人は暗愚で、一人はまだ子供だった。アレクセイ・ミハイロヴィチの娘でピョートルの腹違いの姉であるソフィアが、すばやく摂政の座に就いた。したたかな女性だった。野心家で教養のある諸公にとっては、最初から画策した通りの結果となった。

モスクワでは伝統主義者と開明派の対立が続いていた。摂政ソフィアは常に伝統主義者の側に立った。丸々と太り髭を蓄え、真珠飾りの長いローブを着た男たちの姿が、蒸気に曇るクレムリンの窓越しに見え隠れした。進取の気性に富む者は、外国人居留地に出かけ、たばこの煙がもうもうと立ちこめる居酒屋でドイツ語の学習に精を出した。ソフィアは女帝のように着飾り、ワシーリー・ゴリーツィン公を補佐役に据え、めざましい政治を展開した。特筆すべきは一六八六年にポーランドと締結した恒久講和条約である。モスクワは無期限にキエフを領有する権利を得た。[117]ゴリーツィンは内政でも手腕を発揮した。彼は一六八二年の大火で損傷したまま長年の課題となっていたクレムリンの大改修に着手した。ゴリーツィン自身も火災で、ツァーリ家に匹敵する豪壮な邸宅を失っていた。グラノヴィータヤ宮殿の修理は喫緊の課題だった。イワン三世の時代から残る建造物には、一連の新たな意匠が施された。[118]

モスクワ国家の小春日和は、長く続かなかった。ピョートルの台頭ぶりは目覚ましかった。彼は十代の歳月をプレオブラジェンスコエの離宮で過ごした。離宮の名称はいみじくも、ロシア語でキリストの「変容」を意味していた。信心深い銃兵隊は、それが偶然の一致ではなく、言葉が現実を伴うことに気づくべきだった。ピョートルはツァーリとして、銃兵隊が守ってきた伝統を覆し、後には完全に破壊した。初期の改革では、時間の観念を根本的に変えた。彼は教会の暦を廃止し、ラテン欧州と同様にキリスト生誕を紀元とする暦に改めた。またスパスキエ門の上部にあって市民に親しまれていた青い時計を取り払った。機械に関しては北欧の製品を好んだ。彼がアムステルダムに発注した時計は、次の世紀もクレムリンにあってロシアの時を日夜刻んだ。二〇世紀の戦争の時代にも、軍隊のような正確さで休みなく時を告げ続けた。

第6章
伝統の秩序

一六九六年一月六日、当時二九歳だった並立ツァーリ、イワン・アレクセイエヴィチは、モスクワ川で毎年恒例の神現祭の儀式に臨んだ。ツァーリも臣下もダマスク織の衣装と毛皮をまとっていた。ツァーリの衣装は金色に輝き、臣下も色鮮やかに着飾っていた。銃兵隊、聖歌隊、イコンを捧持する者、真珠色の僧衣をまとった聖職者が列を成した。既に伝統として定着した祝祭ではあったが、間もなく途絶える運命にあった(1)。その儀式のわずか三週間後、一月二九日にイワンは死去する。葬儀は翌日の午後に執り行われた。死去から二四時間のうちに葬送するしきたりに従った。遺体は洗い清められ、黄金色の布で覆われた。ツァーリの葬送に使う橇が、一六世紀奉献のアルハンゲリスキー大聖堂まで遺体を運んだ。わずか数メートルの距離である。総主教が葬送を取り仕切り、司祭たちがイコンを抱いて棺に従った。葬列を絶え間ない鐘の音が包んだ。黒い喪服に身を包んだ参列者の筆頭は、イワンと帝位を共有した腹違いの弟ピョートルだった。そして男性の一団にはるか遅れて、未亡人となった気丈なプラスコヴィヤ・サルトゥイコワの姿もあった(2)。クレムリンの修道女が埋葬の賛美歌を歌った。一曲ずつ値段が付いた請求書が後から届くはずだった。香の煙が漂い、ろうそくの火がイコンを照らし、祈りの言葉が響いた。その日は犯罪者の祝祭でもあった。モスクワでは皇室の大きな行事があると、人殺しや泥棒が活気づくのが常だった。[3]

二九年の歳月を経て、今度は新都サンクトペテルブルクで、再びツァーリ葬送の燭が灯った。ピョートル大帝がイワン同様に厳寒期に死去したのだ。埋葬の場も葬儀の舞台も、クレムリンではなかった。葬儀は死後数週間を経て行われた。数世紀に及ぶ伝統が崩れた。大帝の遺骸はサンクトペテルブルクの新しい冬宮の広間に安置、公開された。棺の蓋を閉じずに、周囲に数々の軍功を示す多くの勲章を並べた。広間は伝統的な柱に加え、四隅にピラミッド型の置物があった。

前例のない奇妙な光景だった。大帝をどのように葬送したらよいのか、側近たちは自分たちで発案しなければならなかった。ペトロパヴロフスカヤ要塞を埋葬の場と定めはしたものの、冬宮から凍結したネヴァ河を渡り、対岸の要塞に向かう葬列の組み方で頭を悩ませた。葬儀は一七二五年三月一〇日に執り行われた。葬列は先頭に太鼓とラッパの奏者を配し、一万六三八人の兵士が付き従った。銃兵隊は数年前に廃止されていた。代わりに新制の軍服に身を包んだ兵士たちの姿があった。要塞の壁ぎわに据えた大砲が弔砲を放ち、砲声が殷々と響いた。鐘の音が絶え間なく葬列に降り注いだ。一分ごとに放つ弔砲の間隔が、まるで一時間のように長く感じられた。廷臣や司祭、士官や弔問の外国人が氷の上を進んだ。ほぼ八〇〇メートルの距離である。[4] 総主教も修道女もいなかった。このような葬送は、三〇年前には考えられなかった。

クレムリンの歴史において一八世紀は、激動が収まり次の嵐が訪れる前の幕あいの時代とも言えた。この城塞は五〇〇年の間、あたかもモスクワの皇統を守る箱船のような存在だった。動乱につぐ動乱に揺れつつも、皇統不滅の幻想を生み出してきた。だがピョートル大帝の治世には、多くのしきたりが時の試練を経て消えた。皇帝による支配のあり方にも文化にも、革新の波が押し寄せた。まず銃兵隊が廃止された。宮廷の大改革が進んだ。総主教の職を廃し、正教会の権力と財力が衰退した。

最も大胆な改革は、サンクトペテルブルクへの遷都だった。クレムリンは時代の先端から取り残された。大帝の孫の妻でドイツ生まれのエカチェリーナ二世の即位は一七六二年である。既にその時、クレムリンは保守的な為政者が、政治と宗教のより所として君臨する場ではなくなっていた。権力を誇示する壮大で贅沢な儀式の舞台ではあったが、もはやツァーリ一家の面々が日常を過ごす居城でもなかった。クレムリンにしかない歴史の面影を宿し、代用がきかない独自の使途はあった。モスクワにあって頑迷にクレムリンに執着する人々もいた。しかし、どのようにがんばってみたところで、新しい時代の生活ができるような場所ではなかった。

クレムリンの過去の姿を再現するのはなかなか難しい。現在の印象が強すぎるという事情もあるが、むしろ主な理由は、往時の画像が極めて少ないためだろう。特に欧州の遠近画法を用いたものは稀なので、事は容易ではない。だがピョートル統治下で一七世紀も終わりに近づいたころ、事情が変わってきた。[5] ピョートルはロシアの歴史上初めて、印刷や版画の本格的な技術の発展に力を注いだ統治者だった。その結果、印刷物は教会の中だけでなく、一般市民の生活でも普及するようになった。ピョートルに版画印刷のすばらしさを教えたのは、オランダ人のアドリアーン・シェーネベックだった。[6] シェーネベックの継子ピーター・ピカール（一六六八―一七三七年）、ロシア人のイワン・ズーボフ、アレクセイ・ズーボフは、ピョートル時代の風物を版画に残した。「石橋からのモスクワの眺め」（一七〇七―八年）が有名である。[7] 遠近画法の導入と版画家の努力のおかげで、クレムリンの姿はついに立体図に写し取られた。画幅は年々大きくなり、質も向上した。優れた画工は紙上にクレムリンの全容を再現できるようになった。

筆者はピョートル時代のクレムリンの内部の様子を知りたかった。だが白黒のエッチングからは、現実味が伝わってこない。それらはもちろん美しいのだが、美しすぎるのだ。当時の画工はまだ、文化のるつぼに投げ込まれる試練を経験していなかった。彼らの作品を見る時、われわれは想像力で不足を補うしかない。ピョートルは騒がしさを好んだ。自らが騒ぎの音源だった。ピョートルが馬で二時間ほどかかるプレオブラジェンスコエの狩猟場に出かけると、クレムリンの人々は、ほっと胸をなで下ろしたに違いない。ピョートルは一六九〇年代まで、プレオブラジェンスコエで猟を楽しんだ。ピョートルがいなくなると、クレムリンでは銀で覆われた地下の遺体安置室で、聖人は安らかな眠りを取り戻した。聖職者や修道士も、何の邪魔もなしに祈禱の声を響かせることができた。[8] それでも広場や屋根付きの屋外階段では、捕らわれの身であるオウムたちが叫び交わし、淑女の眉をひそめさせた。教会の鐘、ギャロウェイの時鐘も聞こえた。だがこれらは、廷吏が制御できる音であり、城塞の日常にごく自然に寄り添う音だった。

最初に静寂を破ったのは、子供が打ち鳴らす太鼓の音だったかもしれない。ピョートルは離宮で育った幼少期に、仲間を集めて戦争の真似事に興じた。成長するにつれ、それは単なる遊びではなくなった。生来、銃や縄、鞄や道具が大好きだった。十代前半のピョートルは、プレオブラジェンスコエに、セミョーノフスキー、プレオブラジェンスキーという二つの連隊を創設した。最初は戦争ごっこと軽んじられたが、これらの連隊はやがてピョートルを守る精悍な近衛連隊へと発展する。当初はピョートルの友達、暇を出された廷吏、ごくわずかの正規兵や外国人士官が連隊を構成していたが、まもなく戦争ごっこの域をはるかに超える教練に転化していった。彼らは実物の砲弾を使った。銃弾を受け血塗れになって草地に倒れる者もいた。ピョートルは砲撃士官の役が好きだった。命令を受ける兵卒は、ピョートルなら人を殺してもかまわないのだ信じ切っていた。

ピョートルはプレオブラジェンスコエの生活が気に入っていたが、ツァーリとしての職務も怠らなかった。[9] 彼は馬を飛ばして頻繁にクレムリンを訪れた。一六八〇年後半には、二人のツァーリのうち長身で場違いの男が、宮廷評議を仕切るようになっていた。彼は一六八九年に結婚した。式次第はクレムリンのしきたりに従った。だが伝統尊重の姿勢を示したところで、異母姉の摂政ソフィアと彼女の側近ゴリーツィンによる謀反の企ては防げなかった。一六八九年八月の夜、ピョートルは(おそらく寝間着のまま)馬にまたがると、あわただしくプレオブラジェンスコエを逃れた。ソフィアが彼を暗殺するために銃兵隊を派遣したと聞いたからだ。首都から六五キロ離れた聖三位一体セルギエフ修道院に着くまで、彼は馬を止めなかった。ピョートルは修道院に廷臣を全員召集した。廷臣たちは北東へと街道を急いだ。一五六四年に大貴族の一行がイワン雷帝のもとへ向かった道である。ピョートルは遠隔地にあって、九月九日までにクレムリンの実権を取り戻した。終身摂政たらんとするソフィアの野望を打ち砕き、ゴリーツィンは捕えて流刑に処した。ソフィアは慇懃な辱めに耐えねばならなかった。[10] ピョートルと並びツァーリの地位にあったイワンも排除された。イワン一統の女性皇族は、異国の珍鳥とともに宮殿で捕らわれの身となった。

静寂はつかの間にすぎなかった。一六九〇年にピョートルの長子アレクセイが誕生した。赤子の産声をかき消すように、クレムリンでは鐘が打ち鳴らされた。白と黄金の式服をまとった聖職者が、祈りの声をろうろうと響かせた。だがピョートルの好みは爆発音にあった。ある目撃談によると「外国人が率いる砲兵連隊がクレムリンに召集された。彼らは祝いの品とウォッカを賜り……祝砲の連射を命じられた。歴代の聖人やいにしえのツァーリは永遠の眠りを破られた[11]」。それはさらに大きな騒音の序奏にすぎなかった。一六九六年の夏、建設作業はたけなわとなった。近道を選んで通る重い荷車の音が、クレムリンの窓ガラスを震わせた。その音はツァーリが不在になると、さらにうるさくなった。[12] ピョートルは一六九七年一月、黒海の港湾都市アゾフをトルコから奪取した記念に、凱旋の催しを思いついた。父のアレクセイ・ミハイロヴィチは、一六五五年にスモレンスクから凱旋した際、キリストのエルサレム入城を模した光景を再現した。ピョートルは父と同様に揺るぎない正教徒だったが、軍隊に関する限りはローマ帝国の様式を好んだ。スパスキエ門は従来クレムリンの儀典において、中心的な位置を占めてきた。スパスキエ門と聖ワシーリー大聖堂を結ぶ区域は、神聖な場とされてきた。現在は赤の広場の入り口に当たる。だがピョートルの凱旋パレードは、この伝統の舞台を無視した。式典の演出を任された者たちは、クレムリンの工匠に古典主義による凱旋門の作製を命じた。経験がなかったので概念図の作製から始めねばならなかった。マルスとハーキュリーの姿を彫り込み、ロシアとは縁もゆかりもない月桂冠の装飾も加えることになった。[13]

凱旋門には世俗の権力を称揚する意味があった。それは勝利のツァーリを、クレムリンやエルサレムの呪縛から解き放った。彼は祝勝の行事を――適当な場所さえあれば――どこでも催せるようになった。おかげで街中が騒音に包まれた。昼間はピョートルが選んだ場所で、太鼓やラッパが鳴り響き、祝砲がとどろいた。夜は花火が炸裂した。医師のコリンズがピョートルの父帝の時代につづっている。

ロシア人を音楽で喜ばせたいのなら、ビリングズゲート魚市場でナイチンゲールをかき集め、甲高い声のフクロウの群とコクマルガラスの一家、腹をすかせた狼の一団と七匹の犬を加えて、風の強い日に一斉に鳴かせればよい。さらに猫をいっぱい連れてきて、互いに声を競わせれば、イタリアのどのような音楽より、ロシア人はうっとりと耳を傾けるだろう。[14]

ヨハン・コルブという人物は、さらに辛辣だ。彼はハプスブルク家が一六九〇年代にモスクワへ派遺していた代表団の書記官だった。「ロシアではたいていの音楽が聴くに耐えない……戦意をかきたてるというより、うちのめすようにできている」。大騒ぎにかけてロシア人の右に出る者はいなかった。「彼らの楽器は主に横笛とヤカンのドラムだった」[15]。クレムリンの鐘はアゾフ奪取を祝って終日鳴り続けた。パレードの馬が蹄を鳴らしていななき、犬が吠えかかり、兵隊が長靴の音を響かせて、次から次へとやって来た。かつて見舞われた大火を別にすれば、過去数十年で、これほど傍若無人な音響がモスクワを揺るがせたことはなかった。

最後の花火が消えると、クレムリン周辺は次第に静かになった。しかしプレオブラジェンスコエは、まだ騒がしかった。ドイツ人居住区の豪邸は特ににぎやかだった。ピョートルが初めて欧州の音楽を聴いた場所は、スイス生まれの軍人フランツ・ルフォールの屋敷だったと思われる。弦楽器や木管楽器が、まるで別世界の音を奏でた。楽器の音がどんなに強くても、時折はじける男たちの爆笑にかき消された。彼らが一緒になると、いつも大きな笑い声が絶えなかった。ピョートルは「酔いどれ道化の宗教会議」を催した。出し物は淫らだった。コルブは一六九九年に、ルフォールの館の宴会で「総主教を演じる人物と、一団の聖職者たちが酒神バッカスに奉仕する」劇が演じられたと書いている。ピョートルの家庭教師ニキータ・ゾートフの様子について、以下の記述がある。

司祭帽をかぶり、これから淫らな行為が始まるのだと観客に示すために全裸になった。彼はキューピットとヴィーナスの飾りがついた杖を持っていた。どこに信者を導こうとしているのか、疑いの余地はなかった。大きな酒杯をワインや蜂蜜酒、ビールやブランデーで満たした酔っぱらいの一団が、彼の後に従った。

ピョートルは正教会が「悪魔の香り」と呼んだ煙草を好んだ。コルブによると、ピョートルの飲み仲間は「皿に山盛りの干し煙草を与えられていた。火をつける時は宮殿の隅に遠く離れ、芳しい香りの煙を煤けた顎から吐き出した。その煙がまた酒神バッカスのもとへ彼らを向かわせるのだった」[16]。

伝統主義者は恐れおののいた。ツァーリとして教会の祝福に浴したアレクセイでさえ、治世の後半は変革に前向きだった。激震の源は変革そのものではなく、ピョートルが現出させた悪魔の巣窟だった。クレムリンでは髭を蓄えた男たちが、背をかがめて近づき合っては囁き交わした。明るいろうそくの下で、影がうごめき、溶け合った。押し殺した声はビロードの深い絨毯に吸い込まれ、声量豊かな祈禱にかき消された。それがロシアだった。ピョートルほど気性が激しくない君主のもとでさえ、臣民は鞭打たれてきたのだ。だがバカ騒ぎは、まだ序の口にすぎなかった。ピョートルは古いしきたりを、ことさら無視した。貴族の家柄に生まれようと、パン職人の倅であろうと、ピョートルの寵を受けた者だけが、廷臣の座を守り抜けた。ツァーリに仕えるエリートは従来、聖堂や宮殿の広間で催される儀式に出席していればよかったが、ピョートルの廷臣たる者は、どんちゃん騒ぎの酒宴にも連なる必要があった。ツァーリの側近であるためには、それが必須の条件だった。すべてはピョートルの思うがままだった。臣下は献身的に尽くしながらも、ピョートルが酒杯を上げるたびに、常に恐怖と隣り合わせの自分を見いだすのだった[17]。我が身の安全を確信できる者は一人もいなかった。コルブが驚きの筆で残した回想録に、裸の「ローマ法王」公として登場するニキータ・ゾートフは、老年になって結婚した。結婚式は彼を笑い物にする場だった。招待客は醜い仮面をつけ、熊の芸まで登場した。パイプや笛を吹き鳴らし、宮廷の皿を叩くお笑い音楽隊も余興を披露した[18]。

保守主義者や不満を募らせていた銃兵隊、しぶとく残るソフィアの支持者らは、ピョートルへの反感をますます強めた。しかし舞台で次の幕が上がる前に、驚くべき出来事が起きた。一六九七年三月、ピョートルは突然、外遊に出た。キプチャク・ハーン国の時代を除けば、ツァーリが国を留守にした例はなかった。かつてはモンゴルの支配者に伺候する慣例があった。だがピョートルは前例とは無縁の発想で動いた。彼は約二〇〇人の若い貴族を随員とした。フランツ・ルフォールと、モスクワ生え抜きの優れた外交官二人が準備全般を担当した。ピョートルは欧州でピーター・ミハイロフという仮名を使った。しかし彼がロシアのツァーリであることを疑う者はいなかった。大使節団の目的は、欧州の実状調査にあった。造船、科学、習慣を学ぶための旅だった。だがピーター・ミハイロフにとっては、例によって遊びのようなものだった。彼はオランダと英国の造船所で数週間を過ごした。しばしば一介の船員を装った。デトフォードの造船所を宿舎とした。型破りの君主ではあったが、外交上の義務もおろそかにはしなかった。一行はウィリアム三世のケンジントン宮殿でひとときを過ごした。ハプスブルク家が支配するウィーンにも滞在した。一六九八年の夏、ウィーンの宮殿にいた彼は、祖国で銃兵隊が反乱を起こし、ドイツ人居留区とツァーリの玉座が狙われたという知らせを受けた。その時点で既に反乱は鎮まっていた。アゾフの戦いで名を馳せたアレクセイ・セミョーノヴィチ・シェインら、ピョートル子飼いの将軍たちが、迅速に対応した結果だった。ピョートルの副官で秘密警察の長官であるフョードル・ロモダノフスキーが、すでに反乱の首謀者を探索していた。彼はツァーリの飲み仲間で、宴席では「ローマ皇帝」公の役を演じた人物である。ピョートルは帰国の時が来たと判断した。

彼は外国での冒険の旅を素早く切り上げると、まっすぐモスクワへ向かった。四週間後の夜、クレムリンに着いた。コルブによると、ピョートルは前触れもなく「夜陰に紛れて」クレムリンに入った。「彼は愛息に三回キスをした。帰国を祝う多くの人々を残して、妻の目から逃れるように、お気に入りの木造の住居［プレオブラジェンスコエ］へ去った。彼は時代遅れの遺物のように妻を嫌っていた」[19]。皇后エヴドキヤ・ロプヒナは銃兵隊の反乱とは無関係だった。しかし妻の保守的な性格が夫を遠ざけた。彼女の係累とも肌が合わなかった。ピョートルは足繁く通った外国人居留地で、ドイツ女性アンナ・モンスと知り合い、深い仲になっていた。彼は翌年の春、エヴドキヤを強制的に修道女にした。クレムリンには階上の奥に数々の部屋があった。エヴドキヤのような女性を押し込めて放置するには最適の場所だった。

当時のロシアでは九月が一年の始まりだった。この年はピョートルのおかげで、忘れ難い年の始めとなった。彼は屋敷からほとんど外出せず、理髪師をかき集めた。古いロシアが新しい時代に屈する時がついに訪れた。一六九八年八月二六日、モスクワ国家の名だたる者たちが、ツァーリに拝謁するためプレオブラジェンスコエに集った。ピョートルの奇妙な儀式が始まった。彼は臣下の外見や思考を、自分が見てきた西欧の様式に変えようと考えた。まずロモダノフスキーとシェインの髭を切り落とした。ピョートルの視線はさらに、集まった男たちの上を長々とさまよい、自分のやり方に懐疑的な者や反抗的な人物を追い求めた。年が明けて大宴会があった。あご髭の剃り跡も生々しいシェインの顔を見て「集まった大貴族や書記官、士官たちは、あっけにとられた」とコルブが証言している。「中には、ごく普通の水夫もいた。ツァーリが親しく付き合っている連中である。ツァーリは彼らにリンゴを分け与え、ある水夫には兄弟と呼びかけるほどだった。乾杯のたびに二五門の大砲が放たれた」[20]。ぎこちない笑い声が大広間に響いた。明け方までに、理髪師が数百人の顔にカミソリを当てた。

ピョートルは次に銃兵隊の始末にかかった。プレオブラジェンスコエで発した布告は、国の津々浦々まで噂となって届いた。「わが帝都周辺の城壁と塁壁に、さらし台と絞首台を設置する。「謀反に加わった」すべての者に恐怖の死を与える」[21]。既に約三〇人の銃兵を拷問にかけ、調べを進めていた。拷問は決起の首謀者を明らかにするのが目的だったが、誰が支配者であるかを、国中に知らしめる効果もあった。コルブの記述を引く。「激しく鞭で打ち、それでも頑固に口を割らない場合は、背中を火であぶった。皮膚とやわらかい肉をゆっくり焼いた。血が噴き出し、したたり落ちた。鋭い痛みが骨の髄を貫いたに違いない[22]」。

元凶はほかならぬソフィアと判明した。ピョートルは当初から、自分を廃する企みの首謀者として、彼女に目星をつけていた。拷問の主目的もソフィアの役割を突き止めることにあった。探索に当たった者たちは、予想通りの結果を出した。摂政の地位を既に失っていたソフィアは、ノヴォジェーヴィチー修道院で尼僧として生涯を過ごさねばならなかった。この修道院は通常、クレムリンと同様に静かで特別な場所だった。だが周囲の壁も、道を幾筋か隔てた場所で起きている出来事から、静寂を守ることはできなかった。ピョートルは反乱の探索を終えると、モスクワ川の南岸にあった銃兵隊の施設を復讐のため焼き払った。時を同じくして死刑執行人の仕事が始まった。多くの銃兵を絞首刑に処し、車輪に縛り付けて骨を砕き、あるいは斬首した。ピョートル自身も手を下した。彼は斧の響きときらめきを好んだ。ロモダノフスキーやルフォールら数人の貴族も加わった。拷問と処刑は、髭を落とすことや、どんちゃん騒ぎと同様にピョートルへの忠誠を示す行為だった。

殺戮は毎日続き、日曜も休まなかった。一一八二人の銃兵が処刑された。処刑場はプレオブラジェンスコエであったり、クレムリンの城壁の下であったりした。ピョートルは予告した通り、虐殺した屍をさらしものにした。切り取られた首も槍に刺して見せ物にした。死体の顔がソフィアの部屋の窓をのぞき込むように吊したりもした。多くの首をクレムリンの城壁の鉄鉤に刺し通した。夜明けのたびにカラスが群がり、祝祭の羽を打ち鳴らした。モスクワでは「壁に銃眼あるところ、必ず銃兵隊［の首］あり」と長く語りぐさになった[23]。

一六九九年一二月一九日、ロシアの国民はこれまでとは異なり、新年を一月一日に祝うよう命じられた。赤の広場では一週間にわたり、花火を打ち上げ、式典を催し、祝砲を放った。ピョートルは「歓びの気持ちを示すために」祝いの言葉を交わすよう人々に強制した。また祭日に飾るマツやトウヒの樹を家々に立てる布告も出し、慣れない祝日を有無を言わさず押しつけた。富裕な者は屋敷を開放して、誰でも饗応しなければならなかった[24]。偉大な改革者たる皇帝は、欧州の文物や慣習をどん欲に取り入れた。四日後には、貴族に「ハンガリー風」の短い外套を着るよう強要した。それは従来恥ずべき格好とみなされていた。仕立て屋の店先に見本を置かせ、ツァーリの好みの服装を臣下に示した[25]。世間から孤絶し保守的なクレムリンで、安穏な時を過ごしていた深窓の貴婦人たちも、顔を覆うベールを取り払わねばならなかった。古儀式派は最も激しく抵抗した。彼らはピョートルを低能な「ドイツ人」とさげすみ、キリストの教えに背く極悪の輩として憎んだ[26]。彼が好んだ舶来の長靴が放つ重々しい響きは、敬虔な信者の耳に悪魔のひづめの音のように聞こえた[27]。

ロシアのすべてが、改革の嵐に突然に襲われたわけではなかった。正教会は既にフィラレートの時代から動揺していた。ピョートルは教会の介入を嫌った。総主教が一六九八年に銃兵隊を救おうとした時も、これを退けた[28]。宗教は精神世界の役割に専念するべきだとの考え方が、一八世紀を通じて定着しつつあった[29]。ピョートルの教会軽視も、そのような潮流を反映していた。神が支配する領域自体が縮小してもいたのだ。軍事改革の必要性が、他の分野でも多くの刷新を促した。イワン雷帝の時代から混迷と反乱の世紀にかけて、ロシアは近代欧州の一員となる機会を逸した。改革を指向する者は臆病な同僚に阻まれ、多くの場合は資金にも恵まれなかった。だがロシアは人材を入れ替え、軍備を刷新しなければ、欧州に太刀打ちできないところまで追い込まれていた。ピョートルはウクライナを維持するだけでなく、さらに領土を拡張する野心を抱いていた。だがドニエプル川、ドン川をはさんで対峙する列強と同等の軍事力や財政力を備えなければ、ウクライナの守りさえ覚束なかった。ピョートルは性急な改革によって、モスクワのエリート層の一部を敵に回し打ちのめした。守旧派は確固たる共通の目的意識に欠けたので、ピョートルに一致して抵抗できなかった。

変化の態様も規模も革命に匹敵した。バッカス、ヴィクトリーア、ジュピターの神々が一七世紀後半のロシアに現れ、人々を驚愕させた。西欧世界では古来よく知られた神々であるだけに、ロシア人が受けた衝撃の強さを想像するのは難しい。だが当時の貴族で外国の地を踏んだ経験者は、ほとんどいなかった。西欧の伝統芸術や詩を理解できるはずもなかった。そこで説明を聖職者に求めたので、彫像は（着衣の有無にかかわらず）美術品ではなく、信仰の対象であるかのような錯覚が生まれた。だが教会の前で必ず頭を垂れ十字を切る大衆にとっては、ローマと異教徒は嫌悪の対象でしかなかった。一八世紀に入ると、古来の神像や古典芸術、おびただしい彫像が、外敵のようにロシアの正教世界に押し寄せた。しかも多くが女性の裸体だった。ピョートルの伝記を書いた英国のリンゼー・ヒューズによれば、宮殿を一歩出ると、西欧の神話の世界を理解できる者は皆無だった。ピョートルの武器庫の係が一七〇一年、新たな収蔵品の目録を作成した。銀の地球儀について「二人の男が乗っている。一人は大きく、別の男は帽子をかぶっている。帽子とかかとに羽がある」との説明がある。[30]この男性像がマーキュリーであるとの知識がなかったのだ。

モスクワで街の雰囲気を大きく変えたのは、美術品ではなく新しい建物だった。嚆矢はピョートルが一六九〇年代に建てたスハレワ塔である。もともとはピョートルが聖三位一体セルギエフ修道院に向かう道筋にあった検問所だった。クレムリンのスパスカヤ塔と並び、モスクワを象徴する建築物となった。ピョートルは一七〇一年、スハレワ塔の三階に数学と航海術の学校を開設した。さらに上の階は天文観測に使用した。[31]当時のモスクワでごく一時期に限り最も高かった塔は、廷臣アレクサンドル・メンシコフの領地にあった。メンシコフは低い家柄の出身ながら、ピョートルの寵を得た人物だった。塔は聖堂に付属し、高さは八二メートル弱だった。落雷で損なわれる前は、鋭く伸びた形がサンクトペテルブルクに出現する数々の建造物の姿を先取りしていた。ピョートルは赤の広場周辺の整理にも着手した。まず露店や屋台を一掃した。放置すれば広場を埋め尽くす勢いで増えていたので、一度では片づかなかった。人目を引く三階建ての薬局を一六九九年に建てた。迷信じみた農民医療を撲滅する政策の一環だった[32]。皮肉屋のコルブは、大衆が必ずしも改革を歓迎しない実態を見抜いていた。「人々はそれまで薬草さえあれば、そこそこの天寿を全うしていた。だが今や金ばかりかけた挙げ句に、早死にするのだと不満を訴える者もいた[33]」。

槌音も真っ盛りの一七〇一年六月、クレムリンはまたしても大火ですべてを失った。炎は敷地の隅々までなめ尽くし、木造建築はことごとく失われた。石造建築も無事ではなかった。数年間も屋根や扉や窓がないまま放置される宮殿もあった。権威ある外交官署をはじめ、多くの役所は灰燼に帰した。一七〇三年に再建に着手したものの、全部は復元できなかった。多くの役人が仮住まいの建物に移ったり、執務の場をキタイゴロドや「白い町」に移した[34]。

ピョートルは災いを好機の到来と考えた。最も被害が甚大だったニコリスキエ門周辺の大きな三角形の区画を、さら地に戻すよう命じた。一七〇二年一月、新たな巨大建築に要する「あらゆる資材」の搬入が始まり、係官たちは納入記録の作成に追われた[35]。武器庫の建築が始まろうとしていた。この建物はピョートルがクレムリンに残した最大の足跡である。アドリアーン・シェーネベックの版画によると、切妻屋根を乗せた古典的な円柱、ローマ神話の神々、いかめしいロシアの双頭の鷲が、入り口の左右にあった。後になって外交官署と相談の上で、ロシアが次々に支配下に置いた州の紋章を鷲の下に並べた[36]。工事監督としてサクソン人のクリストファー・コンラッドが雇われた時、ロシアの石工はこの人選に不満を唱えた。一七一三年の冬、半ば完成していた屋根が落ちた(37)。だが、さらに一〇年後に足場が崩れるまで、欧州流の工事に異論を差し挟む者は現れなかった。

新たに持ち込まれた古典主義は、クレムリンでは場違いな感じを与えた。ピョートルが欲した幅の広い通りや、直線を多く取り入れた建物は、聖人が眠る要塞にはそぐわなかった。ピョートルが夢想したのは、モスクワのドイツ人居留区のような空間だった。イタリア人に「宝石箱のようだ(38)」と言わせた整った景観がピョートルの好みだった。彼はフランツ・ルフォールら様々な外国人と過ごした数々の（騒々しい）夜を思い出していた。それはハプスブルク家のウィーンで見た宮廷の光景をも蘇らせた。比べてクレムリンは、なかなか死なない叔母ソフィアの姿と重なって、忌々しさを募らせるばかりだった。とはいえクレムリンが蔵する破格の財宝まで放棄するつもりは毛頭なかった。ピョートルは古い空間を拒否しただけでなく、モスクワ大公国の政治慣習も打破した。彼は間もなく自らピョートル一世と名乗った。歴代のツァーリが好んだ形式的な父称〔父がアレクセイならアレクセイエヴィチ〕は使わなかった。家系や由緒ある史跡、聖地にも束縛されなかった。いかなる場面で権力を行使し、どのような信条を育むか、すべて自分で判断した。クレムリンの空間をどのように使うかも、彼が専断した。クレムリンの建物の在り方と配置は、歴代ツァーリの儀礼の様相を何世紀にもわたり規定してきたが、ピョートルはそれも無視した(39)。

モスクワはピョートルの時代に、首都として面目を一新した。彼は幾多の戦争をしたが、最も長引いたのはスウェーデンとの戦いである。一七〇〇年にスウェーデンに対抗する同盟を成立させて以来の長期戦だった。ピョートルは、大使節団を率いた欧州歴訪でリガを訪れた時に、スウェーデンに侮辱されたと公言している。スウェーデンが、ノヴゴロド、プスコフ、アルハンゲリスクなどロシア北部の貿易都市を攻撃しようとしているとの噂もあった。おそらく故意に流されたとみられる(40)。デンマーク王クリスチャン五世、ザクセン公を兼ねるポーランド王アウグスト二世は、一八歳だったスウェーデン王カール一二世の経験不足につけ込もうと考えた。だが結果は裏目に出た。厳格なスウェーデン王は戦場において、ピョートルに勝る見事な判断力を発揮した。一七〇〇年一一月、ロシア軍はスウェーデン軍の四倍の兵力を擁しながら、バルト沿岸のナルヴァで大敗した。ロシア軍の死者、行方不明者は一万人を超えた。一五〇門の砲を敵に奪われ、ピョートル自身も潰走の恥辱にまみれた。[41]ロシア軍は破滅的な痛手を受けて「鉄の時代」を迎えた。

その後の戦いでロシア軍が勝利するようになったのは、将兵の勇敢な働きが理由ではなく、カールがピョートルを甘く見たためである。スウェーデンは一七〇一年以来、軍の主力をポーランドとザクセンとの戦いに投入していた。このためロシアは、スウェーデン軍でも比較的弱小な部隊を相手に勝利を重ね、一七〇二年にラドガ湖畔のノーテブルク要塞を陥落させた。さらにネヴァ川を下った地点に位置するスウェーデン軍の拠点ニエンシャンツも翌春に攻略した。ピョートルは船で川を下り、低地にある三角州の戦略的価値を検討した。彼はフィンランド軍がユアンニサーリ要塞を構えていた島に目をつけた。一七〇三年の夏、ピョートルの守護聖人ペテロの聖命日を選んで、ロシアの聖職者がこの島に祝福を与えた。貧相で寒々しい僻地が、後にサンクトペテルブルクの中心として栄えることになる。[42]

無謀な戦争はモスクワに多大な負担を強いた。スウェーデン軍の攻撃を直接受ける危険性が、数年にわたり首都を脅かした。復興期途上のクレムリンは、欧州で製造した最新式の大砲を撃ち込まれたら、ひとたまりもないと危惧された。ピョートルはクレムリンの防備を固めるよう指示した。彼は一七〇七年、最良の築城技師を集め、一八箇所に土台を掘り下げ、オランダ式の巨大な稜堡を構築した。[43]ロシアで最も繁華な都市は中心部の姿を一新した。土地や森林の起伏が変わり、露天商人を追い払い、商人の会所を移転させ、アレクセイ・ミハイロヴィチが愛した薬草園もつぶしてしまった。人夫は賃金が少なかったために、最初は動きが鈍かった。そこで一七〇七年一〇月、ピョートルの息子アレクセイ・ペトローヴィチが、それぞれの稜堡を担当する大貴族を決めるよう進言した。最終的に承認された建築担当名簿には、モスクワ大公国の歴史を彩る名前が並んだ。最初の二つの稜堡はピョートル自身と彼の息子が請け負った。さらにゴリーツィン、ドルゴルーキー、サルトゥイコフ、プロゾロフスキーなどの名家が続いた。(44) クレムリンを要塞として強化するため、これほど大規模な工事に取り組むツァーリはイワン三世以来だった。三万人の労働力を投入した。当時のロシアでは最大の工事である。雑然と並んでいた民家も露店も消えた。威容を新たにした城壁が二重にクレムリンを囲んだ。(45) 欧州の最新の軍事技術をつぎ込んだ大事業が、中世の姿を残す市街地を寸断した。

　戦争は最後にピョートルが勝利した。一七〇九年六月、カール一二世が率いるスウェーデン軍はウクライナ中原のポルタヴァで敗北した。ピョートルは大がかりで騒々しい戦勝祝いを強制的に催させた。花火や大砲の一斉射撃、ファンファーレ、太鼓の連打、ロシア伝統の笛の音が響いた。一七一〇年一月、目玉行事の戦勝パレードが行われた。プレオブラジェンスキー連隊に続き、ピョートルが馬に乗って首都に入った。一行は道すがら、木製の凱旋門を七回くぐった。凱旋門にはツァーリを称えるため、ローマ神話のマルスやハーキュリーなどの装飾が施されていた。凱旋の舞台仕掛けは、設計にも建設にも大金がかかった。だが貴族たちは競って資金を出した。アレクセイ・ズーボフはいつものように、記念の版画を作成した。整然かつ古典的な構図が、パレードの様子を再現している。凱旋部隊の服装は欧州の軍隊のようだ。丈が長いローブや毛皮の帽子は、もはや誰も身に付けていない。髭だらけの大貴族の姿もない。(46) 凱旋門に彫琢された戦士が持つ剣も、行進する兵士がかぶった三角の軍帽も子細に描写されている。だがクレムリンは奥地に隠れた遺跡のように、どこにも見えない。

ピョートルはクレムリンを別の方法で効果的に使った。数々の塔を花で飾り、数千にも及ぶ極彩色のランプを城門にともして人目を奪った。[47]

ピョートルが推進した外交政策のおかげで、ロシアは欧州に確固たる地位を築いた。モスクワ大公国に代わりロシア帝国が登場した。ピョートルは一七二一年、スウェーデンとニスタットの和約を結んだ。ロシア帝国は太平洋からドニエプルまでの版図に加え、ヴィボルクからリガに至るバルト海沿岸、カレリアの一部、バルト海の島々を新たに獲得した。だが帝国の心臓部であるクレムリンは、この時点で最盛期を終えようとしていた。転機はおそらく一七一一年であっただろう。政府の重心はサンクトペテルブルクに移った。ピョートルとその家族、衛兵や従僕、密告者たちがモスクワを離れた。大公国の歴史を支えたクレムリンは、人気《ひとけ》の少ない奇妙な城塞と化した。

貴族層は選択を迫られた。住み慣れたモスクワに残り安穏な生活を送るか、バルト海の宮廷に移り栄達の野心を燃やすか、二つの選択肢しかなかった。ピョートルは一七一四年、少なくとも一〇〇〇人ほどの廷臣に、家庭や家財とともにネヴァ川を臨む新帝都に移る命令を出して、彼らの運命を決めてしまった。一七〇一年の記録によると、ピョートル統治の初期にクレムリンの城壁の内側には、中庭が付いた邸宅が四三戸あった。うち五戸は廷臣の屋敷で、残り三八戸には高位の聖職者が住んでいた。[48]ところが三〇年後には、このような大邸宅は一〇戸にまで減った。クレムリン周辺に屋敷を構える裕福な廷臣の数も減少した。[49]モスクワの著名人が集まっていた高級住宅街は、泥棒やならず者の巣窟になってしまった。[50]

モスクワは依然として「第一」帝都ではあったが、クレムリンで執行される国家業務は、目に見えて減っていった。ピョートルは新都に移る前も、クレムリンではなくプレオブラジェンスコエの離宮に臣下を集め、布告もそこから発するのが常だった。クレムリンには膨大な書類の山を保管するだけの機能しかなかった。そもそも書類を積んだ部屋も、事務のために設けられたわけではなかった。ピョートルは常に移動していた。特に戦時においては留守が常態化したので、クレムリンとの連絡は途絶えがちだった。ピョートルは一七一一年、行政の効率を上げるために、全く新しい組織を設立した。一〇人で構成する元老院である。ツァーリが外征している間は、元老院が日常的に統治の業務を取り仕切るようにした。元老たちは二年の間、ブラゴヴェシチェンスキー聖堂の裏にある建物で会合を重ねた。だが元老院も北の都に移ると、後には書類の山だけが残った。モスクワを管轄する新たな行政府ができたが、人材を引きつける場ではなかった。やがてネズミによる被害が報告されるようになった。[51]

ピョートルは改革の一環として、官署を廃し「コレギア」（参議会）を置いた。この措置は行政機構の重複を招いた。多くの省や下部機関がモスクワに残った。政治に携わる貴族は新都に去った。クレムリンは身分の低い事務官たちの職場となった。彼らは下僕を雇い、馬を買い、妻を迎えて体裁を整え、クレムリンに出仕するようになった。以前はパン焼き場や倉庫だった建物が、事務所や非公式の住居となった。[52] 刑の宣告を待つ罪人を入れておく牢屋や、見せしめのためにさらしものにする場も必要になった。酒場も出現した。[53] ツァーリや家族の居住区には手をつけなかったが、やがて寒さと湿気に損なわれた。ピョートルの治世が終わるころには、クレムリンの古い宮殿の多くは人が住める状態ではなくなった。

ピョートルが浪費する戦費をまかなうために、官僚たちはクレムリンの二大修道院を締め上げた。修道院の資産を使ったのはピョートルが初めてではない。彼の父も含め歴代ツァーリも同様だった。ただピョートルの場合は、あまりにも情け容赦がなかった。一六九九年にはクレムリンの聖堂と修道院を対象に、支出の実態と納税上の特権を洗い直した。ブラゴヴェシチェンスキー大聖堂では、多年にわたりろうそくを過剰に納入させていた。自然発火して不足する事態に備えるためと説明したが却下された[54]。その二年後、総主教の宗務を担当する修道院庁を新設した。教会ごとに集めていた税金を、中央で一括して徴収する制度を導入した[55]。ピョートルは一七二一年、総主教座を完全に廃止した。聖職者たちは、ニーコンが一六五〇年代に建てた豪華な建物から追い出された。正教会の指導者たちは宗務院に集うようになった。活気のない単調な会議だった。彼らは官僚的で、霊験あらたかな聖人のカリスマ性に欠けていた。ピョートルは奇跡の認定についても、しきたりを覆した。このため、その後何年も新たに奇跡が認定されることはなかった[56]。モスクワ府主教の地位は存続した。聖堂の捧神礼を仕切り、祝日の聖行列を率いるために必要だった。だがウスペンスキー大聖堂で総主教の椅子に座る者は、もはや誰もいなかった[57]。

クレムリンの性格が変わろうとしていた。魔力を秘めた歴史建築の粋ではあり殿堂ではあったが、一八世紀初頭には別の意味を帯びるようになった。永遠なるモスクワという神話は崩れた。ピョートルの改革は人々を、めまぐるしく変わる世俗世界に追いやった。過去はついに歴史と化した。皇帝と側近は、新たな錬金術を思いついた。ピョートルは「珍品」を探し出し目録を作成するよう指示した[58]。彼は一七〇一年、宮廷の工房に命じて、クレムリンが保管する財宝を列挙させた。資金づくりのもくろみがあったとみられる。当時ロシアで最も裕福な人物とされたのは、ソフィアと連座したワシーリー・ゴリーツィンだった。没収された彼の資産は七万一〇〇〇ルーブル相当と評価された。ピョートルの資産は約二五万ルーブル相当に達した[59]。膨大な財宝が略奪で失われた動乱の時代から一世紀を経て、皇帝は再び十分な富を蓄えた。完成した財宝の目録は、ピョートルを満足させたに違いない。彼が欧州歴訪で目にした宮廷では、財宝は宗教上の価値を帯びた聖物や、現金の担保として金庫にしまの証として来客の目を奪った。

い置く対象ではなく、芸術品として評価されていた。ピョートルは一七一八年、クレムリンの財宝の一部を展示させた。選りすぐりの逸品を並べるために、ガラスの陳列棚を特注した[60]。黄金の杯、真珠を散りばめたローブ、宝石をあしらった剣が並んだ。かつては儀式に使った品々が、昔日の文明開化の証として来客の目を奪った。

ピョートルは全土の教会や聖堂、修道院が保管している羊皮紙の記録や文献を、元老院に提出するよう命じた。元老院で精査した後、必要に応じて筆写した[61]。ロシアでは伝統的に、過去の記録は教会が保存してきた。誰もが文献に接し自由に書物を著すことには、宗務院が抵抗した。そのような行為は「無意味」で「不誠実」であると主張した。ピョートルが収集した文献は、後世の歴史家にとって貴重な資料となった。ピョートルは一七〇八年に、文字の改革も断行した。行政文書を合理的に表記するためだった。その結果、古来の文書がいっそう珍しい魅力を放つようになった。半ば忘れられていた手書き文書への関心が強まり、貴重な文献に高い価値を認めるようになった。数年来の噂があった。イワン雷帝の祖母ソフィア・パレオローグがビザンティン帝国から持参した宝物や蔵書が、モスクワに現存しているのではないか。クレムリンのどこか地下深く埋もれた伝説の宝の山が、時代を経て信仰心も薄れたクレムリンの住人を、招き寄せているかのようだった。発掘作業の先頭を切ったのは、フョードル・ロモダノフスキーだった。ピョートルが武器庫を造った際に掘った穴から、地下の秘蔵庫を発見しようとした。彼は後に、地下宮殿をまるごと二つ発見したと主張したが裏付けはない。一七二四年にはオシポフという書記官が二回目の発掘を行い、タイニツキエ門の周辺を掘った。この調査はさらに一〇年後、元老院の支持を得て再開された。多くの人数を動員して、大量の土塊を掘り出した。だが何も見つからず、労苦は報われなかった[62]。それでも噂と夢は、古い羊皮紙の隠し場所より長い時間に耐え、幾世紀も消えなかった。

クレムリンは観光の名所になった。ピョートルは入場料さえ徴収した。ハプスブルク家大使のヨハン・コルブは世界で見聞を深めた人物だった。彼でさえクレムリンの宝物やイコンには、深い感銘を受けた(63)。だが管理が行き届かず放置されている様子も、いたるところで目についた(64)。庭園は「手入れもなく荒れ果てようとしていた」。皇帝一家の居住区は雨樋が破損し苔むしていた。世紀半ばのサンクトペテルブルクをロシアのヴェルサイユとすれば、クレムリンはフォンテーヌブロー城のような二次的な存在に成り下がっていた。フォンテーヌブロー城を訪れたロシアの貴族（海外旅行はごく当たり前になっていた）は実際、以下のように記述している。「モスクワでクレムリンの宮殿にいるような錯覚を覚えた。どの部屋にも入り口にも、均衡というものがなかった。一言で言えば、歴代の大公が気ままに場所を選び、好みの建築様式を採用して、勝手に建物を造ったという印象を受けた(65)」。

いかに使い勝手が悪くとも、クレムリンは完全に見捨てられなかった。新時代のロシアにおいては、象徴的な意味が二つあった。一つは皇統の継続性を誇示する場としての役割である。遷都の後も数十年の間、皇帝は戴冠式をクレムリンで挙行した。クレムリンの権威が特にものを言うのは、新皇帝の性格に欠陥があったり、女帝が即位したりする場合だった。血統の正統性に疑問が生じたり、皇位を争う相手を殺した疑いがつきまとう人物が即位する時も同様だった。クレムリンはモスクワの心臓だった。モスクワを掌握せずにロシアを治め得た人物はいない。ピョートルは一七一八年に、長子アレクセイから皇位継承権を剝奪する際、謀反の疑いをでっち上げ、クレムリンの大広間を尋問の場に選んだ。モスクワの反対勢力がサンクトペテルブルクの権威を認めずに力を増していたので、示しをつける意味があった。彼らは皇位の長子相続を唱えていたようだ。一七一八年二月三日、静まりかえった大広間で、アレクセイは涙ながらに皇位継承権の放棄を宣明した。その直後にピョートルの幼い息子ピョートル・ペトローヴィチの立太子式が、ウスペンスキー大聖堂で行われた。精鋭の近衛兵が五人から一〇人の一団を組み、城壁の周辺を日夜を問わず巡邏していた。ピョートル個人の絶対的な権威を、モスクワ市民に知らしめるためでもあった[66]。

新時代で最初の戴冠式がモスクワで挙行された。そこにも政治の影が色濃く投影していた。アレクセイは一七一八年六月にサンクトペテルブルクで死去した。ピョートルに殺された可能性が強い。少なくとも、彼が指示した数週間の拷問の末に絶命した事実は否定できない。ピョートルお気に入りの皇太子ピョートル・ペトローヴィチも、幼年のうちに死去した。ピョートル大帝の晩年は、後継者不在のまま推移した。彼は何らかの決断を迫られていたし、いったん決定がなされれば、大帝の死後も側近たちは従わざるを得なかった。宮廷の知恵者であるフェオファン・プロコポーヴィチは、皇帝の後継指名権を裏付ける法律を導入した。だが皇位継承の正統性という本来の権威まで、法律で付与することはできなかった。ピョートルは一七二二年、自分が築き上げた帝国を二番目の妻であるエカチェリーナに託す意思を最終的に固めた。彼女はもともとマルタ・スカヴロンスカという名前の洗濯女で、リトアニアの田舎の出身だった。卑しい出自のほかにも、彼女の皇位継承を妨げる幾多の要因があった。ロシアではまだ女帝の前例がなかった。エレーナ・グリンスカヤやピョートル大帝の異母姉であるソフィアは、実権は握ったものの皇帝ではなかった。ピョートル大帝は自らエカチェリーナの戴冠式を実現しようと考えた。式典を司るべき総主教もいなかったが、皇帝はまだ生存していた。黄金のローブをまとい十字架に口づけをして忠誠を誓う大貴族の一団など無用だった。主要な問題は皇位継承の正統性だった。ピョートルがクレムリンのウスペンスキー大聖堂を、戴冠式の舞台に選んだのは賢明な判断だった。後の歴代皇帝もその慣例を踏襲した。

ピョートルは戴冠式の式次第をはじめ、皇位を象徴する品々からビロードの式服まで、すべてを前例にとらわれず新たに決めた。彼がエカチェリーナの戴冠式に熱を入れる姿は、イワン雷帝の戴冠式に心血を注いだマカーリーを彷彿とさせた。準備は緊張をはらんでいただろう。戴冠式はロシア語で「ヴェンチャーニエ」と呼び習わしてきたが、欧州風に「コロナーツィヤ」とした。式の準備に携わる廷臣たちは、伝統を覆す意思を貫く一方で、欧州の粋をロシア人の好みに融合させようと心を砕いた。彼らは古代ローマ、神聖ローマ帝国の慣例に関する文献を読みあさった。女帝を戴いた経験があるビザンティンの古い資料も渉猟した。[67] 最も重要な役割を果たすのは、王権を象徴する品であるとの結論が出た。歴代ツァーリが受け継いできた笏杖と宝珠は、そのまま使えそうだった。帝冠は新たに発注した。宝石を散りばめたロシアの伝統的な帽子は、気品に欠けると判断した。「皇帝陛下のダイヤモンド細工師」であるサムソン・ラリオーノフに、帝冠制作の極秘命令が下った。彼は「古くからあったように見える」ように、新品を作る難題を突きつけられた。[68]

クレムリンの建物にも手を入れる必要があった。準備は一七二二年に始まった。一〇年ほど休業状態だったクレムリンの工房に、職人たちが集まった。グラノヴィータヤ宮殿の改修が最初の仕事となった。ピョートルは即位してからサンクトペテルブルクに移るまで、この宮殿を劇場として使っていた。古いフレスコ画は損傷が激しく、元に戻すのは無理だった。修復のための時間も資金もなかったので放置されてきた。当時の版画によると、聖者を描いた壁を布で覆い、文様の彫琢には赤と金色の彩色を施し、従来とは全く異なる様相になった。[69] 宴会を開く大広間も念入りに改修した。画工がしっくいで壁の表面を修復した。他の職人たちが皇帝と賓客のために、玉座や通路や廊下をつくった。工期は厳格に定められた。テレムノイ宮殿は、窓枠を直すだけで、五万ルーブルの費用が必要と試算された。この宮殿は聖堂広場から見えなかったので、目立たない客人のように冷遇され、改修の許可が降りなかった。[70]

一七二四年五月五日、モスクワにラッパの音が響き、市民や多くの貴賓に戴冠式が四八時間後に迫ったことを知らせた。クレムリンの鐘はいつもと同じ音を奏でたかもしれない。だが始まろうとしている戴冠式は異例ずくめだった。ピョートルは古い岩を揺さぶり、突き落とす意気込みで準備を重ねた。五月七日、ピョートルとエカチェリーナは、三〇年前のピョートル自身の戴冠式とは全く異なる気持ちで、ウスペンスキー大聖堂に入った。当時の銃兵隊に代わり、この日は新設の近衛連隊が整列していた。式服をまとった大貴族の代わりに、欧州風の服装に身を包んだ廷臣たちが並んだ。ピョートルの娘の嫁ぎ先から招いた賓客を含め、多くの外国人が参列していた。主役であるエカチェリーナがまとう紫色のローブは、パリから取り寄せた。刺繡飾りがあり、縁取りは黄金だった。ピョートルのシャツとズボンは青空のような色の絹で、銀の刺繡があった。純白の羽をあしらった帽子がよく似合った。そろいの軍服を着た将軍や、ピョートルの側近が行列を先導した。若き日のピョートルを包んだ黄金ばかりの単調な色調とは対照的に、この日の行列は虹のように多彩な輝きを放っていた。

社会の多様な層が参列した点でも、従来の戴冠式とは異なっていた。ピョートルは門閥にとらわれずに、有能な人材を廷臣に加えた。以前なら門地制の壁に阻まれ出世など覚束ない身分の者を登用した。顔ぶれも様式も前回とは異なり、新しい自信に満ちていた。さらに特筆すべきは、正教会の指導者ではなくピョートルが式典で中心的な役割を担った事実である。大主教たちは祈りを捧げただけだった。エカチェリーナをひざまづかせ、その頭に帝冠を置いたのはピョートルだった。古く見えるように細工された帝冠は「真珠やダイヤ、鳩の卵より大きな大粒のルビーがまばゆい光を放った」(71)。ピョートルが帝冠を妻に授けるために席を立つと、大聖堂は静まりかえった。外では最初の祝砲を一斉に放つ命令を指揮官が待ち受けていた(72)。

ピョートルは数カ月前から体調がすぐれなかったので、この日は大聖堂での儀式を最後に自室に引き取った。だがエカチェリーナには、まだ大切な行事が残っていた。彼女はかつて洗濯女ではあったが、モスクワ大公国の歴代ツァーリと同様に、祖先の墓参りをしなければならなかった。彼女はごく限られた臣従の助けを借りながら、黄金の張り出し屋根の下を進み、聖堂広場を横切り、アルハンゲリスキー大聖堂へ向かった。大聖堂ではイワン・カリタ、ドミートリー・ドンスコイ、イワン大帝の霊に語りかけた。ツァーリとしてピョートルと並立し、彼女には義理の兄に当たるイワン・アレクセイエヴィチ〔五世《イワン》〕のために祈ろうとも言った。芝居じみた行為は、モスクワの伝統権威に自分を連ねるためだった。正当性に疑問がつきまとう奇妙な皇位継承ではあった。だがエカチェリーナは神聖な儀式の余韻に包まれ、自らの地位をごく自然に受け入れる心境になっていたのかもしれない。ウルグチで幼くして没したドミートリー皇子の遺体に、彼女は特に丁重な敬意を払った。皇子は一六〇〇年代に起きた皇位の正当性をめぐる争いで、特異な役割を果たした経緯があった[73]。

　その日は祝宴と花火で暮れた。従来の戴冠式では市民も酒食の饗応にあずかった。今回はピョートル体制のエリートの祝宴であり、モスクワ市民は傍観者だった。モスクワは単に舞台として選ばれたにすぎなかった。クレムリンに日常を過ごし、仕事と祈りの場とする者は、特定の建物にその場しのぎの修復を施す作業に違和感を覚えた。サンクトペテルブルクから突然やってきた派手で見栄っ張りな廷臣団は、侵略者のように見えた。幅を拡張し掃除をした道を、絹の衣や制服を身に付けた見慣れぬ者たちが埋めた。市民は肩をいからせた制服の衛兵に気圧され、息をひそめて時を過ごした。やがて廷臣たちは、かび臭い不快な部屋をののしりながら姿を消した。クレムリンは再び沈滞の淵へ沈んだ。

　帝国の時代が訪れようとしていた。一八世紀初頭から一九世紀末にかけて、歴代の専制君主は男女を問わず、みなクレムリンで戴冠した。強欲の権化もいれば、変わり者もいた。外国人も皇帝になれた。時には有能な君主も現れた。墓所としては、ごく一部の例外を除いて誰もが、モスクワより洗練され心地が良いサンクトペテルブルクを選んだ。それでも新たに皇帝が即位する時は、宮廷がこぞって高価な衣装を整えモスクワに向かった。近衛連隊の武威が皇位の行方を決めることもあった。戴冠を祝う宴は幾夜も続いた。クレムリンの聖堂は修復が進み、湿気で痛んだ部分を覆い隠した。調理場は豪勢な料理で一杯となった。古くからの「白い町」とキタイゴロドには、遷都の後に住み着いた市民が多かった。かなり裕福な者もいた。彼らは戴冠式が近づくと郊外に追い出され、ロうるさいしゃれ者たちが家屋を占拠した。地位の高い廷臣の多くは、モスクワに邸宅を残していた。彼らが残した不平や噂話を読むと、寒気と不潔で不便な環境、そして糞尿の匂いに大いに閉口した様子が伝わってくる。(74)

儀式と宴会の合間には、気を休める余裕もあった。ロシアで最初の都は粗末ではあったが、懐かしい雰囲気も残っていた。秩序のない田舎にいるようだった。いかめしい表情を浮かべた廷臣たちは、林檎のように頬が赤い「ばあや」に迎えられたような気分を味わった。一七六二年、宮廷でツァーリに仕える年限が短縮された。年季が明けた貴族は、自由に居住の場を選べるようになった。多くの者がサンクトペテルブルクからモスクワに戻った。(75)ある英国人旅行者は「彼らはここに、多くの使用人を召し抱えていた」と書き残している。「粗雑な趣味を満たすために、大金をつぎ込んで見栄を張り、昔ながらの封建的で尊大な世界を再現しようとしていた。そうでない者たちは、ペテルスブルクにあって、皇帝を頂点とする秩序に組み込まれ……精彩を失っていった」。(76)エカチェリーナ大帝（在位一七六二―九六年）も回想録で、モスクワの貴族について「六頭立て馬車の中に、一日中籠もっていても平気だった。……そこにいれば、自分の不潔な姿に加え、あらゆる面、特に暮らし向きにおいてふしだらな一族を、不躾な視線から隠しおおせた」。エカチェリーナはモスクワの貴婦人の装いも気に入らなかったらしい。彼女らは（エカチェリーナが「素晴らしい」と鋭く見抜いた）大きな宝石や贅沢な衣服を身につけていたが、全く似合わなかった。家来の貧相な身なりや薄汚れた姿とは、ひどくかけ離れて見えた。エカチェリーナは「彼らが我々と同様の人間とは、とうてい言えないと思う」と述べている。(77)

しかしロシアで最初の首都が、後進の地に成り下がったわけではなかった。一八世紀のモスクワは、これまでになく、生き生きとして輝きを放っていた。モスクワのエリートは、ピョートルが強制しようとした新たな流儀に、それほどの違和感を感じなくなっていた。ただピョートルが生きているうちは、喜んで従う気になれなかった。サロンには活気が満ちていた。議論のために集うことなど、数年前なら想像さえできなかった。人々は書を読み、意見を戦わせ、さざめき交わし、できの良い息子たちを欧州見物に送り出した。有名なドミートリー・ウフトムスキー（一七一九―七四年）は一七四九年に、建築家を養成する学校をクレムリンの近くに設立した。一七五五年にはロシアで最初の大学がモスクワにできた。

夜会では古代世界の発掘が話題となっていた。一七三八年、全欧州（モスクワも今やその一員だった）が、ナポリの近くで進む古代都市の発掘作業を固唾を飲んで見守っていた。一世紀のヴェスヴィオ火山噴火で灰に埋もれたヘルクラネウムが姿を現そうとしていた。一〇年後にスペインの調査団がポンペイを発掘した際、ロシアの貴族はいち早く略図を描き復元図を作成した。ロシアの歴史に対する興味も刺激された。ウラジーミル・タティシチェフが組織した調査団が、中世都市ヴラジーミルなどロシア各地を探索した。だが満足できる成果は、なかなか得られなかった。遺跡には秩序も形式も均衡もなく、困惑を誘うばかりだった。わずかに残存する遺構も、多くは腐食しやすい木材でできていた。[78] 古代のイタリア遺跡は保存状態が良いだけでなく、もともとの都市や建築がロシアよりはるかに立派だったという事実を認めざるを得なかった。

街と建物は万人共通の関心事となった。サンクトペテルブルク建都は（少なくとも後世の評価では）目を見張る偉業だった。後続の都市整備は、サンクトペテルブルクの様式を模倣した。[79] ロシアの建築家は欧州の新たな潮流を追い求めた。それはピョートル大帝の流儀でもあった。彼は一七〇九年、ジャコモ・バロッツィ・ダ・ヴィニョーラの有名な建築指南書『建築の五つの規範』のロシア語版を、自ら監修している。この書は対象性と調和について説明し、様式を数値に置き換え、人や状況によって異なる結果を生む可能性を排した。一八世紀のロシアにおいて様式建築の聖典となった。[80] 世紀の中葉には、最新の息吹を求める者が、ヴィトルヴィウスやパッラーディオの建築書を読むようになった。復元や改修に取り組む専門家がローマで最も感銘を受けるのが、ミケランジェロが復元したカンピドリオの丘だった。歴史を中世にさかのぼるトヴェーリが一七六三年に、火災で灰燼に帰した。この都市の再建は、欧州に学んだ技術を生かす好機だった。中心部の建物には新古典主義を採り入れ、道路が広くゆったりとした空間が出現した。見事な成功例となった。トヴェーリの軽快な景観に比べ、他の都市はあまりに無秩序でくすんだ印象を与えた。ロシアの都市は競って欧州の規範を採り入れ、街の衣替えをするようになった。[81]

問題は古格を誇るクレムリンだった。モスクワの知識人は、街の近代化について語り合った。だが数に勝る普通の市民は、慣れ親しんだ宗教的な景観に固執した。[82] 歴代の皇帝に一貫性はなかった。女帝エリザヴェータ（在位一七四一―六一年）は一七四〇年代の末、お気に入りの建築家バルトロメオ・フランチェスコ・ラストレッリ（一七〇〇―七一年）に、クレムリンの冬宮を建設するよう命じた。一七四九年に完成したモスクワの冬宮は、ラストレッリがエリザヴェータのためにサンクトペテルブルクに建てた冬宮より近代的な建物だった。宮殿は大部分が木造で、四方に翼を広げたように棟が延びていた。訪問者を迷わせたに違いない。この宮殿は一八三八年まで存在していた。ナポレオンが一八一二年に、ロシアが大陸軍に降伏するのを待ちながら、焦慮の数週間を過ごした場が、まさにこの冬宮だった(83)。

クレムリンの冬宮は使い勝手が悪かった。エリザヴェータの事実上の後継者となったエカチェリーナ大帝は、大規模な改修に着手した。大帝はドイツ生まれでモスクワに強い嫌悪感を抱いていただけに、皮肉な巡り合わせではあった。彼女はエリザヴェータ時代に幾度かクレムリンを訪れた。若い皇太子妃だった時にモスクワで病気となり、クレムリンで養生したこともある。(この時彼女は、頭髪をすっかり剃り落とさねばならなかった)。いずれの経験も、彼女のクレムリン嫌いを助長した。勤勉なエカチェリーナは、モスクワを「怠け者の巣」とさげすんだ。モスクワが刻んだ栄光の歴史にも、ほとんど関心を示さなかった。「人々を狂信的にするものや神秘的な事象に至る所で出会う。教会や聖職者、尼僧院、信者や乞食、泥棒、屋敷にいても役に立たない召使いが、これほど多いところもない。ひしめき合う家屋、そして土埃……(84)」。彼女はモスクワをこのように酷評している。それでもエカチェリーナは、モスクワを象徴する城塞が、ロシア人の精神において特別な位置を占める事実を見抜いていた。彼女はモスクワを戴冠式の場に選び、即位の後も数カ月滞在した。その後も皇帝として国家行事に参加するために、幾度もモスクワを訪れている。エカチェリーナは公園や庭園、異国趣味に満ちた大広間に強い執着があった。彼女は同時代の欧州の君主の誰も及ばない野心的な事業に取り組んだ(85)。最も力を注いだのはサンクトペテルブルクと、その郊外の宮殿だった。帝都を囲む形で宮殿を配置する計画だった。他方でモスクワも放置しなかった。

エカチェリーナはドイツのアンハルト・ツェルプスト公の娘である。ロシアに嫁する前は、ゾフィ・アウグスタ・フリデリーケと呼ばれていた。結婚相手はピョートル大帝の孫に当たる男だった。後のピョートル三世は魅力に乏しい人物だった。[86] 一七六一年、ピョートルの戴冠式を準備する委員会が発足した。エカチェリーナはこの時点で、もう夫に愛想がつきていた。委員会はモスクワの元老院の諮問を受け、若きツァーリの晴れの舞台となるクレムリンの現状を報告した。事態は容易ではなかった。クレムリンは一七三七年の大火災で激しく損傷していた。主な大聖堂はいずれも、フレスコ画を早急に補修する必要が認められた。壊れた屋根から雨水が漏れ、雪解けの滴がしたたり、捧神礼の妨げとなっていた。[87] 古い歴史がある森の救世主教会では、大きな樹木が幾本も屋根を突き抜けていた。[88] どこもかしこも、目を覆うような有様だった。国家の催しがある時は、ピョートル大帝の武器庫をはじめ特に痛みのひどい建物を、一時的な覆いで隠すようになっていた。[89] ロシアの工匠は手慣れたもので、がれきや火災で黒こげになった石を、黄金色の旗で巧みに隠す術を心得ていた。だが早急にまとまった資金を投入して、現状を改善しなければならないことは、誰の目にも明らかだった。

帝位を継いだのは結局、ピョートル三世ではなくエカチェリーナだった。ピョートルは殺害された。エカチェリーナは一七六二年九月、戴冠式の長々しい祝賀に臨んだ。ロシアの戴冠式は豪華な仕掛けが伝統だったが、彼女の場合はさらに華美を極めた。[90] 五〇〇〇個のダイヤモンドを散りばめた帝冠は、この日のために特にあつらえた。ドレスは銀の刺繡をほどこし、縁取りはオコジョの毛皮という豪華さで、少なくとも二万ルーブルの費用がかかった。これだけの資金があれば、がれきの整理も塗装修理も十分にできたはずだ。戴冠式は参列者の目を奪う出来映えだった。しかし舞台裏の腐食や崩落は放置された。八年後の一七七〇年、エカチェリーナは主な大聖堂の修復計画を承認した。彼女の言葉を借りれば「修道院にいるような」謹厳で敬虔な職人だけが、その任にふさわしかった。修復作業は「いかなる修正も加えず、黄金があった部分は、黄色の塗料ではなく、本物の黄金で再生しなければならない」と命じた。エカチェリーナは一方で、油で溶く新しい顔料の使用を認めた。こちらの顔料のほうが昔の塗料より長持ちしたが、しっくいで仕上げた昔の壁面を痛めてしまった。この点でエカチェリーナは認識不足だった。それでも彼女が命じた修復の方法は先例として定着した。フレスコ画には筆を加えず、戴冠式のたびに汚れを落とすにとどめるようになった。その結果、二〇世紀の初めには、ぎらぎら光る油膜で原画が分からなくなってしまった。(91)

やはり国家の行事にふさわしい舞台、堂々たる会場が必要だった。エリザヴェータの宮殿は帝国の威光を示すには手狭だった。老朽化したテレムノイ宮殿も宿泊には不適格だった。グラノヴィータヤ宮殿も窮屈で古めかしかった。エカチェリーナはコロメンスコエにあるアレクセイ・ミハイロヴィチの木造の離宮に目をつけた。だが倒壊の危険があると分かり、取り壊しを命じた。(92) エカチェリーナが一七六七年に、法典編纂委員会にロシア政府の在り方について審議を命じた時、クレムリンには最低限の施設しかなかった。四六〇人の代表は当初、チュードフ修道院で会議を開いた。エカチェリーナと代表団が初めて面会した一七世紀の広間は、「新たなユスティニアヌス法典」を目指す場としては、あまりに気品に欠けた。代表団は結局、事務に携わるわずかな人員を連れて、サンクトペテルブルクに移動しなければならなかった。(93)

エカチェリーナのもとでロシアの国威は増したが、クレムリンの荒廃は国の恥辱として残った。エカチェリーナはモスクワを皇帝が催す行事に恥じない場所に変える必要性を感じた。宮殿やパレード会場、広場、そして最低限でも、大勢の人が集うために見苦しくない大広間（とりあえず「集会宮殿」と呼ぶことにした）がなければならなかった。皇室の体面を保つ事業なので、どの建築家に託すかが問題となった。ワシーリー・バジェーノフ（一七三七―九九年）が適任とみられた。彼は創造力に富むロシアの逸材として広く知られ、若くして奨学金を得て欧州に遊学していた。パリにあっては賞賛とメダルの栄誉に浴した。イタリアにおいては、ボローニャとフィレンツェの学士院会員に推奨された。彼はローマのサン・ピエトロ大聖堂に強い感銘を受け、国威の発揚に建築家が果たす役割について思いを巡らせた。バジェーノフは生粋のモスクワ人だった。クレムリンの近くで育ち、城内にも出入りしていた。クレムリンは彼にとっても特別な意味を持つ場所だった。改修の指名を受けた時は、モスクワのミケランジェロたらんと意気込んだに違いない。そしてイワン三世が築いた第三のローマであるモスクワに、ローマ帝国を継承する国家の姿を再現しようと考えた。彼が心に抱く国家像は、内向きの神政国家ではなく、理性に根ざした世俗の帝国だった。バジェーノフの考えでは、ピョートルが古典主義を取り入れて造った武器庫こそ、クレムリンで最上の建造物だった。[94]

エカチェリーナはクレムリンの刷新に役立てようと、少数の配下を選んで各地を視察させた。[95] この「クレムリン遠征隊」は、特にトヴェーリの成功例に注目した。遠征隊は一七六八年、クレムリンの改修と新たな施設の建設について計画書をまとめるため、バジェーノフに起案を求めた。彼はその場しのぎの改修や、大広間の新築だけでは満足できなかった。サンクトペテルブルクでは、詩人のガヴリラ・デルジャーヴィンらが、バジェーノフへの批判を強めていた。彼らは災厄の匂いをかぎ取っていた。噂によればバジェーノフの計画は、あまりに野心的だったので、自然を冒瀆する行為であると思われた。[96] バジェーノフのもくろみは、建築家クリストファー・レンから、「改善できる」が口癖だった造園師ブラウンまで、欧州の専門家が既に何十年も実践してきた手法を超えるものではなかった。それでも、ラストレッリがバルトの湿地帯にサンクトペテルブルクを立ち上げた時と同様に、魔術のような印象を与えた。バジェーノフの舞台はサンクトペテルブルクではなかったが、モスクワでも当初から強い逆風にさらされた。

バジェーノフは実地調査に着手した。ピョートルの時代から、武器庫の近くにクレムリンの新たな表玄関を設ける案があった。バジェーノフはそれを知っていた。クレムリンは本来、南方から押し寄せる敵に対してモスクワを守る要塞だった。新たな城門には、サンクトペテルブルクに向けて要塞を開放する意味があった(97)。彼はこの案を一応検討はしたが、間もなく排除した。彼はザモスクヴォレチエ地域からモスクワ川越しに眺めるクレムリンの景観が気に入った。水際に南向きの城門を配すれば、新たな宮殿の姿が引き立つと思われた。城内には練兵場として、卵型や円型、ダイヤの形をした美しい広場を設けるつもりだった。大理石を幾何学的に敷き詰めれば、陰鬱なぬかるみとも決別できる。大宮殿の構想がまとまった。一階の柱の列が八〇メートルにも及ぶ計画だった。規模は壮大でも全体が軽やかな均衡を保たねばならなかった。宮殿は翼のように棟を延ばし、丸屋根はローマのサン・ピエトロ大聖堂より強い輝きを放つはずだった。バジェーノフがペンを走らせているうちに、設計図は紙数を増した。古代ローマのカピトリウムの丘を、モスクワに再現する計画が全容を現した。それは欧州で最大の宮殿になるはずだった。川岸の古びた城壁と塔が、宮殿の姿をさえぎるのが玉にきずだった。だが古代ローマの景観を変えた人々も、すべてを完璧に成し遂げたわけではなかった。

廃墟となって久しい官署が最初に撤去された。チェルニーゴフの殉教者を祀った大聖堂の撤去については、賛否の議論が起きた。だが数十年も放置された一六世紀の大聖堂は、構造部が崩れる危険があったので結局は解体した。次にモスクワ川沿いの城壁に連なる三つの塔を壊した。バジェーノフによると、エカチェリーナはこの事業に熱心だった。彼女は工事を止めて、大広間の宴会に料理を出す調理場の使い勝手にまで口を出した。初期の段階では土地の造成をめぐり、計画の細部にまで目を光らせた。工事はモスクワの中心部を再編するかのような勢いだった。トヴェーリの教訓がようやく生かされたようでもあった。

バジェーノフは憑かれたように仕事に打ち込んだ。頭の中で計画の全体像は既に鮮明になっていたので、次は宮殿の細部に関心を集中した。彼は二つの案を作成した。だがエカチェリーナに拒絶されたので、忍耐強く新たな案の作成にかかった。何年もかけてデザインを練り、武器庫とチュードフ修道院の間に、宮殿の試作品を造らせた。一年がかりで完成した模型の建物には窓が五三もあった。リリパット人の宮殿を思わせる見事な出来映えだった。模型には既に十分な歳月に耐えた木材が必用だったので、バジェーノフは木材を調達するために、コロメンスコエの離宮を解体した。基本構造が出来上がると、しっくいをこねて小さな型に流し込んだ。さらに小さな大理石を置いて、表面の出来具合や色合いを確かめた。

バジェーノフは、光と色彩によって建物の印象にどのような変化が生じるか常にこだわった。工芸家が設計の初期段階から参加した。彼らは壁や天井の装飾を決めるために、細部まで神経が行き届いた完璧な模型を作成しようとした。この時点でエカチェリーナが計画に投じた私財は、既に六万ルーブルの高額に達していた。彼女は内壁の絵の試作品まで完成しつつあると聞くと、さすがに断固として制止した。(98) だが模型は見事な出来映えだったので、それ自体が後に見物人を招き寄せるようになった。建築を志す者にとっては、高度な教材として価値があった。バジェーノフを補佐した才人マトヴェイ・カザコフは、この模型を作りながら若い人材を鍛えた。計画はまとまった。改革は今や茫洋とした夢ではなく、美しい実像を結び具体化への展望が開けた。エカチェリーナはバジェーノフの模型宮殿を「下賤の者を除いて」民衆に公開するよう命じた。(99)

一七七一年にペストがモスクワを襲った。疫病は身分の貴賤も教養の有無も問わなかった。一八世紀のペストは死病だった。流行が沈静化した時、モスクワ市民のほぼ四分の一に当たる五万七〇〇〇人弱が命を失っていた。(100) 疫病が最も猛威をふるった一七七一年八−九月には、一日に九〇〇人もの市民が死亡した。街は恐慌状態に陥り暴動が起きた。聖母のイコンがある礼拝堂の周辺でもペストが発生したという噂が引き金となった。礼拝堂はクレムリンの近くにあった。人々はモスクワから郊外へ大挙して移動した。この動きがいっそう伝染を拡大した。モスクワの大主教アムヴローシーは、聖母のイコンを疫病の流行が収まるまで、チュードフ修道院に保管するよう命じた。だがこの決定が暴動をさらに拡大し、事態は収拾がつかなくなった。イコンを見つめて祈り、聖母の顔に触れるのが人々の日常だった。信仰の対象を奪われた信者は怒り狂った。「モスクワとは都市ではなく、群衆そのものなのです」。エカチェリーナはヴォルテールへの書簡で、モスクワの様子をこのように記述している。[101] 暴徒はクレムリンを襲い、修道院になだれ込んだ。アムヴローシーを探し出して殺害した。[102] バジェーノフは大切な模型の宮殿を暴徒から守るために、そばを離れなかった。弟子たちは師の姿を見て、命がけで試作品を守るつもりなのだとささやき交わした。[103]

一七七二年が明けて、バジェーノフはようやく仕事を再開できた。気分は晴れなかったが決意は固かった。彼はミャチコヴォで採掘した淡い色の石材を子細に調べた。煉瓦も作成した。弟子たちは歴史的な建物の補強を進めた。特に三つの大聖堂と大イワンの鐘楼は、いつの世もロシア人が守り抜きたいと切望する建物だった。アルハンゲリスキー大聖堂は壁に亀裂が生じていた。バジェーノフは当惑し、対策に悩んだに違いない。同時並行して川岸では解体工事が進んでいた。古い建物の群は遮るものがなくなり、外部に美しい姿をさらしていた。作業は地下水や土中の大岩に阻まれて難航した。

一七七二年八月九日、ようやく最初の礎石を置いた。大きな四角形の宮殿敷地で式典を催すことになり、資材などをすべて撤去した。四方の角にはドリス様式の円柱が立ち、それぞれが欧州、アジア、アフリカ、アメリカを象徴していた。このうち一柱には、アレクサンドル格の韻を踏んだ詩を刻み、古代ギリシアやローマの傑作と形を並べる建物としてクレムリンを称賛した。最初の掘削作業が（おそらく「欧州」の円柱のあたりで）始まった時、「誰もが喜びの表情を浮かべ、この建物がめでたく落成することを願った」という。[104]

しかしエカチェリーナ自身は、気持ちが晴れなかった。彼女は竣工式に出席しなかった。バジェーノフが一七七三年六月に、エカチェリーナとその息子パーヴェルの紋章を刻んだ煉瓦を披露する式典を催した時も、姿を見せなかった。これらの煉瓦は、宮殿の中核を成す棟の土台に組み込むために作成された。一連の盛大な儀式とは裏腹に、資金は既に底をついていた。バジェーノフと敵対する者たちは、新宮殿の工事はアルハンゲリスキー大聖堂をさらに傷つける恐れがあると、女帝に耳打ちした。バジェーノフはサンクトペテルブルクへ赴いた。建築資金の拠出を要請するためだったとみられる。彼は激しい心労のために病となり、数カ月も仕事に復帰できなかった。懐疑的な人々が予見したように、人間の意思だけで大きな潮流にあらがうのは難しかった。新宮殿は様式に変更を加えることになった。欧州への憧憬が後退し異国情緒が魅力を放つようになっていたので、エカチェリーナの好みも変化していた。彼女はゴシック様式への関心をわずかに残しながらも、中国風味の装飾に心を引かれるようになっていた。

バジェーノフの新宮殿は実現しなかった。現代ではモスクワ中心部の壮麗なパシコフ邸に、バジェーノフの力量をしのぶことができる。この建物はクレムリンの丘に対峙し、今はレーニン図書館に属している。エカチェリーナはバジェーノフに、モスクワ郊外のツァリーツィノで離宮と庭園を造るよう命じた。女帝は自然の中で心身を休める場を求めていた。バジェーノフは一連のゴシック建築を構想したが、またも完成には至らなかった。クレムリンに計画した宮殿は、微細な装飾にまでこだわり抜いた模型だけが末永く残った。それはクレムリンの博物館で展示された時期もあった。だが大きな展示室を必用とするので、厄介者扱いを受けた。ソ連時代には国有化されたドンスコイ修道院に移管された。使わなくなった聖堂の広い空間が、展示の場に適していた。だが一九九一年に修道士たちが戻って来ると、模型は再び姿を消していた。二〇一二年夏にモスクワのシチューセフ建築博物館が一部を公開するようになった。そして二〇年間も人目に触れなかった。今度は全体を収容できる空間はなかった。全体像は二部屋にまたがる複数の展示部分から想像するしかないが、そこには厳格に仕事を追求した男たちの栄光が確かに宿っている。

クレムリンに新たな「参会の場」を設ける問題は、バジェーノフではなく、彼の弟子であり仲間であるマトヴェイ・カザコフが最終的に解決した。カザコフは水夫の息子で、外国に行った経験がなかった。サンクトペテルブルクさえ訪れていない。彼はウフトムスキー建築学校で学んだ。初期に手がけた建物が、いくつかトヴェーリに残る。クレムリンでは補修作業に携わっていた。未完に終わったバジェーノフの宮殿にも関わっていた。というより、現場で石材の切断や土台づくりまで実際の作業を監督していたのは、たいていの場合はカザコフだった。彼は設計に並外れた才能を発揮し、クレムリンでも数々の仕事に携わった。森の賢者教会の復元は彼が指揮した。バジェーノフの宮殿計画では、あらゆる段階に関与した[105]。モスクワ大主教のプラトーンが公邸を建設しようとした時、カザコフのほかに適任者はいなかった。エカチェリーナは大主教公邸をチュードフ修道院の隣に配することを認可した。公邸は一七七六年に完成し「チュードフ宮殿」と呼ばれるようになった。大主教は祝祭日に大砲の音に悩まされた。だがこの公邸がクレムリンで最も居心地の良い場所であると納得するのに、長い時間はかからなかった[106]。

カザコフは一七七六年、さらに大きな栄誉に浴した。バジェーノフが成就できなかった宮殿の建設を命じられたのだ。カザコフが実現した元老院は現在でも、クレムリンの丘で最高の美しさを競う存在である。三角形に組んだ基本構造に、新古典主義の様式を採り入れた。建物の上の優美な丸いドームが、赤の広場から間近に見える。高さ二七メートル、幅二五メートルの大広間が披露されると、世界の称賛を集めた。ゆとりのある広間がほかに幾つもあり、上階にも洗練された数々の部屋が並んでいた。いずれも賛美の的となった。ロシア帝国において、元老院は新古典主義建築の模範となった。さらにカザコフは故郷であるモスクワに、大学の新校舎（工期一七八二―九三年）、貴族会館（同一七九三―一八〇一年）を建てた。宮殿のような邸宅も数多く手がけた。[107]

ロシア人は新たな様式を採り入れ定着させることで、はたして祖国の魂に背を向けたのだろうか。一考を要する問題である。ロシアの一八世紀は「模倣と習熟」の時代と言われる。[108] モスクワ大公国を一本の樹木とすれば、ピョートルの改革は種類が全く異なる枝を接ぎ木する試みだった。無骨な大木の根本はそのままだが、成長の最先端では従来より豊かで立派な果実を結ぶ品種改良とも言えた。新たな樹はエカチェリーナという女帝を得て開花の時を迎えた。だが混合種の域を脱するまでには至らなかった。ロシアの独自性は一筋縄ではない。来るべき国民国家の形成、堅固な独裁体制、特に帝国拡張の過程を経て、ロシアとは何かという問題はいっそう複雑な性格を帯びてくる。エカチェリーナの宮廷では、一七九六年に彼女が死去するまで、話し言葉も書き言葉もフランス語だった。女帝がサンクトペテルブルクにあって統治した帝国は、旧来のロシアのみならずポーランドの相当な範囲、かつてのクリミア・ハン国の領域、カフカスの一部、シベリアも包摂し太平洋まで達していた。一つの国家でありながら、全土を束ねる均一的な文化はなかった。そこに戸惑いが生じた。もはや欧州に追随するだけでは事足りなかった。フランスも一七八九年の革命で混乱期に入り、規範としての魅力を失った。ロシアは再び自我の足下を見つめ直そうと試みた。半ば忘れかけていたロシア語を思いだし、視覚表現の領域でも、さまざまな様式を採り入れて独自の存在を主張しようとした。だがピョートルが導入した異種混合の文化は、既にしっかりと根を下ろしていた。土地とともに生きる農民の間には伝統主義が強かったが、国際化した知識人や廷臣、クレムリンの高官たちは、開化の恩恵を放棄できなかった。彼らにとって古き良きモスクワ大公国は、甘い夢の中にしか蘇らなかった。

（下巻へつづく）

訳者略歴

松島芳彦（まつしま・よしひこ）

ジャーナリスト。

元共同通信モスクワ支局長。

訳書にメリデール『イワンの戦争――赤軍兵士の記録1939―45』、ロバーツ『スターリンの将軍　ジューコフ』（以上、白水社）がある。

クレムリン　赤い城塞の歴史　上

二〇一六年八月二〇日　印刷
二〇一六年九月一〇日　発行

著者　キャサリン・メリデール
訳者 ©　松島芳彦
装丁者　日下充典
発行者　及川直志
印刷所　株式会社　理想社
発行所　株式会社　白水社

東京都千代田区神田小川町三の二四
電話　営業部〇三（三二九一）七八一一
　　　編集部〇三（三二九一）七八二一
振替　〇〇一九〇‐五‐三三二二八
郵便番号　一〇一‐〇〇五二
http://www.hakusuisha.co.jp

乱丁・落丁本は、送料小社負担にてお取り替えいたします。

株式会社 松岳社

ISBN978-4-560-09504-1

Printed in Japan

出典

略語一覧

AHR 『アメリカ史評論』*American Historical Review*

AI 『歴史資料』*Akty istoricheskie* 考古学委員会編纂発行、全5巻（サンクトペテルブルク、1841–2）

CHR 『ケンブリッジ版ロシア史、第1巻—古代ルーシから1689年』*Cambridge History of Russia.* Vol.1 *From Early Rus' to 1689*, Maureen Perrie 編（ケンブリッジ、2006）;『ケンブリッジ版ロシア史、第2巻—帝政ロシア 1689–1917』Vol.2 *Imperial Russia 1689–1917*, Dominic Lieven 編（ケンブリッジ、2008）

DAI 『歴史資料補遺』*Dopolneniia k aktam istoricheskim* 考古学委員会編纂発行、全12巻（サンクトペテルブルク、1846–75）

GARF ロシア連邦文書館（Archive of the Russian Federation）

JbFGO 『東欧史年鑑』*Jahrbucher fur GeschichteOsteuropas*

JMH 『近代史ジャーナル』*Journal of Modern History*

Materialy i issledovaniia 『資料と研究』（モスクワの国立歴史文化博物館・保護区「モスクワのクレムリン」が1973年から現在まで20巻を発行）

PSRL 『ロシア年代記全集』*Polnoe Sobranie Russkikh Letopisei* モスクワで1965年、1997年に復刻

PSZ 『1649年以降のロシア帝国全法令』*Polnoe sobranie zakonov Rossiiskoi Imperii s 1649 goda* 全36巻（サンクトペテルブルク、1830）

RGADA ロシア国立古代文書館（Russian State Archive of Ancient Acts）

RGASPI ロシア国立社会政治史文書館（Russian State Archive of Socio-Political History）

RGIA ロシア国立歴史文書館（Russian State Historical Archive）

SEER 『スラヴ東欧評論』*Slavonic and East European Review*

SIRIO 『帝立ロシア歴史協会選集』*Sbornik Imperatorskago Russkago Istoricheskago Obshchestva* 全148巻（サンクトペテルブルク、1867–1916）

はじめに

（1）Walter Benjamin, 'Moscow', *Reflections, Essays, Aphorisms, Autobiographical Writings*, Peter Demetz 編（New York, 1978）, pp. 97–100.

（2）Marquis de Custine, *Empire of the Czar: A Journey Through Eternal Russia*, 序文 Daniel J. Boorstin, 解説 George F. Kennan（New York, 1989）, pp. 412–14.

（3）Mark Frankland, *The Sixth Continent: Russia and the Making of Mikhail Gorbachev*（London, 1987）, p. 5.

（4）K. A.（Tony）Bishop インタビュー , CMG, OBE, 6 July 2006.

（5）1997 年のモスクワ 850 年祭に伴う様々な発言が最良の証左である。例えば Petr Palamarchuk, 'Moskva kak printsip', *Moskva*, 6（June 1997）, pp. 3–7 を参照。

（6）誤った歴史の利用については、2007 年 9 月 24 日付 Novaia Gazeta 掲載の Liudmila Rybina, Iurii Afans'ev による記事が参考になる。

（7）*The Moscovia of Antonio Possevino, SJ*, Hugh F. Graham 訳（Pittsburg, Pa., 1977）, pp. 7, 11.

（8）外国人旅行者によるこの種の著作は多い。Marshall Poe, *Foreign Descriptions of Muscovy: An Analytic Bibliography of Primary and Secondary Sources*（Columbus, Ohio, 1995）が各種文献を紹介。

（9）逆の政治的立場をとる識者を 2 人挙げる。イタリアの社会学者 Antonio Gramsci は、G. Hoare, G. Nowell-Smith 編 *Prison Notebooks*（London, 1971）, p. 238 で、ロシアにおける市民社会の悲惨な状況を指摘。ポーランド系アメリカ人の歴史家 Richard Pipes も、古典的な *Russia Under the Old Regime*（New York, 1974）で、この国家を痛烈に批判している。

（10）Walter Laqueur, *The Long Road to Freedom*（London, 1989）p. 8.

（11）David Satter, *It Was a Long Time Ago, and It Never Happened Anyway*（New Haven, Conn. 及び London, 2012）, p. 228.

（12）Dmitry Shlapentokh, 'Russian history and the ideology of Putin's regime through the window of contemporary movies', *Russian History*, 36（2009）, pp. 279, 285.

（13）James H. Billington, *The Icon and the Axe: An Interpretive History of Russian Culture*（New York, 1970）, p. 62.

第 1 章◆礎石

（1）美術館によるイコンの紹介ビデオは http://video.yandex.ru/users/queenksu/view/26/

（2）V. Rodionov 編, *The Tretyakov Gallery Guide*, 4th English edn（Moscow, 2006）, p. 30.

（3）T. N. Nikol'skaia, *Zemlia Viatichei: K istorii naseleniia basseina verkhnei i srednei Oki v IX–XIII vv.*（Moscow, 1981）, p. 177. *Materialy i issledovaniia*, vol. XV, pp. 86–93. T. D. Panova, 'Istoriia ukreplenii srednevekovoi Moskvy XII–XIV vekov' も参照。考古

学者の見解に関しては、M. G. Rabinovich, 'O nachal'nom periode istorii Moskvy', *Voprosy istorii*, 1（1956）, pp. 125–9.

(4) Nikol'skaia, *Zemlia Viatichei*, pp. 244–7.

(5) Mikhail Iurevich の軍勢と Iaropolk Rostislavovich, Mstislav Rostislavovich の軍勢。I. E. Zabelin, *Istoriia goroda Moskvy*（Moscow, 1904; repr. 2005）, p. 38.

(6) モスクワの語源については、Zabelin, *Istoriia goroda Moskvy*, pp. 51–5 の考察が興味深い。

(7) ヴャティチは10世紀まで、ハザール・ハーン国に朝貢していたが、12世紀のユーリー・ドルゴルーキーの時代には、ほぼ自立していた。Nikol'skaia, *Zemlia Viatichei*, p. 12.

(8) Janet Martin, *Treasure of the Land of Darkness: The Fur Trade and its Significance for Medieval Russia*（Cambridge, 1986）, pp. 5–34 を参照。Zabelin も通商路に関心を抱いていた（*Istoriia goroda Moskvy, p. 38*）。1930年代にモスクワの地下鉄建設にかかわった考古学者たちもこれらの通商路を探査している。*Po trasse pervoi ocheredi Moskovskogo metropolitena imeni L. M. Kaganovicha*（Leningrad, 1936）, pp. 12–13.

(9) Zabelin, *Istoriia goroda Moskvy*, p. 33. 硬貨に刻された年代は862。集落は12世紀までに小規模な町へと発展した。詳しくは Rabinovich, 'O nachal'nom periode', pp. 126–8.

(10) Al-Mukadassi, Martin による。*Treasure*, p. 12 に引用。

(11) Omeljan Pritsak, *The Origin of Rus*（Cambridge, Mass., 1981）, p. 23.

(12) 18世紀には既に活発な議論があった。Pritsak, *Origin*, pp. 3–4 を参照。

(13) Simon Franklin と Jonathan Shepard が証左について検討している。*The Emergence of Rus, 750–1200*（Harlow, 1996）, pp. 38–9.

(14) Martin, *Treasure*, p. 46.

(15) Dmitri Obolensky, *The Byzantine Commonwealth*（London, 1971）, pp. 181–5.

(16) 原初年代記に記述。Timothy Ware, *The Orthodox Church*（London, 1997）, p. 264 を参照。

(17) さらに詳細は Franklin and Shepard, *Emergence of Rus*, pp. 160–64 を参照。

(18) 国家と教会の関係については Michael Cherniavsky, *Tsar and People: Studies in Russian Myths*（New Haven, Conn 及び London, 1961）, p. 33 を参照。

(19) リューリク伝説は相当古くから存在するが Donald Ostrowski によれば、政治的な意味を帯びたのは14世紀から。Sergei Bogatyrev, 'Micro-periodization and dynasticism: was there a divide in the reign of Ivan the Terrible?', *Slavic Review*, 69, 2（Summer 2010）, p. 406.

(20)少なくとも東方キリスト教世界においては、ローマの地位は、コンスタンティノープル、アレクサンドリア、アンティオキア、エルサレムの4都市と同等だった。総主教座については John Meyendorff, *Byzantium and the Rise of Russia: a Study of Byzantino-Russian Relations in the Fourteenth Century*（Cambridge, 1981）, p. 30.

(21)Christian Raffensperger による。Bogatyrev, 'Micro-periodization', p. 406.

(22)基本的な仕組みについては Nancy Shields Kollmann, *Kinship and Politics: The Making of the Muscovite Political System*, 1345–1547（Stanford, Calif., 1987）, p. 68.

(23)リューベチ諸公会議。Franklin and Shepard, *Emergence of Rus*, pp. 265–6.

(24)Ellen S. Hurwitz, *Prince Andrej Bogoljubskij: The Man and the Myth*（Firenze, 1980）, p. 50.

(25)職人は'あらゆる国'から来たとされるが、実際はおそらく先進地域だったドイツやバルト、ガリチの諸公国から来訪したとみられる。Cyril Mango, *Byzantine Architecture*（New York, 1976）, pp. 332–3.

(26)David B. Miller, 'Monumental building as an indicator of economic trends in northern Rus' in the late Kievan and Mongol periods, 1138–1462', *AHR*, 94（1989）, p. 367.

(27)Hurwitz, *Bogoljubskij*, pp. 50–51. Dmitry Shvidkovsky, *Russian Architecture and the West*（New Haven, Conn., London, 2007）, p. 36; William Craft Brumfield, *A History of Russian Architecture*（Cambridge, 1997）, p. 46. も参照。当初のレリーフはほとんど現存していない。

(28)Hurwitz, *Bogoljubskij*, p. 20.

(29)ボゴリュボヴォについては Brumfield, *Russian Architecture*, p. 47. ネルリ川の聖母庇護教会はアンドレイがブルガル人に勝利した記念に奉献された。

(30)Obolensky, *Byzantine Commonwealth*, p. 355.

(31)ヴラジーミルの聖母については A. I. Anisimov, *Vladimirskaia ikona Bozhiei Materi*（Prague, 1928）及び David B. Miller, 'Legends of the icon of Our Lady of Vladimir: a study of the development of Muscovite national consciousness', *Speculum*, 43, 4（October 1968）, pp. 657–70.

(32)Ware, *Orthodox Church*, p. 60.

(33)Account in *PSRL*, vol. 1, ss. 460–61.

(34)John Fennell, *The Crisis of Medieval Russia*, 1200–1304（London, 1983）, p. 84.

(35)D. G. Ostrowski, *Muscovy and the Mongols: Cross-Cultural Influences on the Steppe Frontier*（Cambridge, 1998）, p. 44.

(36)Janet Martin, *Medieval Russia*, 980–1584（Cambridge, 2007）, pp. 170–71.

(37) モスクワの低い地位やダニールの子孫の継承に伴う問題については Martin, *Medieval Russia*, p. 193.

(38) G. A. Fyodorov-Davydov, *The Culture of Golden Horde Cities* (Oxford, 1984), p. 10.

(39) A Fleming, William of Rubruck はバトゥの首都とカラコルムを1253年から55年にかけて訪れた。*The Journey of William of Rubruck to the Eastern Parts of the World, 1253–55, as narrated by himself. With two accounts of the earlier journey of John of Pian de Carpine* (London, 1900) は彼が残したラテン語の記録を W. W. Rockhill が翻訳、編纂し、説明の注解を付したものである。

(40) バトゥは後に現在のヴォルゴグラード近郊に場所を移してサライを再建した。記録がどちらのサライを描写しているのか特定しがたい。

(41) Fyodorov-Davydov, *Golden Horde*, p. 220.

(42) Fyodorov-Davydov, *Golden Horde*, p. 16. に Ibn-Battuta と al-Omari の名がある。

(43) このような考え方についてはマルコ・ポーロも注目していた。Fyodorov-Davydov, *Golden Horde*, pp. 31–2. を参照。

(44) イワンが大公を名乗った時期については John Fennell, *The Emergence of Moscow, 1304–1359* (London, 1968), pp. 111–19 を参照。鐘については *PSRL*, vol. 10, s. 211.

(45) Trinity chronicle, Meyendorff, *Byzantium*, p. 157.

(46) 大貴族については *PSRL*, vol. 10, s. 208 を参照。1338 年の大移動に触れている。

(47) N. S. Borisov, 'Moskovskie kniaz'ia i russkie mitropolity XIV veka', *Voprosy istorii*, 8 (1986), p. 35.

(48) 要点は Martin, Medieval Russia, p. 189.

(49) 2つの議論がある。*Materialy i issledovaniia*, vol. XIV を参照。特に pp. 44–5 (A. N. Kirpichnikov, 'Kremli Rossii i ikh izuchenie'), 及び pp. 60–61 (V. B. Sylina, 'Nazvanie drevnerusskikh krepostnykh sooruzhenii').

(50) E. I. Smirnova, *Materialy i issledovaniia*, vol. XIV, p. 34.

(51) 欧州各地に存在する城砦の規模については Robert Bartlett, *The Making of Europe* (London, 1993), 特に p. 66. を参照。

(52) Nancy Shields Kollmann が 1371 年の時点における6つの家系を紹介している。*Kinship and Politics*, p. 76. の一覧表を参照。

(53) Zabelin, *Istoriia goroda Moskvy*, 及びその後継者たる S. P. Bartenev による *Moskovskii kreml' v starinu i teper'*, 2 vols. (St Petersburg, 1912 and 1918) に、その後の考古学研究が、新たに多くの成果を加えた。先駆的な業績として Rabinovich, 'O nachal' nom periode', 及び I. L. Buseva-Davydova, *Khramy Moskovskogo Kremlia*

(Moscow, 1997) を挙げることができる。

(54) Buseva-Davydova, *Khramy*, p. 230.

(55) それ以前の建物に関する考古学的な物証については N. S. Sheliapina, 'Arkheologicheskie issledovaniia v uspenskom sobore', *Materialy i issledovaniia*, vol. I, pp. 54–63.

(56) B. Gasparov 及び O. Raevsky-Hughes 編による *Christianity and the Eastern Slavs*, vol. 1 (Berkeley and Oxford, 1993) 掲載の D. Ostrowski, 'Why did the Metropolitan move from Kiev to Vladimir in the thirteenth century?' を参照。

(57) John Fennell, *A History of the Russian Church to 1448* (London, 1995), p. 135. にピョートルの政治的行動を列挙。

(58) Martin, *Medieval Russia*, p. 391; Meyendorff, *Byzantium*, p. 151; Borisov, *'Moskovskie kniaz'ia'*, p. 34. いずれもピョートルがモスクワに全面的に味方したという説に異議を唱えている。

(59) Meyendorff, *Byzantium*, p. 150.

(60) Fennell, *Russian Church*, p. 220.

(61) 彼の後継者である Kiprian の証言。G. M. Prokhorov, *Povest' o Mitiae: Rus' i Vizantiia v epokhu Kulikovskoi bitvy* (Leningrad, 1978), pp. 310–11.

(62) 彼が相当以前からこのような意思を抱いていたという確たる証左はない。Martin, *Medieval Russia*, p. 391.

(63) ピョートルの列聖は 1339 年。 Meyendorff, *Byzantium*, p. 156.

(64) 救世主修道院の歴史については I. Snegirev, *Spas na Boru v Moskovskom Kremle* (Moscow, 1865), pp. 1–5.

(65) Borisov, 'Moskovskie kniaz'ia', p. 38.

(66) Zabelin, *Istoriia goroda Moskvy*, p. 3; Buseva-Davydova, *Khramy*, p. 15; Miller, *'Monumental building'*, pp. 360–90. Miller はカリタが建設した大聖堂の面積について 226 平方メートル以下であったと指摘している。ヴラジーミルの大聖堂は 1,183 平方メートルあった (p. 375).

(67) V. P. Vygolov, *Arkhitektura Moskovskoi Rusi serediny XV veka* (Moscow, 1985), p. 42. この修道院の創設時期については疑義もある。

(68) モスクワのミャチコヴォは白い石灰岩の産地として知られていたが、大量に採掘されて産量が減ったので、カリタが建造を命じた諸聖堂やドンスコイによる白い城壁には、モスクワ郊外で切り出した石灰岩を使用した。S. O. Shmidt 編 *Moskva: Entsiklopediia* (Moscow, 1997), p. 111.

(69) この'叙事詩的な事業'については Miller, *'Monumental building'*, pp. 376–9. 及び Sergei Bogatyrev, *The Sovereign and His Counsellors: Ritualised Consultations in*

Muscovite Political Culture（Helsinki, 2000）, pp. 104–5.
(70) A. A. Gorskii, *Moskva i Orda*（Moscow, 2005）, p. 67.
(71) ドンスコイの逃亡については Gorskii, Moskva, p. 104.
(72) Zabelin, *Istoriia goroda Moskvy*, pp. 95–6.
(73) Martin, *Medieval Russia*, p. 190.

第2章◆ルネサンス

(1) Spiro Kostof, *A History of Architecture, Settings and Rituals*（New York, 1985）, p. 5.
(2) Geoffrey Parker, 'The "Military Revolution", 1560–1660– a myth?', *JMH*, 48, 2（June 1976）, 特に pp. 203–6.
(3) I. Kondrat'ev, *Sedaia starina Moskvy*, 5th edn（Moscow, 2006）, p. 34 に Nikolai Karamzin, 'Zapiski o moskovskikh dostopamiatnostiakh'. この種の Karamzin による修辞や詩的表現をさらに多く引用。
(4) ある歴史家は近年、モンゴルによるモスクワ大公国支配がこのように描かれた背景には、正教会の'徹底したタタール嫌い'があると指摘している。D. G. Ostrowski, *Muscovy and the Mongols: Cross-Cultural Influences on the Steppe Frontier*（Cambridge, 1998）, pp. 139–40.
(5) 最も有名なのは N. S. Shustov（1862）及び Aleksei Kivshenko（1880）の作品である。民族主義者によるモスクワ勃興のとらえ方に関しては I. E. *Zabelin, Istoriia goroda Moskvy*（Moscow,1904; 復刻 2005）, pp. 127–8. この時期の朝貢の実態に関する評価については M. Cherniavsky 編 *The Structure of Russian History*（New York, 1970）, pp. 29–64. Michel Roublev, 'The Mongol tribute',
(6) Kostof, *History of Architecture*, p. 418.
(7) P. V. Sytin, *Istoriia planirovki i zastroiki Moskvy*, vol. 1（Moscow, 1950）, p. 46.
(8) Sergei Bogatyrev, *The Sovereign and His Counsellors: Ritualised Consultations in Muscovite Political Culture*（Helsinki, 2000）, p. 86. 同様の指摘は Marshall Poe, *The Russian Moment in World History*（Princeton, 2003）, p. 36.
(9) 直接証拠については W. Thomas 他編 *Travels to Tana and Persia by Josafa Barbaro and Ambrogio Contarini*,（London, 1873）, pp. 165–6.
(10) この点に関しては議論もある。Bogatyrev, *Sovereign*, p. 17 を参照。
(11) Dmitri Obolensky, *The Byzantine Commonwealth*（London, 1971）, p. 356.
(12) John Fennell, *Ivan the Great of Moscow*（London, 1961）, pp. 35–6.
(13) S. P. Bogoiavlenskii 編 *Gosudarstvennaia oruzheinaia palata Moskovskogo kremlia*（Moscow, 1954）, p. 511.
(14) Fennell, *Ivan the Great*, p. 53.

(15) Fennell, *Ivan the Great*, pp. 56–60.

(16) Chester S. L. Dunning, *Russia's First Civil War: The Time of Troubles and the Founding of the Romanov Dynasty* (University Park, Pa., 2001), p. 39.

(17) Ruslan Skrynnikov, *Krest' i korona* (St Petersburg, 2000), pp. 114–16 に適確な要約がある。

(18) Timothy Ware, *The Orthodox Church* (London, 1997), pp. 70–71.

(19) *AI*, vol. 1, doc. 39, Vasily Vasilevich to Patriarch Mitrofan, pp. 71–2.

(20) *AI*, vol. 1, docs. 41 and 262, pp. 83 and 492.

(21) John Fennell, *A History of the Russian Church to 1448* (London, 1995), p. 188.

(22) Russell E. Martin, 'Gifts for the bride: dowries, diplomacy and marriage politics in Muscovy', *Journal of Medieval and Early Modern Studies*, 38, 1 (Winter 2008), pp. 123–6; Fennell, *Ivan the Great*, p. 158.

(23) このテーマに関しては膨大な文献がある。*Janet Martin, Medieval Russia, 980–1584* (Cambridge, 2007), pp. 295–6 に要約。

(24) Feofil については *AI*, vol. 1, pp. 512–14.

(25) Michael Cherniavsky, 'The reception of the Council of Florence in Moscow', *Church History*, 24 (1955), p. 352.

(26) *Istoriia Moskvy v shesti tomakh* (Moscow, 1952), vol. 1, p. 61.

(27) V. I. Snegirev, *Aristotel' Fioravanti i perestroika moskovskogo kremlia* (Moscow, 1935), p. 66.

(28) 奉献時の聖堂については A. A. Sukhanova, 'Podklet Blagoveshchenskaia sobora Moskovskogo Kremlia po dannym arkhitekturnykh i arkheologicheskikh issledovanii XX veka', *Materialy i issledovaniia*, vol. XVI, pp. 164–5.

(29) S. P. Bartenev, *Moskovskii Kreml' v starinu i teper'*, 2 vols. (St Petersburg, 1912 and 1918), vol. 2, p. 49; Zabelin, *Istoriia goroda Moskvy*, p. 133; Snegirev, Fioravanti, p. 59.

(30) V. P. Vygolov, *Arkhitektura Moskovskoi Rusi serediny XV veka* (Moscow, 1985), p. 96.

(31) I. A. Bondarenko 他共編 *Slovar' arkhitektorov i masterov stroitel' nogo dela Moskvy XV–serediny XVIII veka* (Moscow, 2008), pp. 619–20; Vygolov, *Arkhitektura*, pp. 9–10.

(32) これらの彫刻については O. V. Iakhont, 'Osnovnye resul' taty nauchnykh issledovanii i restavratsii skul' pturnoi ikony sviatogo Georgiia-Zmeebortsa 1464 goda iz Moskovskogo Kremlia', *Materialy i issledovaniia*, vol. XII, pp. 104–19 または Vygolov, *Arkhitektura*, p. 168. Dmitry Solunsky は西欧ではむしろ Demetrios of Thessaloniki. として知られる。

(33) Zabelin, *Istoriia goroda Moskvy*, p. 129; Sytin, *Istoriia planirovki*, vol. 1, p. 53.

(34) William Craft Brumfield, *A History of Russian Architecture* (Cambridge, 1997), p. 94.

(35) Vygolov, *Arkhitektura*, p. 185.

(36) Vygolov, *Arkhitektura*, p. 185.

(37) 奴隷に関しては Richard Hellie, *Slavery in Russia*, 1450–1725 (Chicago, 1982). が古典的な研究書。

(38) Dmitry Shvidkovsky, *Russian Architecture and the West* (New Haven, Conn. and London, 2007), pp. 84–5.

(39) Zabelin, *Istoriia goroda Moskvy*, p. 134.

(40) Zabelin, *Istoriia goroda Moskvy*, p. 134; Vygolov, *Arkhitektura*, p. 190.

(41) *Arkitektura*, pp. 190–92.

(42) Mario Salvadori, *Why Buildings Stand Up* (New York and London, 2002), p. 222.

(43) Sigismund Herberstein が再三言及した説。おそらく側近から聞いた話とみられる。A. A. Gorskii, *Moskva i Orda* (Moscow, 2005), p 169.

(44) P. Pierling, *La Russie et le Saint Siège: Etudes Diplomatiques*, vol. 2 (Paris, 1896), p. 120.

(45) Pierling, *Russie*, p. 151.

(46) Pierling, *Russie*, p. 172. Ambrogio Contarini はイワンについて、より好意的な意見を残した。*Travels to Tana and Persia*, p. 163.

(47) Zabelin, *Istoriia goroda Moskvy*, p. 139; Fennell, *Ivan the Great*, p. 318.

(48) ソフィア一行の旅については、Pierling に概ね依拠する優れた記述が T. D. Panova, *Velikaia kniagina Sof'ia Paleolog* (Moscow, 2005), pp. 19–24. にある。

(49) 通訳は非常に数が多かったので、モスクワ川の南岸に彼らのための居住区があった。Pierling, *Russie*, p. 173; Shvidkovsky, *Russian Architecture*, pp. 75–6.

(50) イタリアの建築家が欧州各地に残した建物については Kostof, *History of Architecture*, pp. 428–9.

(51) フィオラヴァンティについて、これまでに知り得た(多くの伝説を覆す)事実を *Dizionario Biografico Degli Italiani*, vol. 48 (Rome, 1997) が pp. 95–100 で概説している。彼の名前に関しては諸説あるが、大方の見解が一致するところによれば、誕生時にアリストーテレという名前を授かったようだ。ルネサンスの時代には、ギリシア風の名前を子供につけることが流行った。Snegirev, *Fioravanti*, p. 27.

(52) Shvidkovsky, *Russian Architecture*, pp. 80–82; Snegirev, *Fioravanti*, pp. 27–36.

(53) アンブロージョ・コンタリーニは短期間 '陛下の宮殿のほぼ隣にあるアリストーテレ師の家' に滞在した。*Travels to Tana and Persia*, p. 222. 後宮につい

ては Snegirev, Fioravanti, p. 38.

(54) Shvidkovsky, *Russian Architecture*, p. 82.

(55) Zabelin, *Istoriia goroda Moskvy*, p. 145. フィオラヴァンティの用いた技術については A. N. Speransky, *Prikaz kamennykh del: Ocherki po istorii prikaza kamennykh del Moskovskogo gosudarstva*（Vologda, 1930）, p. 20.

(56) さらに詳細は Zabelin, *Istoriia goroda Moskvy*, pp. 144–7; I. L. Buseva-Davydova, *Khramy Moskovskogo Kremlia*（Moscow, 1997）, pp. 29–30.

(57) '中世のロシア建築とイタリアの宮殿建築の混合様式である' と指摘する美術史家もいる。Cyril Mango, *Byzantine Architecture*（New York, 1976）, p. 338 ; Shvidkovsky, *Russian Architecture*, pp. 85–91; Brumfield, *Russian Architecture*, pp. 96–8.

(58) コンタリーニは完成間もない大聖堂を見ている。Franceso da Collo, *Relazione del viaggio e dell'ambasciata in Moscovia*（1518–19, repr. Treviso, 2005）, pp. 107–8. この時点ではフィオラヴァンティの名前が消えている。大聖堂を訪れた他のイタリア人については Dzh. D'Amato, 'Gorod Moskva v vospriiatii ital'ianskogo chitatelia XV–XVI vekov', *Arkheograficheskii ezhegodnik*（1997）, pp. 103–6.

(59) Pierling, *Russie*, p. 204.

(60) Onton または Anton Fryazin については I. A. Bondarenko, 'K voprosu o lichnosti Antona Friazina', *Materialy i issledovaniia*, vol. XV, pp. 40–43.

(61) Shvidkovsky, *Russian Architecture*, pp. 92 and 99.

(62) 20 世紀最初の 10 年間に発見された宝物庫については Iu. V. Brandenburg らによる共編 *Arkhitektor Ivan Mashkov*（Moscow, 2001）, p. 82 ; Bartenev, *Moskovskii Kreml'*, vol. 2, p. 71. K. K. Lopialo による地図が O. I. Podobedova, *Moskovskaia shkola zhivopisi pri Ivane IV*（Moscow, 1972）別表に掲載されている。

(63) 第 3 層と名物の丸屋根は後の増設。カリタが建造した塔については Zabelin, *Istoriia goroda Moskvy*, p. 316.

(64) Buseva-Davydova, *Khramy*, p. 173.

(65) エルモリンが聖三位一体セルギエフ修道院に建てた宮殿については Aida Nasibova, *The Faceted Chamber in the Moscow Kremlin*（Leningrad, 1981）, p. 6.

(66) Brumfield, *Russian Architecture*, p. 101.

(67) M. V. Posokhin らによる共著 *Pamiatniki arkhitektury Moskvy: Kreml', Kitai-gorod, Tsentral'nye ploshchadi*（Moscow, 1982）, p. 36.

(68) 地下坑道については数世紀にわたり熱心な探索が続いた。I. Ia. Stelletskii, *Poiski biblioteki Ivana Groznogo*（Moscow, 1999）. 筆者も思い知ったように、クレムリンの地下の詳細は今も国家機密である。

(69) Vladimir Shevchenko, *Povsednevnaia zhizn' pri prezidentakh*（Moscow, 2004）, p. 20.

(70) モスクワで地下鉄を建設する際に考古学協会が実施した調査でスイティンが担当した報告が特に詳細を極める。*Po trasse pervoi ocheredi Moskovskogo metropolitena imeni L. M. Kaganovicha*（Leningrad, 1936）, p. 114.

(71) イワン3世が秘密の宝物庫を設けていたことを示す証左は幾つかある。そのほとんどは武器庫の中ないしは地下にあった。S. K. Bogoiavlenskii らによる共編 *Gosudarstvennaia oruzheinaia palata Moskovskogo kremlia*（Moscow, 1954）, p. 512. G. L. Malitskii, 'K istorii oruzheinoi palaty Moskovskogo kremlia'

(72) Stelletskii, *Poiski*, p. 184. 再度の発掘については *Po trasse metropolitena*, p. 116.

(73) ジギスムント・フォン・ヘルベルシュタインが最後にモスクワを訪れた1520年代、建築用木材は110キロ離れたモジャイスクから河川を利用して運ばれていた。

(74) Zabelin, *Istoriia goroda Moskvy*, p. 160.

(75) *Po trasse metropolitena*, p. 15.

(76) Zabelin, *Istoriia goroda Moskvy*, p. 210.

(77) Arthur Voyce, *The Moscow Kremlin: Its History, Architecture and Art Treasures*（London, 1955）, p. 23.

(78) *Po trasse metropolitena*, pp. 110–11.

(79) イワンの双頭の鷲をめぐり、ビザンティンではなく欧州に起源を求める説に関しては Gustave Alef, 'The adoption of the Muscovite two-headed eagle: a discordant view', *Speculum*, 41（1966）, pp. 1–21.

(80) イタリア人、特に Sforza については Gino Barbieri, *Milano e Mosca nella politica del Rinascimento*（Milan, 1957）; その他については Pierling, *Russie*, p. 211.

(81) Fennell, *Ivan the Great*, pp. 117–21.

(82) M. I. Mil'chik, 'Kremli Rossii, postronennye Ital'iantsami, i problema ikh dal'neishego izucheniia', *Materialy i issledovaniia*, vol. XV, pp. 509–17.

(83) ピエトロ・アンニーバレはロシアではペトロク・マールイと呼ばれた。Shvidkovsky, *Russian Architecture*, p. 113.

(84) *Po trasse metropolitena*, p. 107.

(85) *Po trasse metropolitena*, p. 107. アレッポのパウロの不機嫌な証言は *The Travels of Macarius, Patriarch of Antioch: Written by His Attendant Archdeacon, Paul of Aleppo, in Arabic*, F. C. Belfour 訳（London, 1836）, vol. 2, pp. 21–2. クレムリン城壁に関してモスクワ市民も及ばない詳細な観察（p. 119）を残した。

(86) Posokhin, *Pamiatniki arkhitektury*, pp. 350–51. 外国との交易については p. 360.

(87) Marshall Poe が強く主張した。*Russian Moment*, p. 44. 後進性に関する概説としては、Poe も一部関わった Alexander Gerschenkron による *Economic Backwardness*

in Historical Perspective（Cambridge, Mass., 1962）が最も有名。星形要塞、*trace Italienne* については Parker, '"Military Revolution"', pp. 204–5.

（88）Ryszard Kapuscinski, *Travels with Herodotus*（London, 2007）, p. 59.

第3章◆黄金の間

（1）*Travels to Tana and Persia by Josafa Barbaro and Ambrogio Contarini*, W. Thomas らによる共訳（London, 1873）, p. 162.

（2）Lloyd E. Berry, Robert O. Crummey 共編 *Rude and BarbarousKingdom*（Madison, Wisc., 1968）, pp. 55–6. 並びに Speros Vryonis Jr 編 *Byzantine Studies: Essays on the Slavic World and the 11th Century*（New Rochelle, NY, 1992）, p. 61 に掲載の Michael Flier, 'The iconology of royal ritual in sixteenth-century Muscovy' を参照。

（3）17 世紀半ばに訪れたシリアの聖職者が同様の観察をしている。*The Travels of Macarius, Patriarch of Antioch: Written by His Attendant Archdeacon, Paul of Aleppo, in Arabic*, F. C. Belfour 訳（London, 1836）, vol. 1, pp. 342–5.

（4）最も劇的かつ説得力に富む説明は Paul Bushkovitch, 'The epiphany ceremony of the Russian court in the sixteenth and seventeenth centuries', *Russian Review*, 49, 1（January 1990）, pp. 13–14. モスクワがこのような儀式を導入した時期について、1477 年から 1525 年の間としている。馬や魔術的な行為については W. F. Ryan, *The Bathhouse at Midnight: Magic in Russia*（Stroud, 1999）, pp. 57 及び 131–2.

（5）Valerie A. Kivelson, Robert H. Greene 共編 *Orthodox Russia: Belief and Practice Under the Tsars*（University Park, Pa., 2003）, pp. 127–58. Michael S. Flier, 'Till the End of Time: the Apocalypse in Russian historical experience before 1500',

（6）P. Pierling, *La Russie et le Saint Siège: Etudes Diplomatiques*, vol. 2（Paris, 1896）, p. 205.

（7）イワン3世とイワン・ユーリエヴィチ・パトリケイエフという後ろ盾を失った彼女を守る者はいなかった。15 世紀後半の危機の詳細については Nancy Shields Kollmann, 'Consensus politics: the dynastic crisis of the 1490s reconsidered', *Russian Review*, 45, 3（July 1986）, pp. 235–67.

（8）Janet Martin, *Medieval Russia*, 980–1584（Cambridge, 2007）, p. 247.

（9）S. P. Bartenev, *Moskovskii Kreml' v starinu i teper'*, 2 vols.（St Petersburg, 1912 and 1918）, vol. 2, pp. 91–3. あるいは G. P. Majeska, 'The Moscow coronation of 1498 reconsidered', *JbFGO*, 26（1978）, 特に p. 356.

（10）John Fennell, *Ivan the Great of Moscow*（London, 1961）, pp. 339–42.

（11）このようないきさつについては T. D. Panova も *Kremlevskie usypal'nitsy: Istoriia, sud'ba, taina*（Moscow, 2003）, p. 58 で論じている。

(12) Bartenev, *Moskovskii Kreml'*, vol. 2, pp. 121–8. 結婚式の実際に関してはE. Martin, 'Choreographing the "Tsar's Happy Occasion": tradition, change, and dynastic legitimacy in the weddings of Mikhail Romanov', *Slavic Review*, 63, 4 (Winter 2004), pp. 794–817.

(13) Konstantin Mikhailov, *Unichtozhennyi Kreml'* (Moscow, 2007), p. 61.

(14) *CHR*, vol. 1, p. 243. Sergei Bogatyrev, 'Ivan the Terrible'

(15) Bartenev, *Moskovskii Kreml'*, vol. 2, pp. 168–73.

(16) 証拠はもちろんない。*Nancy Shields Kollmann, Kinship and Politics: The Making of the Muscovite Political System* (Stanford, Calif., 1987), p. 168.

(17) Isabel de Madariaga, *Ivan the Terrible: First Tsar of Russia* (New Haven, Conn. and London, 2005), p. 40. 出典は明示されていない。

(18) de Madariaga, *Ivan*, pp. 40–41; Panova, *Kremlevskie usypal'nitsy*, p. 60.

(19) Panova, *Kremlevskie usypal'nitsy*, p. 147.

(20) Kollmann, *Kinship and Politics*, p. 170.

(21) Kollmann, *Kinship and Politics*, pp. 169–74.

(22) この書簡はイワンとクルプスキーの著名な往復書簡の一部。その信憑性をめぐる議論についてはR. G. Skrynnikov, *Perepiska Groznogo i Kurbskogo: paradoksy Edvarda Kinana* (Leningrad, 1973). 論争の起点となったのはEdward L. Keenan, *The Kurbskii-Groznyi Apocrypha* (Cambridge, Mass., 1971).

(23) J. L. I. Fennell 訳および編 *The Correspondence between Prince A. M. Kurbsky and Tsar Ivan IV of Russia, 1564–1579* (Cambridge, 1955), letter from Ivan to Kurbsky, p. 73.

(24) Bogatyrev, 'Ivan the Terrible', p. 244.

(25) Sergei Bogatyrev, 'Reinventing the Russian monarchy in the 1550s: Ivan IV, the dynasty, and the church', *SEER*, 85, 2 (April 2007), p. 273.

(26) R. G. Skrynnikov, *Velikii gosudar' Ioan Vasil'evich Groznyi*, 2 vols. (Smolensk, 1996), vol. 1, p. 137. イワン3世を補佐する廷臣たちは、おそらくギリシア語の原典をセルビア語に訳した文献を用いたとみられる。マカーリー府主教の配下も同様の文献に頼った可能性が高い。Michael Angoldは'ビザンティンは既に存在していなかったので影響を緩和するのも容易だった'と指摘している。Michael Angold, *The Fall of Constantinople to the Ottomans* (Harlow, 2012), p. 140.

(27) Michael Cherniavsky, *Tsar and People: Studies in Russian Myths* (New Haven, Conn. and London, 1961), p. 45.

(28) D. B. Miller, 'The coronation of Ivan IV of Moscow', *JbFGO*, 15 (1967), pp. 559–74, esp. p. 563.

(29)最新の研究成果によると、マカーリーは聖油を塗布する儀式を割愛することによって、教会の優越を誇示した。Sergei Bogatyrev, *The Sovereign and his Counsellors: Ritualised Consultations in Muscovite Political Culture*（Helsinki, 2000）, p. 164. 同じ著者による 'Reinventing the Russian Monarchy', p. 275. も参照。

(30)説話の内容については Makarii（arkhimadrit Veretennikov）, *Zhizn' i trudy sviatitelia Makariia*（Moscow, 2002）, pp. 367–9.

(31)Skrynnikov, *Velikii Gosudar'*, vol. 1, p. 138.

(32)期日の選定については Flier, 'Iconology of royal ritual', p. 73.

(33)Sergei Bogatyrev, 'Micro-periodization and dynasticism: was there a divide in the reign of Ivan the Terrible?', *Slavic Review*, 69, 2（Summer 2010）, pp. 406–7.

(34)戴冠式では黄金が特に重視された。DAI, vol. 1, pp. 41–53. 誰がクレムリンの鐘を鳴らしたかについては A. Olearius, *The Travels of Olearius in Seventeenth-Century Russia*（Stanford, Calif., 1967）, p. 114.

(35)Miller, 'Coronation of Ivan IV', p. 562.

(36)R. G. Skrynnikov, *Krest' i korona*（St Petersburg, 2000）, p. 225.

(37)Bogatyrev, 'Ivan the Terrible', p. 249.

(38)Bartenev, *Moskovskii Kreml'*, vol. 2, p. 179. *Tsarstvennaia kniga* にある火災の記述は約 30 年の後になされた。

(39)John Stuart, *Ikons*（London, 1975）, p. 102.

(40)Skrynnikov, *Krest'*, pp. 225–6.

(41)Fennell, *Correspondence*, p. 81, n. 2. 掲載の *Tsarstvennaia kniga, PSRL*, vol. 13, s. 456.

(42)de Madariaga, *Ivan*, pp. 61–2.

(43)de Madariaga, *Ivan*, p. 63.

(44)イコンを調べる部屋は *obraznaia palata* と呼ばれた. S. K. Bogoiavlenskii 共編、*Gosudarstvennaia oruzheinaia palata Moskovskogo kremlia*（Moscow, 1954）, p. 514; O. I. Podobedova, *Moskovskaia shkola zhivopisi pri Ivane IV: raboty v Moskovskom Kremle 40x–70x godov XVI v.*（Moscow, 1972）, p. 15; Stuart, Ikons, p. 102. 工房については I. A. Selezneva, *Zolotaia i serebriannaia palaty: kremlevskie masterskie XVII veka: organizatsiia i formy*（Moscow, 2001）.

(45)Podobedova, *Moskovskaia shkola*, pp. 5–8; イワンの玉座については Bogatyrev, *Sovereign*, p. 75.

(46)V. M. Sorokatyi, '"Serdtse tsarevo v rutse Bozhiei": tema nebesnogo zastupnichestva gosudariu v khudozhestvennom ubranstve Blagoveshchenskogo sobora pri Ivane IV', *Materialy i issledovaniia*, vol. XIX, pp. 67–82.

(47) James Cracraft, Daniel Bruce Rowland 共 編 *Architectures of Russian Identity: 1500 to the present*（Ithaca, NY, 2003）, pp. 21–33 に Michael S. Flier, 'The throne of Monomakh',

(48) Podobedova, *Moskovskaia shkola* の付表が、ウシャコフの模写に基づき全容を網羅。

(49) David B. Miller, 'The Viskovatyi affair of 1553–4', *Russian History*, 8, 3（1981）, pp. 293–332.

(50) de Madariaga, *Ivan*, p. 126; Heinrich von Staden, *The Land and Government of Muscovy*, 訳 .Thomas Esper（Stanford, Calif., 1967）, p. 44.

(51) Dmitry Shvidkovsky, *Russian Architecture and the West*（New Haven, Conn. and London, 2007）, p. 148.

(52) Sigismund von Herberstein が残した 16 世紀初頭からの記録に生彩に富む記述がある。*Description of Moscow and Muscovy*, B. Picard 編（London, 1969）, p. 60. その他については、Bartenev, *Moskovskii Kreml'*, vol. 2, p. 131.

(53) Berry and Crummey, *Rude and Barbarous Kingdom*, pp. 23–7.

(54) この人物は Jacob Ulfeldt である。Aida Nasibova, *The Faceted Chamber in the Moscow Kremlin*（Leningrad, 1981）, p. 20.

(55) 筆者のイメージは Podobedova, *Moskovskaia shkola*, の付表にある K. K. Lopialo による計画図に依拠している。Bartenev, *Moskovskii Kreml'*, vol. 2, pp. 70–74 及び 103 も参照されたい。別の図面が掲載されている。

(56) 壁はボロヴィツキエ門の近くにあった。世紀が変わると、ツァーリの厩舎や馬具や馬車を収容するために広い場所が必要となったので、馬事官署の施設が一帯を占拠した。馬事官署は帝室の移動全般や馬具類を所管していた。Bogoiavlenskii, *Gosudarstvennaia oruzheinaia palata*, p. 556 の G. L. Malitskii による小論を参照。

(57) Valerie A. Kivelson, Robert H. Greene 共編 *Orthodox Russia: Belief and Practice Under the Tsars*（University Park, Pa., 2003）, p. 40, note 13, Daniel Rowland 'Two cultures, one throne room' に対する異論である。チャンセラーは饗応を受けた広間を '黄金の間' と呼んでいるが、二つの広間のうちどちらを指しているのか紛らわしい。グラノヴィータヤ宮殿には確かに中央に主柱がある。

(58) さらなる詳細については Bartenev, *Moskovskii Kreml'*, vol. 2, pp. 137–43. 宝物殿も外国使節の接遇などに使用された。

(59) 後に訪れたアレッポのパウロは、クレムリン内外の豊かな黄金について、全面的にイワン雷帝の好みに帰している。*Travels of Macarius*, vol. 2, p. 4.

(60) 官僚の形成過程と時期をイワン 3 世による軍隊拡大と関連づける議論につ

いては Marshall Poe, 'Muscovite personnel records, 1475–1550: new light on the early evolution of Russian bureaucracy', *JbFGO*, 45, 3（1997）, pp. 361–77.

(61) イワンの行政改革に関する考証で古典的なものは A. A. Zimin, *Reformy Ivana Groznogo: ocherki sotsial'no-ekonomicheskoi i politicheskoi istorii Rossii serediny XVI veka*（Moscow, 1960）.

(62) Peter B. Brown, 'Muscovite government bureaus', *Russian History*, 10, 3（1983）, p. 270.

(63) アンドレイとワシーリーのシチェルカソフ兄弟も、この時代に宮廷の実務を通じて台頭した。

(64) Peter B. Brown, 'How Muscovy governed: seventeenth-century Russian central administration', *Russian History*, 36, 4（2009）, pp. 459–529. 当時の官僚機構の背景を成す事情については I. V. Rybalko, *Rossiiskaia prikaznaia biurokratiia v smutnoe vremia i nachala XVII v*（Moscow, 2011）, pp. 442–5.

(65) Brown, 'How Muscovy governed', p. 487.

(66) von Staden, *Land and Government*, pp. 14–15.

(67) Chester S. L. Dunning, *Russia's First Civil War: The Time of Troubles and the Founding of the Romanov Dynasty*（University Park, Pa., 2001）, pp. 35–6.

(68) Prikaz prikaznykh del. Brown, 'Bureaus', p. 313.

(69) 初期の官署の多くは *izby* という丸太小屋だったが、やがて体裁を整えた *prikaz* に代わった。その配置については Bartenev, *Moskovskii Kreml'*, vol. 2, p. 103 および *Materialy i issledovania*, vol. XIX, pp. 355–76. G. S. Evdokimov, 'K istorii postroek Kazennogo dvora v Moskovskom Kremle'

(70) von Staden, *Land and Government*, p. 42. *Pravezh* については de Madariaga, *Ivan*, p. 246. モスクワの中心部には別の刑場もあった。クレムリンの秘密性が高まると、赤の広場とニコリスキー通りが主要な刑場となった。クレムリンは 1685 年に刑場の機能を停止した。I. Snegirev, *Moskva: Podrobnoe istoricheskoe i arkheologicheskoe opisanie goroda*（Moscow, 1875）, vol. 2, p. 16.

(71) Bogatyrev, *Sovereign*, p. 204.

(72) Kollmann, 'Consensus politics', pp. 237–41.

(73) Ann Kleimola, 'The changing condition of the Muscovite elite', *Russian History*, 6, 2（1979）, pp. 210–29.

(74) 政治結婚めぐる緒論については Sergei Bogatyrev 'Ivan the Terrible', pp. 246–7.

(75) Edward L. Keenan, 'Ivan the Terrible and his women', *Russian History*, 37, 4（2010）, pp. 350–55.

(76) 多産性と女性の従属性については Isolde Thyret, '"Blessed is the Tsaritsa's

womb". The myth of miraculous birth and royal motherhood in Muscovite Russia', *Russian Review*, 53, 4（October 1994）, pp. 479–96.

(77) Daniel Rowland の小論 'Two cultures' の主題。

(78) *Materialy i issledovaniia*, vol. XI, pp. 5–22. Arkhimandrit Makarii（Veretennikov）, 'Makar' evskie sobory 1547 i 1549 godov i ix znachenie'

(79) Michael S. Flier, Daniel Rowland 共編 *Medieval Russian Culture*, vol.2. California Slavic Studies（Berkeley, Los Angeles and London, 1994）, pp. 182–99. Daniel Rowland, 'The blessed host of the heavenly tsar'

(80) 謹厳な Andrei Batalov は近年、この建造物が言い伝え通りに純粋なロシア様式かどうかについて見解を求められ、外国の工匠が関与した可能性を指摘している。I. L. Buseva-Davydova, *Kul'tura i iskusstvo v epokhu peremen: Rossiia semnadtsogo stoletiia*（Moscow, 2008）, p. 89.

(81) A. L. Batalov, L. A. Beliaev 共編 *Sakral'naia topografiia srednevekovskogo goroda*（Moscow, 1998）, pp. 40–50 で Michael Flier が礼拝堂の象徴的配置について有益な議論を展開している。

(82) Shvidkovsky, *Russian Architecture*, pp. 126–40; William Craft Brumfield, *A History of Russian Architecture*（Cambridge, 1997）, pp. 125–9.

(83) イワンの時代の聖愚者については Sergey A. Ivanov 著 Simon Franklin 訳, *Holy Fools in Byzantium and Beyond*（Oxford, 2006）, 特に pp. 291–9.

(84) '従属' に関しては Bushkovitch, 'Epiphany ceremony', pp. 1–17 に綿密な考察がある。

(85) Michael S. Flier, Daniel Rowland 共編 *Medieval Russian Culture*, vol. 2. California Slavic Studies（Berkeley, Los Angeles and London, 1994）, pp. 213–42. Michael Flier, 'Breaking the code: the image of the tsar in the Muscovite Palm Sunday ritual',

(86) イワンの健康問題については Charles Halperin, 'Ivan IV's insanity', *Russian History*, 34（2007）, pp. 207–18 並びに Edward L. Keenan 'Ivan IV and the King's Evil: *Ni maka li to budet?'*, *Russian History*, 20（1993）, pp. 5–13.

(87) Bogatyrev, 'Micro-periodization', pp. 398–409.

(88) これらの品々は後に２人のドイツ人（Johannes Taube 及び Elert Kruze）によって特定された。'Poslanie Ioganna Taube i Elerta Kruze', *Russkii istoricheskii zhurnal*（Petrograd, 1922）, *kniga* 8, p. 31. この２人はまた、イワンが 1564–5 年の冬に経験したストレスで毛髪をすべて失ったと証言している。

(89) Skrynnikov, *Velikii Gosudar'*, vol. 1, pp. 342–4.

(90) 理由の解明がすべて終わったとはまだ言えない。Skrynnikov を含む多くの歴史家は、自由裁量と直轄統治がイワンの目的であったとみている。

Dunning, *Civil War*, p. 48 及び de Madariaga, *Ivan*, pp. 186–8.

(91) de Madariaga, *Ivan*, p. 180.

(92) イワンの祈りについては Skrynnikov, *Velikii Gosudar'*, vol. 1, p. 330. イワンによる聖なる責務の自覚については Dunning, *Civil War*, p. 32 及び Priscilla Hunt, 'Ivan IV's personal mythology of kingship', *Slavic Review*, 52, 4 (Winter 1993), pp. 769–809.

(93) イワンの矛盾する行動については Sergey Ivanov が *Holy Fools*, pp. 288–9 で論じている。

(94) de Madariaga, *Ivan*, p. 183; Martin, *Medieval Russia*, p. 348.

(95) von Staden, *Land and Government*, p. 121.

(96) von Staden, *Land and Government*, p. 17.

(97) de Madariaga, *Ivan*, p. 231.

(98) *Prince Kurbsky's History of Ivan IV*, J. L. I. Fennell による編訳と注釈 (Cambridge, 1965), p. 207.

(99) von Staden, *Land and Government*, p. 41.

(100) フィリップの生涯については G. P. Fedotov, *Svyatoi Filipp mitropolit Moskovskii* (Paris, 1928).

(101) Bogatyrev, *Sovereign*, p. 220.

(102) 1569 年のルブリンの連合による。

(103) Taube and Kruze, 'Poslanie Ioganna Taube i Elerta Kruze', p. 48.

(104) von Staden, *Land and Government*, p. 27.

(105) Taube and Kruze, 'Poslanie Ioganna Taube i Elerta Kruze', pp. 49–51.

(106) G. N. Bocharov, V. P. Vygolov, *Aleksandrovskaia sloboda* (Moscow, 1970), pp. 7–8.

(107) Pogannoe と呼ばれるその場所は、かつてアンドレイ・ボゴリュプスキー殺害を企てた者たちが処刑された。イワンの時代に食肉市場が近くにできた。P. V. Sytin, *Istoriia planirovki i zastroiki Moskvy*, vol. 1 (Moscow, 1950), p. 76.

(108) de Madariaga, *Ivan*, p. 258.

(109) Skrynnikov, *Krest'*, pp. 297–8.

(110) *zemskii sobor* は様々な論議の対象となってきた。名称そのものが時代錯誤だった。スラヴ主義が高揚した 1850 年、その名が初めて硬貨に刻印された。詳しくは *CHR*, vol. 1, pp. 460–2 の Marshall Poe, 'The central government and its institutions'

(111) D. Ostrowski, 'Semeon Bekhbulatovich's remarkable career as Tatar khan, Grand Prince of Rus', and monastic elder', *Russian History*, 39, 3 (2012), pp. 269–99 (この論文も議論を招いた). de Madariaga が *Ivan*, p. 298 で Jerome Horsey が記述した

載冠式の様子に言及している。

(112) Bartenev, *Moskovskii Kreml'*, vol. 2, p. 198. モスクワにおけるイワンの居宅は現在のペトロフカにもあった。

(113) オプリチニナの宮殿については von Staden, *Land and Government*, pp. 48–51.

(114) *Po trasse pervoi ocheredi Moskovskogo metropolitena imeni L. M. Kaganovicha* (Leningrad, 1936), pp. 37–8.

(115) Skrynnikov, *Velikii Gosudar'*, vol. 2, p. 101.

(116) von Staden, *Land and Government*, p. 29.

(117) von Staden, *Land and Government*, pp. 47–9. 英国の工匠については Shvidkovsky, *Russian Architecture*, p. 148.

(118) Bogoiavlenskii が *Gosudarstvennaia oruzheinaia palata*, p. 517 で Hans Kobentsel' というドイツ人に言及している。

(119) *The Moscovia of Antonio Possevino, SJ*, Hugh F. Graham 訳 (Pittsburg, Pa., 1977), p. 11.

(120) Bogatyrev, 'Reinventing the Russian Monarchy', p. 284. この帽子に関する彼の考察は 'Ivan the Terrible', p. 243.

(121) ほかにも父子対立の理由があった。Madariaga, *Ivan*, pp. 267–8.

(122) Panova, *Kremlevskie usypal'nitsy*, p. 63.

(123) Possevino, *Moscovia*, p. 12.

第4章◆クレムレナグラード

(1) M. V. Posokhin その他による *Pamiatniki arkhitektury Moskvy: Kreml', Kitai-gorod, Tsentral'nye ploshchadi* (Moscow, 1982), p. 50.

(2) Joan (Johannes) Blaeu, *Atlas Maior* (Amsterdam, 1663–5) を原本に複数の写しがある。

(3) 宮殿は例外である。スケッチの域を出ていない。作者は外壁だけでは飽きたらず、さらに完成度の高さを追求するつもりであったのかもしれない。

(4) Jacques Margeret 著 Chester S. L. Dunning 監訳, *The Russian Empire and the Grand Duchy of Moscow: A Seventeenth-century French account* (Pittsburg, Pa., 1983), p. 30.

(5) Isaac Massa 著 G. E. Orchard 訳, *A Short History of the Peasant Wars in Moscow under the Reigns of Various Sovereigns down to the Year 1610* (Toronto, 1982), p. 95. マッサの肖像画は妻と一緒の姿を描いた1622年制作の作品をアムステルダム国立美術館が所蔵。マッサ1人を描いた1626年の作品がトロントのオンタリオ美術館にある。

(6) V. G. Vovina, 'Patriarkh Filaret (Fedor Nikitch Romanov)', *Voprosy istorii*, 7–8

(1991), pp. 55–6. ニキータの孫（彼は生き残れなかった）はボリスと名付けられた。

(7) Chester S. L. Dunning, *Russia's First Civil War: The Time of Troubles and the Founding of the Romanov Dynasty*（University Park, Pa., 2001）, p. 60.

(8) さらに詳しくは Dunning, *Civil War*, p. 65.

(9) Massa, *Peasant Wars*, p. 94.

(10) Massa, *Peasant Wars*, pp. 36 and 94.

(11) ボリスの個人的な資質については Dunning, *Civil War*, p. 91; S. F. Platonov, *Smutnoe vremia*（The Hague, 1965）, p. 64; Ruslan Skrynnikov, *Boris Godunov*（Moscow, 1978）, pp. 3–4.

(12) *CHR*, vol. 1, pp. 264–7. A. P. Pavlov, 'Fedor Ivanovich and Boris Godunov'

(13) 筆者は Dunning, Civil War, p. 61 の説に従った。だが R. G. Skrynnikov, *Krest' i korona*（St Petersburg, 2000）, p. 313 も参照されたい。ボグダン・ベルスキーを 4 人の摂政の 1 人に挙げている。

(14) Platonov, *Smutnoe vremia*, p. 67.

(15) Platonov, *Smutnoe vremia*; Maureen Perrie, *Pretenders and Popular Modernism in Early Modern Russia*（Cambridge, 1995）, pp. 12–13; Massa, Peasant Wars, p. 20.

(16) Dunning, *Civil War*, p. 61.

(17) Dunning, *Civil War*, pp. 15–16 及び 55–7.

(18) Platonov, *Smutnoe vremia*, p. 61; Dunning, *Civil War*, p. 55.

(19) 国民の経済的困窮やポメーシチクについては Platonov, *Smutnoe vremia*, pp. 9–61, 特に pp. 35–7.

(20) Dunning, *Civil War*, p. 159.

(21) S. F. Platonov, *Boris Godunov*（Petrograd, 1921）, pp. 50–55.

(22) Vovina, 'Patriarkh Filaret', p. 56.

(23) Dunning, *Civil War*, p. 62（ここでも Skrynnikov とは力点が異なる）.

(24) ネフスキーは 1547 年にマカーリーの委員会によって叙聖された国民的聖人の 1 人。シュイスキーの血筋については R. G. Skrynnikov, *Time of Troubles: Russia in Crisis, 1604–1618*（Gulf Breeze, Fl., 1988）, p. 42.

(25) Skrynnikov, *Krest'*, p. 314. チュードフ修道院については S. N. Bogatyrev 編 *Khoziaistvennye knigi Chudova monastyria* 1585–86 gg.（Moscow, 1996）, p. 23. シュイスキーの謀反の日付を 1586 年 5 月 14 日としている。イワン雷帝がアンソニー・ジェンキンズを謁見したのはポーランドとリトアニアの両王国が 1566 年に連合した直後のことである。

(26) Skrynnikov, *Krest'*, p. 315.

(27) 毎年、収穫後の「ユーリーの日」前後に主人の土地を離れる農民の権利も（暫定的に）制限した。さらに詳細は Dunning, *Civil War*, p. 67; David Moon, *The Russian Peasantry, 1600–1913*（London, New York, 1999）, pp. 66–8; Robert O. Crummey, *The Formation of Muscovy, 1304–1613*（London and New York, 1997）, p. 174.

(28) Massa, *Peasant Wars*, p. 36. 聖職者については Bogatyrev, *Khoziastvennye knigi*, pp. 28 and 142.

(29) Skrynnikov, *Krest'*, p. 322.

(30) A. L. Batalov, *Moskovskoe kamennoe zodchestvo kontsa XVI veka: problemy khudozhestvennogo myshleniia epokhi*（Moscow, 1996）, p. 257.

(31) A. N. Speransky, *Ocherki po istorii prikaza kamennykh del Moskovskogo gosudarstva*（Vologda, 1930）, p. 41. N. N. Voronin, *Ocherki po istorii russkogo zodchestva XI–XVII vv.*（Moscow, Leningrad, 1934）, pp. 35–7 も参照されたい。

(32) Platonov, *Smutnoe vremia*, p. 46. この時代に深い造詣を持つ彼は、税を免除された集団の存在がモスクワの商業活動を破綻させたのではないかと推定している。

(33) Speransky, *Ocherki po istorii*, pp. 95–126.

(34) I. A. Bondarenko その他による共編 *Slovar' arkhitektorov i masterov stroitel'nogo dela Moskvy, XV–serediny XVIII veka*（Moscow, 2007）, pp. 335–7.

(35) Speransky, *Ocherki po istorii*, p. 84.

(36) Bondarenko, *Slovar' arkhitektorov*, p. 337; Batalov, *Kamennoe zodchestvo*, p. 81.

(37) 幾重にも張り巡らされた城壁を通る経験は、多くの外国人旅行者が記録に残している。ナポレオンの配下も同様の体験を書き残している。

(38) Speransky, *Ocherki po istorii*, pp. 8, 36–9, 80–85; Richard Hellie, *Enserfment and Military Change in Muscovy*（Chicago, London, 1971）, p. 158.

(39) Platonov, *Smutnoe vremia*, p. 73.

(40) 17 世紀半ば、約 90 人ほどの集団が修復に携わったとみられる。RGADA, *fond* 396, d. 51293, ll. 3–6.

(41) Aida Nasibova, *The Faceted Chamber in the Moscow Kremlin*（Leningrad, 1981）, p. 16; I. E. Zabelin, *Domashnyi byt russkikh tsarei v XVI i XVII stoletiiakh*（Moscow, 1862, repr. 1990）, vol. 1, pp. 178–84.

(42) 異論は残る。Platonov は *Smutnoe vremia*, pp. 82–3 で、ドミートリーが生き残った可能性に一定の理解を示している。Maureen Perrie らは英国人の Jerome Horsey による証言に従い、ゴドゥノフがドミートリーを殺害したという説を唱える。Perrie, *Pretenders*, p. 18 及び Dunning, *Civil War*, pp. 66–8.

(43) Dunning, *Civil War*, pp. 64–6; Massa, *Peasant Wars*, pp. 30–31. 英国人旅行者のJerome Horsey と Giles Fletcher は、ゴドゥノフの関与についてマッサと同様の見解を示している。

(44) 背景については A. L. Batalov, 'Sobor Voznesenskogo Monastyria v Moskovskom Kremle', *Pamiatniki kul'tury: Novye otkrytiia*（1983）, p. 478.

(45) アルハンゲリスキー大聖堂の重要性については *Akty Rossiiskogo Gosudarstva: Arkhivy monastyrei i soborov XV–nachalo XVII vv.*（Moscow, 1998）, p. 36.

(46) 大聖堂は 1920 年代に破壊されたのでバターロフは破片をもとに論証した。設計や様式については 'Sobor Voznesenskogo Monastyria', pp. 462–82. さらに Batalov, *Kamennoe zodchestvo*, p. 257 も参照されたい。

(47) Batalov, *Kamennoe zodchestvo*, p. 78.

(48) Batalov, *Kamennoe zodchestvo*, pp. 84–5.

(49) Massa, *Peasant Wars*, p. 43.

(50) 玉座については Barry Shifman, Guy Walton 共編 *Gifts to the Tsars, 1500–1700: Treasures from the Kremlin*（New York, 2001）, p. 76. 帝権を示す品々については Scott Douglas Ruby, 'The Kremlin Workshops of the Tsars and Foreign Craftsmen: *c.* 1500–1711', 未公刊の博士論文 Courtauld Institute of Art, 2009, pp. 64–5.

(51) Margeret, *Russian Empire*, p. 54.

(52) Dunning, *Civil War*, pp. 94–6.

(53) 1508 年当時の鐘楼については前掲書第 2 章 p. 57.

(54) Massa, *Peasant Wars*, p. 55.

(55) M. S. Arel and S. N. Bogatyrev, 'Anglichane v Moskve vremen Borisa Godunova', *Arkheograficheskii ezhegodnik*（1997）, pp. 439–55.

(56) ゴドゥノフの計画について最も優れた考察は Batalov, *Kamennoe zodchestvo*, pp. 86–96.

(57) Massa, *Peasant Wars*, pp. 106–7. 聖遺物箱の原型については A. L. Batalov, A. Lidov 共編 *Ierusalim v russkoi kul'ture*（Moscow, 1994） p. 166, A. L. Batalov, 'Grob gospoden' v zamysle "sviataia sviatykh" Borisa Godunova'

(58) Massa, *Peasant Wars*, p. 44.

(59) Vovina, 'Patriarkh Filaret', p. 56.

(60) Dunning, *Civil War*, p. 97.

(61) Massa, *Peasant Wars*, p. 50.

(62) Massa, *Peasant Wars*, p. 52.

(63) Massa, *Peasant Wars*, p. 57.

(64) Dunning, *Civil War*, pp. 131–2.

(65)詳細は Perrie, *Pretenders*, p. 45.

(66)Dunning, *Civil War*, p. 161.

(67)Massa, *Peasant Wars*, p. 81.

(68)Dunning, *Civil War*, p. 195.

(69)Massa, *Peasant Wars*, p. 105. さらに Dunning, *Civil War*, p. 195 も参照されたい。

(70)彼がカトリック教徒でポーランドの傀儡であるという見方については Skrynnikov, *Time of Troubles*, pp. 1–11.

(71)異端審問およびドミートリーのカトリック信仰については P. Pierling, 'Dnevnik Andreia Lavitskogo', *Russkaia starina*（1900）, pp. 689–706. ドミートリーの破天荒な宮廷については Dunning, *Civil War*, pp. 202–4.

(72)Margeret, *Russian Empire*, p. 86.

(73)Margeret, *Russian Empire*, p. 70.

(74)Dunning はこれらの逸話を、ドミートリーがポーランド風の服装をしていたという点を除き、ほぼ全面的に否定する。*Civil War*, pp. 210–23. オトレピエフに関する根強い異論については Skrynnikov, *Time of Troubles*, pp. 19–21. ここでは出所が明示されていない。

(75)Massa, *Peasant Wars*, pp. 117–19.

(76)Skrynnikov, *Time of Troubles*, pp. 3 and 26.

(77)Massa, *Peasant Wars*, p. 115. ‘ポーランドの流儀’ については Lindsey Hughes, *The Romanovs: Ruling Russia, 1613–1917*（London, 2008）, p. 10.

(78)当時の受け止め方については Massa, *Peasant Wars*, p. 149.

(79)マリーナの到着については Margeret, *Russian Empire*, p. 72 及び Massa, *Peasant Wars*, pp. 128–31. 全体状況については Dunning, Civil War, pp. 231–2.

(80)Skrynnikov, *Time of Troubles*, p. 23.

(81)Massa, *Peasant Wars*, p. 134.

(82)ワシーリーの血筋については Dunning, *Civil War*, p. 62.

(83)Margeret, *Russian Empire*, p. 72 によれば、死者の数はさらに多く 1,705 人だが、根拠があるのか疑問が生じる。数を正確に確定することはできないとみるのが妥当である。

(84)Dunning, *Civil War*, pp. 234–5; Margeret, *Russian Empire*, p. 72; Massa, *Peasant Wars*, pp.136–8 and 144.

(85)Platonov, *Smutnoe vremia*, p. 125.

(86)候補のリストについては Perrie, *Pretenders*, p. 177.

(87)Dunning, *Civil War*, pp. 206–7.

(88)御所の選定については Dunning, *Civil War*, p. 246.

(89) Dunning, *Civil War*, pp. 279, 292.

(90) Dunning, *Civil War*, p. 325; Perrie, *Pretenders*, p. 129.

(91) Dunning, *Civil War*, pp. 318–19.

(92) Stanislaw Zolkiewski, *Expedition to Moscow: A Memoir*, M. W. Stephen 訳（London, 1959）, p. 51.

(93) 7 卿とは Fedor Mstislavskii, Ivan Vorotynskii, Vasilii Golitsyn, Ivan Romanov, Fedor Sheremetev, Andrei Trubetskoi, Boris Lykov である。Skrynnikov, *Time of Troubles*, p. 93.

(94) Skrynnikov, *Time of Troubles*, p. 105.

(95) Zolkiewski, *Expedition to Moscow*, pp. 100–101.

(96) アダム・オレアリウスが後に聞いた話。*The Travels of Olearius in Seventeenth-Century Russia*, Samuel H. Baron 訳（Stanford, Calif., 1967）, pp. 189–90.

(97) Skrynnikov, *Time of Troubles*, p. 126.

(98) Skrynnikov, *Time of Troubles*, p. 129. Conrad Bussow を引用。一方ではこれが「マルジェレ配下のドイツ人傭兵による大胆かつ残虐な襲撃」（Dunning, *Civil War*, p. 418）であったことも指摘しておかねばならない。

(99) Olearius, *Travels*, p. 190.

(100) Skrynnikov, *Time of Troubles*, pp. 154–5.

(101) Skrynnikov, *Time of Troubles*, pp. 220–21.

(102) Skrynnikov, *Time of Troubles*, p. 250; S. K. Bogoiavlenskii 編 *Gosudarstvennaia oruzheinaia palata Moskovskogo kremlia*（Moscow, 1954）, p. 514.

(103) Ruby, *'Kremlin Workshops'*, pp. 163–4.

(104) Skrynnikov, *Time of Troubles*, pp. 252–3.

(105) S. P. Bartenev, *Bol'shoi kremlevskii dvorets: ukazatel' k ego obozreniia*（Moscow, 1911）, p. 5; Platonov, *Smutnoe vremia*, p. 216.

(106) I.Snegirev,*Moskva: Podrobnoe istoricheskoe i arkheologicheskoe opisanie goroda*（Moscow, 1875）, vol. 2, p. 85.

(107) Olearius, *Travels*, p. 190.

第5章◆永遠なるモスクワ

(1) *The Travels of Macarius, Patriarch of Antioch: Written by His Attendant Archdeacon, Paul of Aleppo, in Arabic*, F. C. Belfour 訳（London, 1836）, vol. 1, pp. 353–5.

(2) *Travels of Macarius*, vol. 1, p. 381.

(3) *Travels of Macarius*, vol. 1, p. 389.

(4) 当時の大衆の考え方に関する議論については I. L. Buseva-Davydova, *Kul'tura i*

iskusstvo v epokhu peremen: Rossiia semnadtsatogo stoletiia（Moscow, 2008）, 特に pp. 24–9.

（5）17世紀のエリート階級における家柄の意味については P. V. Sedov, *Zakat Moskovskogo tsarstva: tsarskii dvor kontsa XVII veka*（St Petersburg, 2006）. 1613年以降の政治的収拾については Robert O. Crummey, *Aristocrats and Servitors: The Boyar Elite in Russia, 1613–1689*（Princeton, NJ, 1983）, pp. 26–7; R. G. Skrynnikov, *Time of Troubles: Russia in Crisis, 1604–1618*（Gulf Breeze, Fl., 1988）, pp. 268–71.

（6）N. V. Rybalko, *Rossiiskaia prikaznaia biurokratiia v Smutnoe vremia nachala XVII v*（Moscow, 2011）. 1598–1613年にかけて、役人の世襲率を60パーセントから68パーセントとしている。

（7）宮廷の規模については Sedov, *Zakat*, pp. 54–7. 変革の緩急に関する議論を概観するため、*Zakat*, p. 551 と Brenda Meehan-Waters, *Autocracy and Aristocracy: The Russian Social Elite of 1730*（New Brunswick, NJ, 1982）, pp. 6–10 及び Paul Bushkovitch, *Religion and Society in Russia: The Sixteenth and Seventeenth Centuries*（New York, 1992）, p. 129 を比較されたい。

（8）*Travels of Macarius*, vol. 2, p. 2.

（9）S. V. Lobachev, 'Patriarch Nikon's rise to power', *SEER*, 79, 2（April 2001）, pp. 302–3. 全国会議の権限についてはクリュチェフスキーが詳細に論じている。彼によれば、モスクワ大公国は既にツァーリの意思で帝位を世襲できる状態になかったので、ミハイルの子であるアレクセイ・ミハイロヴィチでさえ、公式に即位する前に「選出」の手続きを踏む必要があった。V. O. Kluchevsky, *A History of Russia*, C. J. Hogarth 訳（London, J. M. Dent, 1913）, vol. 3, pp. 80–81. 選出の手続き――あるいは合意の形成――には、ボリス・ゴドノフを帝位に就けた時の前例があったと論じている。

（10）S. F. Platonov, *Smutnoe vremia*（The Hague, 1965）, p. 218.

（11）Chester S. L. Dunning, *Russia's First Civil War: The Time of Troubles and the Founding of the Romanov Dynasty*（University Park, Pa., 2001）, pp. 448 及び 468. 着座式については *DAI*, vol. 2, no. 76, pp. 185–214.

（12）B. Shifton, G. Walton 共編、*Gifts to the Tsars: Treasures from the Kremlin*（New York, 2001）, p. 308 所収 Isaac Massa, 1614.

（13）Samuel Collins, *The Present State of Russia: A Letter to a Friend at London, by an Eminent Person residing at the Czar's Court*（London, 1671）, p. 101.

（14）Dunning, *Civil War*, pp. 443–5.

（15）Collins, *State of Russia*, pp. 116–17.

（16）ツァーリの笏杖が喪失した経緯については I. Snegirev, *Moskva: Podrobnoe*

istoricheskoe i arkheologicheskoe opisanie goroda, vol. 2 (Moscow, 1875), p. 12. しかし疑義も生じている。Scott Douglas Ruby, 'The Kremlin Workshops of the Tsars and Foreign Craftsmen: *c.* 1500–1711', 未刊行の博士論文 Courtauld Institute of Art, 2009, pp. 64–5. 黄金については S. K. Bogoiavlenskii 編、*Gosudarstvennaia oruzheinaia palata Moskovskogo kremlia* (Moscow, 1954), p. 526.

(17) Snegirev, *Moskva*, vol. 2, p. 85. ロマノフ家は実際の祖先も大切に扱い、惜しげもなく財を投じて墓所を良好な状態に保った。

(18) Russell E. Martin, 'Choreographing the "Tsar's Happy Occasion": tradition, change and dynastic legitimacy in the weddings of Tsar Mikhail Romanov', *Slavic Review*, 63, 4 (Winter 2004), pp. 794–817.

(19) I. E. Zabelin, *Domashnyi byt russkikh tsarei v XVI i XVII stoletiiakh* (Moscow, 1862, repr. 1990), vol. 1, p. 56.

(20) Skrynnikov, *Time of Troubles*, p. 257.

(21) 1645–7年に作成された報告書が、アレクセイ・ミハイロヴィチ治世当初のクレムリン城壁について詳しく記録している。それによると、修復工事は何十年も続いた。*DAI*, vol. 3, no. 3, pp. 2–5.

(22) I. E. Zabelin, *Istoriia goroda Moskvy* (Moscow, 1904; repr. 2005), pp. 181–2 に、この問題に関するフィラレートの発言が紹介されている。

(23) Bogoiavlenskii, *Gosudarstvennaia oruszheinaia palata*, p. 526.

(24) Snegirev, *Moskva*, vol. 2, pp. 16–17.

(25) A. N. Speransky, *Ocherki po istorii prikaza kamennykh del Moskovskogo gosudarstva* (Vologda, 1930), p. 49.

(26) 帰国して毛皮を売る聖職者もいた。*Travels of Macarius*, vol. 1, p. 403.

(27) Leonard, Bush の息子である Henry. 詳細は Ruby, 'Kremlin Workshops', pp. 49–52.

(28) これらの外国人について詳細は Vladimir Chekmarev, 'Angliiskie mastera na sluzhbe u Mikhaila Fedorovicha', *Arkhitektura i stroitel'stva Moskvy*, 9 (1990), pp. 19–21; Dmitry Shvidkovsky, *Russian Architecture and the West* (New Haven, Conn. and London, 2007), pp. 152–60.

(29) Buseva-Davydova, *Kul'tura i iskusstvo*, pp. 91–2.

(30) ツァーリ家の生活上の好みについては Collins, *State of Russia*, p. 57; Zabelin, *Domashnyi*, vol. 1, pp. 69–70.

(31) E. M. Kozlitina, 'Dokumenty XVII veka po istorii Granovitoi palaty Moskovskogo Kremlya', *Materialy i issledovaniia*, vol. I, p. 99.

(32) S. de Bartenev, *Le Grand Palais du Kremlin et ses neuf églises: Guide du visiteur*

(Moscow, 1912), p. 11.

(33) Jeremy Howard, *Christopher Galloway: Clockmaker, Architect and Engineer to Tsar Mikhail, the First Romanov* (Edinburgh, 1997), p. 19.

(34) Zabelin, *Istoriia goroda Moskvy*, p. 203.

(35) Zabelin, *Istoriia goroda Moskvy*, p. 206; Howard, *Galloway*, pp. 10–11.

(36) Howard, *Galloway*, pp. 29–30.

(37) Iu. V. Tarabarina, 'Znachenie Kremlevskikh postroek pervykh romanovykh i istorii proiskhozhdenii shatrovykh kolokolen XVII veka', www.archi.ru (2006). 2011年8月にオンライン上にあるこの資料を筆者に教えてくれたAlla Aronova博士に感謝したい。

(38) Grafの名前が最初に見えるのはZabelin, *Istoriia goroda Moskvy*, p. 204.である。S. P. Bartenev, *Moskovskii Kreml' v starinu i teper'*, 2 vols. (St Petersburg, 1912 and 1918), vol. 1, p. 139及びBuseva-Davydova, *Kul'tura i iskusstvo*, pp. 89–91も参照されたい。

(39) Zabelin, *Istoriia goroda Moskvy*, pp. 203–6.

(40) Zabelin, *Istoriia goroda Moskvy*, p. 207. ギャロウェイの大時計について、当初の外観は判明していないと論じる。ハワードやその他の人物による描写は、さらに後の訪問者の証言を元にしているという。Buseva-Davydova, *Kul'tura i iskusstvo*, p. 161も参照されたい。Meyerbergの絵を紹介している。Chekmarev, 'Angliiskie mastera', p. 20は、ギャロウェイの大時計は1707年まで損傷せずに残っていたと述べる。確かにこの年まで機械仕掛けの一部が塔の内部に望見できた。火災については*Travels of Macarius*, vol. 1, p. 369.

(41) Zabelin, *Domashnyi*, vol. 1, p. 114.

(42) Collins, *State of Russia*, p. 67; Howard, *Galloway*, pp. 5及び13.

(43) P. V. Sytin, *Istoriia planirovki i zastroiki Moskvy*, vol. 1 (Moscow, 1950), p. 42.

(44) Ruby, 'Kremlin Workshops', pp. 238–40; Bogoiavlenskii, *Gosudarstvennaia oruzheinaia palata*, pp. 556–7.

(45) N. G. Bekeneva, *Simon Ushakov, 1626–1686* (Leningrad, 1984), 特にpp. 5–21.

(46) V. G. Briusova, *Russkaia zhivopis' XVII veka* (Moscow, 1984), pp. 16–20; Buseva-Davydova, *Kul'tura i iskusstvo*, p. 91. 書記官のStepan Ugotskiiが資材調達などを担当した。I. Mashkov編*Ochet po restavratsii bol'shago Moskovskago Uspenskago sobora* (Moscow, 1910), pp. 7–8に当初の指示の内容。

(47) Briusova, *Russkaia zhivopis'*, pp. 22–3.

(48) A. L. Batalov編*Iskusstvo pozdnego srednevekoviia* (Moscow, 1993), pp. 190–206にI. L. Buseva-Davydova, 'Novye ikonograficheskie istochniki v russkoi zhivopisi XVII v'

(49) Buseva-Davydova, *Kul'tura i iskusstvo*, pp. 34–5.

(50) Bogoiavlenskii, *Gosudarstvennaia oruzheinaia palata*, pp. 533–6.

(51) Speransky, *Ocherki po istorii*, p. 185.

(52) Richard Hellie, *The Economy and Material Culture of Russia 1600–1725*（Chicago, 1999）, pp. 445–6.

(53) Richard Hellie, *Enserfment and Military Change in Muscovy*（Chicago, 1971）, pp. 182–3. さらに M. N. Larchenko, 'K voprosu o rabote tak nazyvaemykh "pol'skikh" masterov v oruzheinoi palate vo vtoroi polovine XVII veka', Proizvedeniya Russkogo i zarubezhnogo iskusstva XVI–nachala XVIII veka', *Materialy i issledovaniia*, vol. IV, pp. 185–92 も参照されたい。

(54) M. Poe, E. Lohr 共編、*The Military and Society in Russian History, 1350–1917*（Leiden and Brill, 2002）, p. 66.

(55) Sedov, *Zakat*, p. 185 に 1675 年の軍隊について記述がある。

(56) *Travels of Macarius*, vol. 1, p. 367.

(57) L. Loewenson, 'The Moscow rising of 1648', *SEER*, 27, 68（December 1948）, p. 147.

(58) *The Travels of Olearius in Seventeenth-Century Russia*, Samuel H. Baron 訳（Stanford, Calif., 1967）, pp. 203–4.

(59) Olearius, *Travels*, p. 204. 及び V. Kivelson, 'The devil stole his mind: the tsar and the 1648 Moscow uprising', *AHR*, 98, 3（June 1993）, p. 738 も参照。

(60) K. V. Bazilevich, *Gorodskie vosstaniia v Moskovskom gosudarstve XVII v.*（Moscow and Leningrad, 1936）, pp. 54–5.

(61) Loewenson, 'Moscow rising', p. 153.

(62) Loewenson, 'Moscow rising', p. 153.

(63) Olearius, *Travels*, p. 209. 及び Loewenson, 'Moscow rising', p. 154 も参照。

(64) Olearius, *Travels*, p. 211.

(65) Loewenson, 'Moscow rising', p. 155. 及び Pommerening's estimate of the damage in Bazilevich, *Gorodskie*, p. 39 も参照。死者の数は最大で 2,000 人とされるが、推測の域を出ない。火災が破滅的な状況を招いた主因だった。Kivelson, 'Devil', p. 740.

(66) Olearius, *Travels*, p. 212; Loewenson, 'Moscow rising', p. 155; Pommerening's account in Bazilevich, *Gorodskie*, p. 36.

(67) Kivelson, 'Devil', p. 742.

(68) 英語のテクストは Richard Hellie 編訳 *The Muscovite Law Code*（Ulozhenie）*of 1649*（Irvine, Calif.,1988）.

(69) *Travels of Macarius*, vol. 1, p. 331.

(70) I. E. Zabelin, *Materialy dlia istorii arkheologii i statistiki goroda Moskvy*, vol. 2 (Moscow, 1891), p. 2.

(71) *DAI*, vol. 3, no. 119, pp. 442–8. さらに Philip Longworth, *Alexis, Tsar of all the Russias* (London, 1984), pp. 101–2 も参照されたい。

(72) Snegirev, *Moskva*, vol. 2, pp. 14–15.

(73) *DAI*, vol. 4, no. 9, p. 31.

(74) Samuel H. Baron, 'Nemeckaja sloboda', pp. 7–8. 同著者による *Muscovite Russia: Collected Essays* (London, 1980) に再掲。

(75) Olearius, *Travels*, p. 142.

(76) 改革は 1640 年代後半に始まった。Bushkovitch, *Religion and Society*, p. 57.

(77) Lobachev, 'Patriarch Nikon', p. 306, Johan de Rodes を引用。

(78) *Travels of Macarius*, vol. 2, p. 105 及び P. Meyendorff, *Russia, Ritual and Reform: The Liturgical Reforms of Nikon in the Seventeenth Century* (New York, 1991), p. 90.

(79) *Travels of Macarius*, vol. 2, p. 171.

(80) A. I. Romanenko, 'Odin iz etapov stroitel'stva patriarshikh palat', *Materialy i issledovaniia*, vol. II, p. 110. ドイツの建築家たちについては *Travels of Macarius*, vol. 2, p. 224.

(81) *Travels of Macarius*, vol. 2, pp. 225–6.

(82) D. N. Anuchin 他による共編 *Moskva v ee proshlom i nastoiashchem*, 12 vols. (Moscow, 1909–12), vol. 2, p. 115. 農奴については Dunning, *Civil War*, p. 473.

(83) Anuchin, *Moskva v ee proshlom*, vol. 2, pp. 109–11.

(84) Olearius, *Travels*, p. 265. アヴァクムによる罵倒については G. Michels, *At War with the Church: Religious Dissent in Seventeenth-Century Russia* (Stanford, Calif., 1999), p. 49.

(85) *Travels of Macarius*, vol. 1, p. 171.

(86) *Travels of Macarius*, vol. 1, p. 410.

(87) Michael Cherniavsky, 'The Old Believers and the new religion', *Slavic Review*, 25, 1 (March 1966), pp. 1–39.

(88) Michels, *At War with the Church*, p. 49.

(89) Michels, *At War with the Church*, pp. 217–29.

(90) Meyendorff, *Ritual*, p. 95 に Kluchevsky, *History* の引用。

(91) *Travels of Macarius*, vol. 1, p. 412.

(92) Michael Cherniavsky, *Tsar and People: Studies in Russian Myths* (New Haven, Conn. London, 1961), p. 63.

(93)アレッポのパウロによる見聞録の内容を客観的に評価するために、*Travels of Macarius*, vol. 1, p. 316 も参照されたい。アレクセイ批判が必ずしも妥当ではないことを示す重要な論点を網羅している。

(94) *DAI*, vol. 4, no. 118, pp. 274–5.

(95) Longworth, *Alexis*, pp. 127–9.

(96) Zabelin, *Istoriia goroda Moskvy*, pp. 360–61; Longworth, *Alexis*, p. 168.

(97)詳細は *DAI*, vol. 5, no. 102, pp. 439–510.

(98) Collins, *State of Russia*, pp. 64–5.

(99) Zabelin, *Domashnyi*, vol. 1, p. 205. Hellie, *Economy*, pp. 590–95 には、1680 年代のゴリーツィン家の宮殿と、1608 年当時におけるタティシチェフ家の宮殿を比較した記述がある。後者には寝台が全くなく、椅子も 1 脚しかなかったという。

(100) Collins, *State of Russia*, pp. 57–8.

(101) Longworth, *Alexis*, p. 205.

(102) Zabelin, *Domashnyi*, vol. 1, p. 138; Longworth, *Alexis*, p. 134.

(103) Kozlitina, 'Dokumenty', pp. 98–9.

(104) Longworth, *Alexis*, p. 203.

(105) Longworth, *Alexis*, p. 204.

(106)官吏の数については Peter B. Brown, 'How Muscovy governed: seventeenth-century Russian central administration', *Russian History*, 36, 4 (2009), pp. 488–99. アレクセイ統治下に登場した'新参者'については Marshall Poe, 'The central government and its institutions', *CHR*, vol. 1, ch. 19, 特に pp. 446–51.

(107) Zabelin, *Istoriia goroda Moskvy*, p. 255; *DAI*, vol. 6, no. 50, p. 207 (relocation of *Bolshoi prikhod*, 1672).

(108) Brenda Meehan-Waters によると、アレクセイ即位当時の貴族屋敷の数は 31 だったが、689 年には 151 まで増えていた。*Autocracy*, p. 10. クレムリンの内部に住居を構えた貴族の数については Collins, *State of Russia*, p. 62.

(109) Sedov, *Zakat*, pp. 132–9 に説得力がある異論。

(110)この点に関して我々の知見は限定的である。エリート層に属する多くの貴族は保守的だったが(資金力にもやや欠けた)、Artamon Matveyev や Vasily Golitsyn のコレクションについては記録がある。

(111) Lindsey Hughes, *Sophia, Regent of Russia* (London and New Haven, Conn., 1990), p. 37.

(112)皇子の養育については Sedov, *Zakat*, pp. 176–8.

(113) S. Baron, Nancy Shields-Kollmann 共編 *Religion and Culture in Early Modern*

Russia (DeKalb, Ill., 1997), p. 184所収V. M. Zhivov, 'Religious reform and the emergence of the individual in seventeenth-century Russian literature'

(114) James Cracraft, *The Petrine Revolution in Russian Architecture* (Chicago, 1988), p. 42. Buseva-Davydova's monograph on seventeenth-century art effectively disputes this notion of crisis.

(115) Hughes, *Sophia*, pp. 52–88.

(116) Lindsey Hughes, *Peter the Great: A Biography* (New Haven, Conn. and London, 2004), pp. 17–20.

(117) 詳細はHughes, *Sophia*, p. 193.

(118) *DAI*, vol. 11, no. 90, pp. 286–7; Kozlitina, 'Dokumenty', pp. 101–2. 様式についてはLindsey Hughes, 'Western European graphic material as a source for Moscow Baroque architecture', *SEER*, 55, 4 (October 1977), p. 437.

第6章◆伝統の秩序

(1) *Dvortsovye razriady*, vol. 4 (St Petersburg, 1855), p. 911.

(2) *Dvortsovye razriady*, vol. 4, pp. 920–26; *PSZ*, vol. III, pp. 220–21, no. 1536.

(3) 尼僧についてはI. E. Zabelin, *Materialy dlia istorii arkheologii i statistiki goroda Moskvy*, vol. 2 (Moscow, 1891), p. 8. 犯罪についてはD. N. Anuchin他による共編*Moskva v ee proshlom i nastoiashchem*, 12 vols. (Moscow 1909–12), vol. 2, p. 43にKotoshikhinの引用。イワンの葬儀は例外だったが、ツァーリ家の葬儀は伝統的に夜間に行われた。

(4) Lindsey Hughes, *Peter the Great: A Biography* (London及びNew Haven, Conn., 2004), pp. 202–7.

(5) 数は少ないが欧州の画家が作品を残している。1661年オーストリアからモスクワを訪れたAugustin Meyerberg伯はアレクセイ・ミハイロヴィチ治世下のクレムリンを2点の作品に描いた。城壁と塔の詳細を見事に伝えている。特に新しいスパスカヤ塔が彼に強い印象を与えた。

(6) M. A. Alekseeva, *Graviura petrovskogo vremeni* (Leningrad, 1990), pp. 7–8 and 19.

(7) Alekseeva, *Graviura*, pp. 23–5.

(8) 祈禱はフョードル・アレクセイエヴィチの治世下で変容した。多重様式(キエフ・スタイル)が流行した。*P. V. Sedov, Zakat Moskovskogo tsarstva: tsarskii dvor kontsa XVII veka* (St Petersburg, 2006), pp. 494–5.

(9) Paul Bushkovitch, *Peter the Great: The Struggle for Power* (Cambridge, 2001) はピョートルの政治に関する秀逸な論考である。特にpp. 154-7を参照されたい。

(10) Hughes, *Peter*, p. 25.

(11) Lindsey Hughes, *Russia in the Age of Peter the Great*（New Haven, Conn. and London, 1998）, p. 12.

(12) *PSZ*, vol. III, p. 296, no. 1546（大きな荷車の使用を禁止する命令が出たのは1696年8月19日）.

(13) James Cracraft, *The Petrine Revolution in Russian Architecture*（Chicago, 1988）, p. 130; Dmitry Shvidkovsky, *Russian Architecture and the West*（New Haven, Conn. and London, 2007）, p. 185. さらに詳細な考察は A. A. Aronova, 'Azovskii triumf 1696 goda kak pervoe gosudarstvennoe torzhestvo Petra I', *Iskusstvoznanie*, 2（2006）, pp. 61–83. 赤の広場が登場する最古の文書の1つに1658年のウカス（政令）がある。この文書では単にスパスキエ門と聖ワシーリー大聖堂を結ぶ空間として言及されている。現在の広場とは異なる姿だった。30年前にスパスカヤ塔が完成しており、赤の広場の名称が一般に普及したのは、そのころとみられる。

(14) Samuel Collins, *The Present State of Russia: A Letter to a Friend at London, by an Eminent Person residing at the Czar's Court*（London, 1671）, p. 33.

(15) J. G. Korb, *Diary of an Austrian Secretary of a Legation: at the Court of Czar Peter the Great*, MacDonnell 伯による訳編、2 vols.（London, repr. 1968）, vol. 2, p. 145.

(16) Korb, *Diary*, vol. 1, pp. 255–6. 煙草や浮かれ騒ぎについては Horace W. Dewey, Kira B. Stevens, 'Muscovites at play: recreation in pre-Petrine Russia', *Canadian-American Slavic Studies*, 13, 1–2（1979）, p. 192.

(17) ピョートルの宮廷の実態については Ernest A. Zitser, *The Transfigured Kingdom*（Ithaca, NY 及び London, 2004）. 同様の考察に加え総主教に関して言及しているのは V. M. Zhivov, 'Church reforms in the reign of Peter the Great' である。A. G. Cross 編 *Russia in the Reign of Peter the Great: Old and New Perspectives*（Cambridge, 1998）, p. 67 に所収。

(18) この婚礼については Hughes, *Peter*, pp. 109–11. 同著者による 'Playing games: the alternative history of Peter the Great', *School of Slavonic Studies Occasional Papers*, no. 41（London, 2000）, p. 10 も参照。

(19) Korb, *Diary*, vol. 1, p. 157.

(20) Korb, *Diary*, vol. 1, pp. 159–60. 及び Hughes, *Peter*, p. 53.

(21) Johann Korb, 'A Compendious Description of the Perilous Revolt of the Strelitz of Muscovy'.（同著者による *Diary*, vol. 2 の一部復刻）, p. 85.

(22) Korb, 'Compendious Description', p. 81.

(23) I. Snegirev, *Moskva: Podrobnoe istoricheskoe i arkheologicheskoe opisanie goroda*, vol. 2（Moscow, 1875）, p. 18.

(24) RGADA, 1184/1/195, 256–7; *PSZ*, vol. III, p. 680, nos. 1735 and 1736.
(25) *PSZ*, vol. IV, p. 182, no. 1887. 服装を描いた資料としては Lindsey Hughes, 'Russian culture in the eighteenth century', in *CHR*, vol. 2, p. 67.
(26) Michael Cherniavsky, 'The Old Believers and the new religion', *Slavic Review*, 25, 1 (March 1966), pp. 1–39 に古儀式派の所作について図解入りの解説がある。Michael Cherniavsky, *Tsar and People: Studies in Russian Myths* (New Haven, Conn. and London, 1961), p. 76 も参照されたい。
(27) Hughes, 'Russian culture', p. 77.
(28) Korb, *Diary*, vol. 1, pp. 179–80.
(29) 宗教観の変化については Zhivov, 'Church reforms' の随所に記載がある。
(30) Hughes, Russia in the Age of Peter, pp. 208–9.
(31) Cracraft, *Petrine Revolution*, p. 128.
(32) PSZ, vol. IV, p. 177 (no. 1879) 及び p. 192 (no. 1909).
(33) Korb, *Diary*, vol. 2, p. 150.
(34) I. E. Zabelin, *Domashnyi byt russkikh tsarei v XVI i XVII stoletiiakh* (Moscow, 1862, repr. 1990), vol. 1, p. 70; S. de Bartenev, *Le Grand Palais du Kremlin et ses neuf églises* (Moscow, 1912), p. 15; I. A. Bondarenko その他による共編 *Slovar' arkhitektorov i masterov stroitel'nogo dela Moskvy XV–serediny XVIII veka* (Moscow, 2008), p. 577.
(35) Cracraft, *Petrine Revolution*, p. 122; Snegirev, *Moskva*, vol. 2, pp. 16–17.
(36) Alekseeva, *Graviura*, p. 33.
(37) Bondarenko, *Slovar' arkhitektorov*, p. 332.
(38) Simon Dixon 編 *Personality and Place in Russian Culture: Essays in Memory of Lindsey Hughes* (London, 2010), p. 96 に Maria di Salvo による引用。
(39) Cherniavsky, *Tsar and People*, pp. 76–7; Richard S. Wortman, *Scenarios of Power: Myth and Ceremony in Russian Monarchy* (Princeton, NJ, 1995), vol. 1, p. 48.
(40) Hughes, *Peter*, p. 60.
(41) Hughes, *Peter*, p. 63.
(42) A. Aronova, 'Petropavlovskii krepost': istoricheskii mif i gradostroitel'naia real'nost'', *Iskusstvoznanie*, 2 (2001), pp. 370–80. より広く知られた Hughes, *Peter*, pp. 66–8 の記載を修正している。
(43) オランダの技術者をピョートル配下の砲兵士官の1人が助けた。N. A. Skvortsov, *Arkheologiia i topografiia Moskvy: kurs lektsii* (Moscow, 1913), p. 100.
(44) S. P. Bartenev, *Moskovskii kreml' v starinu i teper'*, 2 vols. (St Petersburg, 1912 及び 1918), vol. 1, p. 69.
(45) Albert J. Schmidt, *The Architecture and Planning of Classical Moscow* (Philadelphia,

Pa., 1989), pp. 18–19; Cracraft, *Petrine Revolution*, p. 122; M. P. Fabricius, *Kreml' v Moskve: ocherki i kartiny proshlogo i nastoiashchego* (Moscow, 1883), p. 142.

(46) Alekseeva, *Graviura*, pp. 117–21.

(47) I. E. Zabelin, *Istoriia goroda Moskvy* (Moscow, 1904; 2005 復刻), p. 172; Bartenev, *Moskovskii Kreml'*, vol. 1, p. 70.

(48) Zabelin, *Istoriia goroda Moskvy*, p. 168.

(49) *Istoriia Moskvy v shesti tomakh* (Moscow, 1952), vol. 2, p. 337; Anuchin, *Moskva v ee proshlom*, vol. 4, p. 9.

(50) Zabelin, *Domashnyi*, vol. 1, p. 125; Korb, Diary, vol. 1, p. 254.

(51) Bartenev, *Moskovskii kreml'*, vol. 1, p. 70.

(52) Bartenev, *Grand Palais*, p. 14.

(53) Zabelin, *Domashnyi*, vol. 1, pp. 125–6.

(54) Zabelin, *Materialy dlia istorii*, vol. 2, pp. 6–7.

(55) Hughes, *Russia in the Age of Peter*, p. 338.

(56) W. F. Reddaway 編 *Documents of Catherine the Great* (Cambridge, 1931), p. 15. エカチェリーナ大帝がヴォルテールに宛てた饒舌な書簡 26 通のうち 15 番目に当たる 1767 年 3 月の書簡。

(57) Zhivov, 'Church reforms', p. 74. 及び R. Bartlett, G. Lehmann-Carli 共編 *Eighteenth-century Russia: Society, Culture, Economy: Papers from the IV International Conference of the Study Group on Eighteenth-century Russia* (Berlin and London, 2007), p. 316 所収 ; Lindsey Hughes, 'Seeing the sights in eighteenth-century Russia: the Moscow Kremlin'

(58) V. S. Dediukhina その他による共編 *Sokhranenie pamiatnikov tserkovnoi stariny v Rossii XVIII-nachala XXv. Sbornik dokumentov* (Moscow, 1997), pp. 18–19. 1720 年 12 月と 1722 年 2 月のウカス（政令）に言及。

(59) M. K. Pavlovich, 'Reorganizatsiya Kremlevskikh sokrovishchnits i masterskikh pri Petre I', *Materialy i issledovaniia*, vol. XIII, p. 139; Richard Hellie, *The Economy and Material Culture of Russia 1600–1725* (Chicago, 1999), p. 571.

(60) *Petr Velikii v Moskve: Kalatog vystavki* (Moscow, 1998), pp. 114–15.

(61) Dediukhina, *Sokhranenie*, p. 18.

(62) ロモダノフスキーについては Bartenev, *Moskovskii kreml'*, vol. 2, pp. 206–7; I. Ia. Stelletskii, *Poiski biblioteki Ivana Groznogo* (Moscow, 1999), pp. 273–4.

(63) 1711 年の訪問者が同様の印象を残している。Hughes, 'Seeing the sights', p. 318.

(64) 庭園については Korb, *Diary*, vol. 1, p. 288 ; Zabelin, *Domashnyi*, vol. 1, pp. 103–

7.
(65) A. I. Mikhailov, *Bazhenov* (Moscow, 1951), p. 99 に F. Bekhteev を引用。
(66) Bushkovitch, *Peter*, pp. 385–6.
(67) N. A. Ogarkova, *Tseremonii, prazdnichestva, muzika russkogo dvora* (St Petersburg, 2004), pp. 11–14.
(68) *Petr Velikii i Moskva*, p. 169 に S. A. Amelekhina, 'Koronatsiia Ekateriny I. 1724'
(69) Zabelin, *Domashnyi*, vol. 1, p. 120; Amelekhina, 'Koronatsiia', p. 170.
(70) Amelekhina, 'Koronatsiia', p. 170.
(71) E. V. Anisimov, *Five Empresses: Court Life in Eighteenth-century Russia*, Kathleen Carroll 訳 (Westport, Conn., 2004), p. 31.
(72) Richard S. Wortman, *Scenarios of Power: Myth and Ceremony in Russian Monarchy*, 1-vol. edn (Princeton, NJ and Oxford, 2006), p. 37.
(73) 帝位継承については Amelekhina, 'Koronatsiia', p. 171. ウグリチのドミートリーについては同 pp.119–27.
(74) エカチェリーナ大帝もモスクワの不便さについて、書簡に辛辣な言葉を連ねている。Nikita Panin に宛てた書簡に 1 例を見ることができる。*SIRIO*, vol. 10, pp. 276–7. 他国がモスクワに抱いた偏見については *SIRIO*, vol. 23, pp. 11–12. 近衛兵の役割については Anisimov が *Five Empresses*, p. 8 で Campredon を引用。
(75) ピョートル 3 世によるこの改革については Cherniavsky, *Tsar and People*, p. 125. 諸都市に及ぼした影響の 1 例は Schmidt, Architecture and Planning, p. 5 に記載。
(76) John T. Alexander, 'Catherine II, bubonic plague and the problem of industry in Moscow', *AHR*, 79, 3 (June 1974), p. 640 に引用。
(77) A. Pypin 編 *Sochineniia Ekateriny II* (St Petersburg, 1907), vol. 12, pp. 169–70.
(78) A. S. Shchenkov 編 *Pamiatniki arkhitektury v dorevoliutsionnoi Rossii*, vol. 1 (Moscow, 2002), p. 17; Luba Golburt, 'Derzhavin's ruins and the birth of historical elegy', *Slavic Review*, 65, 4 (Winter 2006), pp. 670–93.
(79) 都市景観に関するロシアの美意識については Christopher Ely, *This Meager Nature: Landscape and National Identity in Imperial Russia* (DeKalb, Ill., 2002).
(80) Cracraft, *Petrine Revolution*, pp. 40–41, 150–51.
(81) Schmidt, *Architecture and Planning*, p. 8.
(82) Shchenkov, *Pamiatniki*, vol. 1, p. 18. (1770 年の元老院報告を引用).
(83) Bartenev, *Grand Palais*, p. 49. ナポレオンについては次掲書 pp. 211–15.
(84) エカチェリーナの回想から引用。Pypin, *Ekateriny II*, vol. 12, p. 642. Simon

Dixon, *Catherine the Great*（London, 2009）, p. 10 も参照。

（85）Shvidkovsky, *Russian Architecture*, pp. 229–31.

（86）ピョートル２世（1715年生まれ）は、アレクセイ・ペトローヴィチの息子。1730年に即位してわずか２年余りで天然痘のために死去した。大帝の子孫の多くとは異なり、彼はクレムリンに葬られた。

（87）Snegirev, Moskva, vol. 2, p. 88.

（88）I. M. Snegirev, Spas na Boru v Moskovskom Kremle（Moscow, 1865）, p. 7.

（89）Mikhailov, *Bazhenov*, p. 49.

（90）Dixon, *Catherine*, pp. 4–22.

（91）エカチェリーナの命令とその結果については I. Mashkov 編 *Ochet po restavratsii bol'shogo Moskovskago Uspenskago sobora*（Moscow, 1910）, pp. 5–7.

（92）彼女の失望ぶりについては *SIRIO*, vol. 23, p. 22（1775年4月29日付の Grimm 宛書簡）.

（93）Fabricius, *Kreml'*, pp. 156–7.

（94）Mikhailov, *Bazhenov*, p. 102.

（95）*PSZ*, vol. XVIII, p. 696, no. 13142（1768年7月1日）.

（96）Mikhailov, *Bazhenov*, p. 98.

（97）バジェーノフの計画については Mikhailov, *Bazhenov*, pp. 70–81 に図解を伴う記述がある。

（98）Mikhailov, *Bazhenov*, pp. 77–80; William Craft Brumfield, *A History of Russian Architecture*（Cambridge, 1997）, p. 323.

（99）Mikhailov, *Bazhenov*, p. 80.

（100）Alexander, 'Catherine II', p. 661.

（101）Reddaway 編 *Documents*, p. 135 に引用（17通のうち6番目の書簡、1771年10月付）

（102）Fabricius, *Kreml'*, pp. 158–60.

（103）Mikhailov, *Bazhenov*, p. 84.

（104）Mikhailov, *Bazhenov*, pp. 86–7 に引用。

（105）A. I. Vlasiuk その他、*Kazakov*（Moscow, 1957）, pp. 13–15;Shvidkovsky, *Russian Architecture*, pp. 248–9.

（106）Mikhailov, *Bazhenov*, p. 182.

（107）Brumfield, *Russian Architecture*, pp. 328–9; *Schmidt, Architecture and Planning*, p. 64; Vlasiuk, *Kazakov*, pp. 31–2.

（108）Hughes, 'Russian culture', p. 68.